中国企业法务观察

Chinese Enterprise Legal Observation

合规、混改、创新

中国企业法务观察

Chinese Enterprise Legal Observation

合规、混改、创新

第六辑

n.06

法律出版社
LAW PRESS · CHINA

本书编委会

企业法务要服务发展改革的主战场

(代　序)

刚刚结束的2020年是不平凡的一年,史无前例的全球性疫情正在从根本上改变世界的政治、经济和文化传统,不断恶化的国际环境导致国际经贸规则、惯例不断被打破,泛政治化、泛规则化的趋势越来越明显,国家安全审查、出口管制、知识产权保护等合规要求日益突出,国际竞争从贸易战、技术战向法律战、规则战转变。在国内,民营经济遇到巨大困难,游走于"灰色地带"、缺乏监管的野蛮式生长模式难以为继,重塑企业运行模式迫在眉睫。与此同时,国有企业改革进入"深水区",管理和经营层面的改革空间余量不大,改革重点进入公司治理层面,通过引入非公经济,实现股权结构多元化,从根本上改变公司治理的基础,为经营管理层面的改革打通道路,混合所有制改革成为国企改革的主要路径。

顺应国内外环境的变化和企业工作重心的调整,企业法务要及时调整工作思路,服务于企业中心工作,为企业改革发展保驾护航。当前国内大中型企业法务服务的三个重点:一是合规管理工作。在外部监管环境快速变化,监管力度不断加强的情况下,合规重要性不断凸显,国际贸易中出口管制,对外投资中国家安全审查,海外运行的劳工保护,国有企业违规追责,平台型企业的反垄断审查等,所有这些都促使合规管理不断深入企业经营管理的核心,成为企业运行发展的基础性要素,从传统的支撑、服务、监督,转变为企业主价值链中的重要环节,成为战略设计、业务运行的核心内容。正如中兴通讯所言:合规是企业战略的基石及经营的前提和底线。二是疫情管理工作。从2020年初发现疫情到目前为止,疫情仍在不断蔓延,对社会有序运行产生了全方位的影响,后果之严重无法估量。加强疫情防控管理是全社会包括企业在内的当务之急,为防控疫情服务也是企业法律工作的重中之重。由疫情引发的法律合规事务涉及企业经营管理的方方面面,比如疫情防控带来的内部管理问题,疫情带来的合同履行问题,转产抗击疫情产品的资质问题,配合抗击疫情而进行的个人信息数据采集、使用、保护等。疫情防控工作要求高、监管严、影响大,为疫情防控提供强有力的法律支持和服务,是特殊时期企业法务展现自身专业能力的试金石。三是国企混改工作。国有企业在中国经济发展中占有特殊地位,发挥主导作用,国有企业的发展与改革紧密相连,可以说,国有企业的发展史就是国有企业的改革史,当前国企改革突破口就是实施混合所有制改革。国务院国资委在国企改革三年行动方案中,将混改列为未来三年改革的重要目标,混改已经成为国企的中心工作。混改工作涉及面广、政策性强、法律关系复杂,对法律合规工作有刚性需求,比如战略投资者引进中法律尽职调查,产权交易涉及的法律程序与合同管理,公司治理中股权结构、公司章程、议事规则,员工持股的主体、比例、价格等,在混改工作中参与整体设计、解决专业问题、控制合规风险是企业法务的重要责任。

围绕企业改革发展的主战场,《中国企业法务观察》收录21篇文章,分为合规篇、混改篇、创新篇三个部分。从不同角度系统地反映了当前企业发展改革中涉及的关键问题,为企业开展相关工作提供参考和借鉴。合规篇共有11篇文章,展示了不同企业开展合规工作的不同路径。中航西安飞机工业集团公司提出"123456"合规管理体系结构完整、逻辑清晰,合规义务清单、合规审查清单两种清单贯穿合规管理全过程,入业务、入流程、入制度、入岗位、入考核、入系统的六种途径有效解决了合规与业务融合问题。中广核从建设企业规章制度合规审查机制入手,开发出独具特色的"规章制度合规评估卡",作为合规义务识别、转化、评估的快捷工具,用"卡片工作法",在合规义务转化为内部规章制度中,在外规转内规过程中形成可衡量、可追溯的工作机制。湖南建工根据世界银行的合规要求,建立了一套完整的满足世界银行要求的组织体系和制度体系,对"走出去"的中国建筑类企业具有积极意义。东方航空以旅客个人信息保护工作为重点,开展专项合规工作,搭建了具有民航业特色的"六个一"个人信息保护合规体系,开发了包括隐私战略、隐私政策、意识培训、风险管理、泄露管理等二十个维度的个人信息保护工作成熟度评估模型。中国联通对合规管理进行了全面思考,提出了打造"1+2+3+4+N"的大合规管理体系,对于中央企业开展合规管理体系建设顶层设计有明显的参考价值。刘红霞主任在美进修期间,收集了大量合规一手资料,对欧美企业合规管理的起源进行了深入研究,对于厘清实务界对现代合规发展片面认识具有重要意义。

混改政策性强、类型多样、关系复杂,混改企业经验和做法对于未来的改革至关重要。混改篇共收录6篇文章,可以分成两个部分,一部分是对混改涉及的主要法律合规风险的系统梳理和提炼,另一部分是企业实施的典型案例。2020年国务院国资委组织中国建材、中国联通、中国诚通、中国航发、中粮集团、赛尼尔法务智库等单位成立"中央企业混合所有制改革法律合规风险防范"专项课题组,对混改中涉及的法律合规风险及防控进行深入研究,在课题成果的基础上,相关企业又以实操为导向进行了重新整理。中国建材从引入战略投资者的角度,梳理了与"反向尽职调查"相关十个方面的主要内容,并提供相关问题解决方案。中国航发从公司设立、运行、退出三个阶段,对公司治理涉及重要法律合规问题,比如党建工作、公司章程、董监高履职、股权转让等问题进行详细论述。中粮集团对员工持股涉及的持股对象、持股平台、持股比例、持股资金来源等进行深入研究。中国建材、中国化工、北京首农介绍了各自混改过程中的实际做法。

创新是企业永恒的主题,企业法务工作也是如此。广西移动创新总法律顾问履职方式,从“坚持党的引领、明确责任体系、夯实管理体系、构建合规体系、打造文化体系”五个方面,形成了法治建设“五高”质量标准,打造了总法律顾问履职的“五五工作法”,为企业法治工作赋能。中国电子提出构建“五位一体”的大风控体系,统筹风险管理、法治建设、内部控制、合规管理、违规责任追究五项管理职能,有效整合管理资源,实现风险集约化管理。北京国资公司作为专门从事资本运营的国有独资公司,积极探索集团法律管理新模式,通过实施“三个一”工程,逐步建立了垂直管控、分级负责的企业法律事务管理体系。航天科工运用先进的信息化技术,探索与构建了基于大数据的智能法务合规体系,深度整合与挖掘企业内外部大数据,通过沉淀多元化业务模型建立专业的风控生态圈,帮助企业构筑风险防线,让法律、合规、风控、审计融为一体。

我们正面临百年未有之大变局,乌卡时代如何谋划好未来,是一个严峻的挑战,但服务于企业改革发展的主战场,是企业法务坚定不移的方向。相信本辑的出版能够为大家带来有益的思考和启发。

是为序。

中国企业法务观察主编　叶小忠

2021 年 5 月 10 日

目　录

Contents

创新篇

合 规 篇

合规篇

以清单管理为抓手，推动合规与业务全面融合

靳 飞 赵 利

作者简介

靳 飞 西飞公司法律主管

赵 利 西飞公司法律主任

企业简介

西安飞机工业集团有限责任公司（以下简称西飞公司）创建于1958年5月8日，隶属于中国航空工业集团有限公司，是我国大中型军民用飞机研制生产的重要基地，是中国民用飞机的先行者，也是国际航空产业合作和航空产业海外投资的开拓者。

西飞公司主业突出，综合实力雄厚，产品特征鲜明，在相关产业领域具备独特的规模优势和发展潜力。近年来，公司发展不断增速，能力和实力持续增强，在大型运输机、大型预警机和C919大型客机等方面，为我国国防装备建设和航空工业发展作出了重要贡献。在建军90周年阅兵中，公司研制的“鲲鹏”“战神”等四型飞机呼啸飞过朱日和上空，接受检阅，大振军威、国威。

内容摘要

以解决合规体系构建、运行面临的问题为导向，以增强合规竞争力、护航公司高质量发展为目标。坚持合规思维引领下的全方位多层次融入运营管理体系路径，实现合规工作从防风险向防风险、创价值并举转变，从分散管理、条块分割向集中管理、协同联动转变，从被动合规向主动合规转变，助力公司治理体系和治理能力现代化。

关键词

合规思维　合规管理体系　合规特色手段　转变

引　言

国务院国资委《中央企业合规管理指引（试行）》的制定目的是为推动中央企业全面加强合规管理，加快提升依法合规经营管理水平，着力打造法治央企，保障企业持续健康发展。《关于全面推进法治央企建设的意见》提出法治央企的目标是：治理完善、经营合规、管理规范、守法诚信。公司治理体系和治理能力现代化是国家治理体系和治理能力现代化的一个组成部分，合规管理体系是整个公司治理体系的重要组成部分。

一、企业发展需要构建合规管理体系

西飞公司发展态势良好，运营管理体系运行平稳，整体管理水平持续提升，逐步实现管理规范化、业务流程化、工作标准化、手段信息化的现代化管理，迫切需要将合规管理作为重要的管理手段融入企业运营管理体系，将合规管理嵌入公司运营管理体系主价值链条。

同时，合规管理体系的建设与运行也面临着合规管理职能界定（工作领域）、业务交叉、部门工作协调等难题，例如，对于涉及需要各个职能部门协调的工作，存在难以有效开展，以及“想作为的难作为、协调基本靠感情、落实基本靠领导交情”的现实困境。

二、构建“123456”合规管理体系

（一）“123456”合规管理体系（见图1）

一个中心：合规引领价值创造，护航高质量发展。

两个清单：合规义务风险清单、合规审查清单。

三个重点：重点领域、重点环节、重点人员。

四个导向：规则导向、价值导向、问题导向、目标导向。

五化原则：体系化推进、标准化管理、精准化监督、部门化协同、全员化共治。

六入途径：入业务、入流程、入制度、入岗位、入考核、入系统。

按照“123456”思路，通过治理、管理和保障手段，依托运营管理体系架构，以入业务、入流程、入制度、入岗位、入考核、入系统为主线，在合规管理体系试运行及运行的过程中

不断优化完善组织体系、制度体系、运行机制和保障措施，充分发挥合规管理“三道防线作用”，助力实现西飞公司卓越绩效目标，保障企业高质量发展。

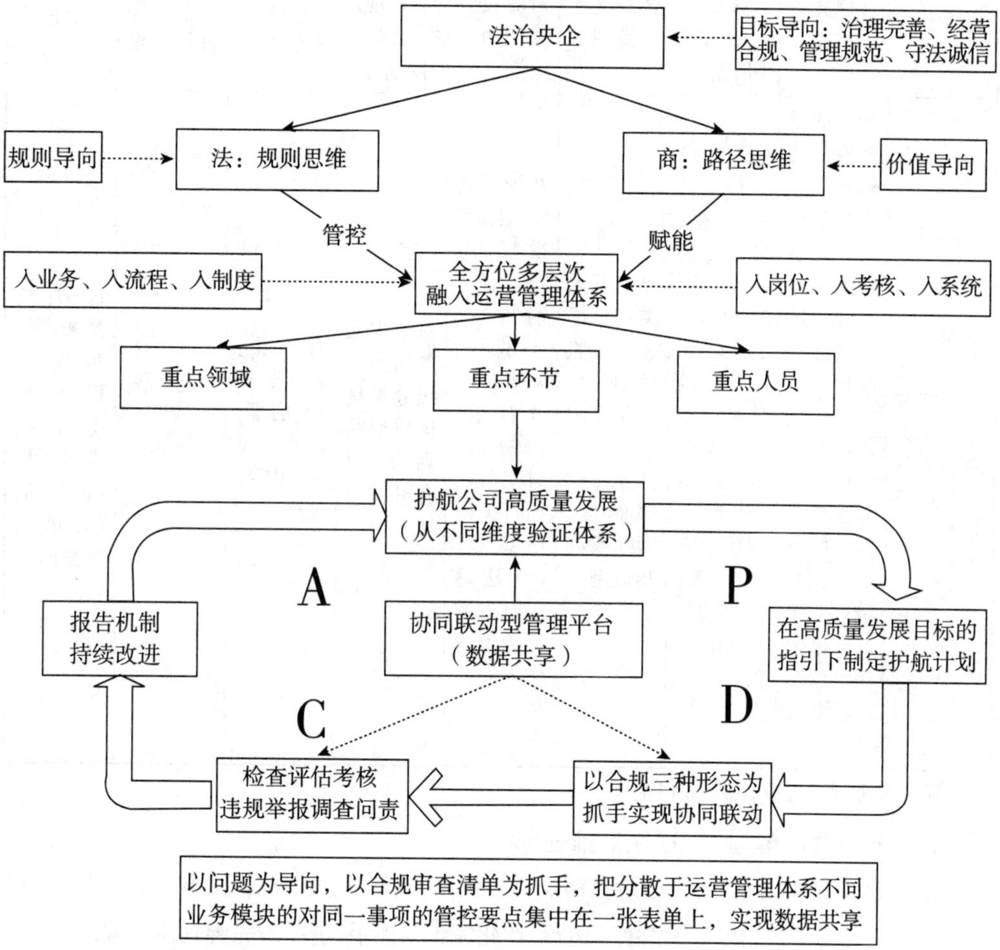

图1 “123456”合规管理体系

资料来源：西飞公司内部资料。

（二）以合规义务风险清单为抓手，实现“六入”

紧密围绕合规引领价值创造，护航高质量发展目标，按照“权力—义务—风险（违规情形）—违规后果—应对”的内在架构逻辑来设计合规义务风险清单（见表1），即权力决定合规义务的分布特征，合规义务决定合规风险的分布特征、常见违规行为、违规手法，违规行为导致内部惩处、党纪处分、经济赔偿、行政处罚、刑事责任等后果，为防止违规产生的后果的发生，就需要有应对措施，将权力对应的合规控制点融入内部管理流程、制度、重点岗位、考核、信息系统中进行管控。

表1 合规义务/风险信息

分类	合规义务描述	合规义务来源（合规义务依据）	合规义务类别	对应权力类型	合规风险点/表现形式/合规风险清单	违规后果		应对措施
						责任类型	具体后果	
从该具体业务开展环节梳理出该业务内容涉及的重点子分类	合规的原文摘录既包括同一个规定对同一件事规定的原文摘抄，也包括不同规定对一件事规定的总结性摘录。分为禁止性规范（不得、严禁、杜绝等）和强制性管理（应当、必须等）	名称及具体条款，如《建筑法》第26、65条；《建设工程勘察设计管理条例》第8、21、35条；《建设工程质量管理条例》第18、25、34、60、73条	分为五大类：法律法规、监管规定、行业准则（上级文件）、内部制度、国际条约及惯例	八种权利模型：审批权、市场客服与销售权、人事权、采购权、放行权、计量权、财务权、拥有关键信息权。（无法确定权力类型的填写“其他”）	对合规义务描述三级分类具体情形的列举，没有可以不填	有五类：党纪处分、刑事、行政、民事、内部惩处	摘抄原文	包括：资源配置、制度流程、标准指引、技术手段、信息、活动、培训等方面

资料来源：西飞公司内部资料整理。

（三）两合规清单与“五化”关联推进

以“五化”原则为指导，将合规控制点融入业务、流程、制度、岗位、考核、协同，同时，以合规义务风险清单、合规审查清单的运行、优化完善为抓手，进一步完善具体内容。

1. 体系化推进

在落实国资委《中央企业合规管理指引（试行）》要求过程中，坚持“体系承接、要素导入”，用AOS[①]的思想来指导合规管理体系建设与运行工作，在梳理现有的各项管理体系的基础上，依托运营管理体系架构，以“不得、杜绝、禁止”等负面清单和“应当、必须”等正面清单的方式明确重点领域的合规管理要求，划出红线和底线，共编制901项合规义务风险清单、317项合规审查清单，基本实现重点业务领域的全覆盖。

2. 标准化管理

针对风险、内控、法律、合规、环保、保密、安全生产、职业健康等多体系并存；各体系的

① AOS是指以业务流程为中心，实现组织管理、质量管理、保密管理、党建等多系统多要素融合，构建一套标准体系，提升管理协调性，同时建立流程和IT深度融合的治理机制，以信息化持续推动AOS持续优化。

主管部门、主管领导不一；各体系工作标准不一、工作对象和工作内容存在交叉重复的问题，树立“大合规理念”，以合规义务风险清单、合规审查清单为抓手，把分散于不同层级的法律、行政法规，监管规定、行业准则、内部规章制度及国际条约、国际惯例中对同一事项的规定，集中在一张表单上，助力实现各体系从清单中抽取本体系、本领域的合规控制点，避免重复工作和冗余流程。

3. 精准化监督

以合规义务风险清单、合规审查清单为抓手，明确合规管理第一责任人、合规管理负责人、合规部门负责人、合规管理人员、业务人员等不同层级岗位人员的合规义务及工作中应关注的审查要点，助力实现对不同业务领域、不同岗位履职情况的精准化监督。

4. 部门化协同

加强合规管理牵头都门、业务部门、执行单位之间的沟通衔接，按年度分解目标，落实保障措施。建立目标一致、方向统一、互联互通、相互衔接的实施计划，并认真组织实施，各相关单位根据合规义务风险清单、合规审查清单建立本业务领域的执行监督检查考核标准，开展有效的监督检查，对违规情况要视情节严重程度进行问责，确保体系制度、流程的刚性执行。

5. 全员化共治

构建合规管理体系的关键在于前端的合规（普法）培训，西飞公司结合法治宣传教育，以“航空报国、航空强国”精神为核心，综合运用《员工文化手册》、报纸、SQCDP① 例会、新进厂员工培训等传统媒介和智慧西飞公众号合规普法模块新媒体，广泛宣贯合规理念、法治理念，营造氛围，提升员工素养，并督促相关业务部门开展合规文化建设。

三、发挥有特色的合规管理举措效能

（一）明确合规体系价值定位，构建法律、合规、风险、内控一体化管理平台

合规体系并不是要代替以往的内控、风险、法律、保密等体系。从管理角度看，西飞公司只有一个运营管理体系，其他各种管理都是运营管理体系的有机组成部分。从方法论角度，是用合规这条线把公司的安全、环保、质量、保密等各条线、各模块再梳理一次，用新的方法和工具来检验现有体系模块是否运行通畅、是否有缺失，实质就是管理升级。

遵循“价值引领、流程驱动、数据共享、多维度分析、可视化展示”的思路，依托运营管理体系架构，以“强内控、防风险、促合规、创价值”为路径，探索构建法律、合规、风险、内控

① SQCDP 是指围绕实现生产目标，通过直观可视的方式揭示生产现场“安全（S）、质量（Q）、成本（C）、交付（D）、人员（P）”方面的关键信息，暴露主要矛盾，以使任何人都能够迅速地发现现场的异常状态，并能够迅速解决问题，在例会上充分利用“P”这个环节花少量时间进行合规普法宣传。

一体化管理平台(见图2)。在此基础上,实现以合规运行机制为载体,“一体化部署、一体化推进,一体化考评”,节省管理资源,共享管理知识,提升管理效能。

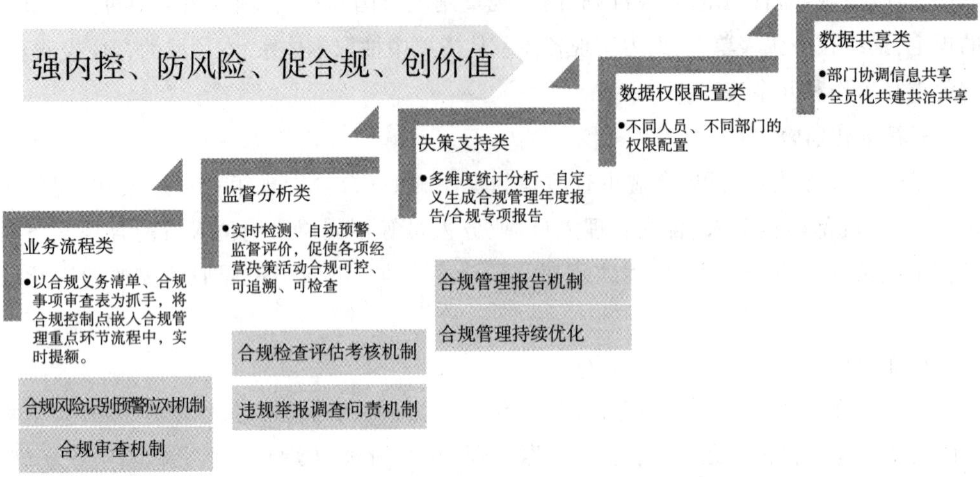

图2　法律、合规、风险、内控一体化管理平台

资料来源:根据西飞公司内部资料整理。

(二)突出党建引领、协同联动,筑牢组织基础

坚持党的领导、加强党的建设,是我国国有企业的光荣传统,是国有企业的“根”和“魂”,是我国国有企业的独特优势。2019年12月30日,中共中央发布《中国共产党国有企业基层党组织工作条例(试行)》,强调“坚持加强党的领导和完善公司治理相统一,把党的领导融入公司治理各环节;坚持党建工作与生产经营深度融合,以企业改革发展成果检验党组织的工作成效;坚持党管干部、党管人才,培养高素质专业化企业领导人员队伍和人才队伍”。党员的行为除受国家法律法规、企业规章制度约束外,更重要的是要接受党内法规约束。

在推进工作之初,西飞公司成立以总法律顾问为主任的合规管理办公室,由党建、纪检、审计、法律、内控、采购、财务、规划等多部门负责人为成员,负责推进合规体系建设与运行工作。构建了权责清晰、协调高效的组织体系(见图3),解决了谁来管合规的问题。针对部门沟通不畅通的问题,树立“大协同”的管理理念,形成统一领导、统一规划、统一标准、统一管理的职责清晰、协同推进的工作格局。合规委员会及合规管理办公室要充分发挥统筹、协调、监督作用,各业务部门在业务方面积极协同,认真履行主体责任。

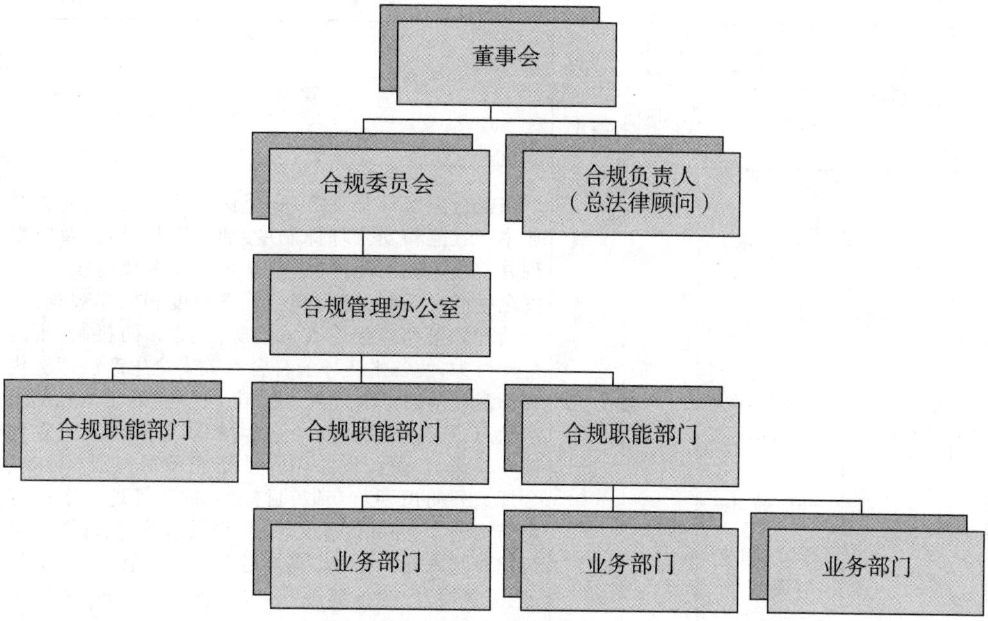

图3　西飞公司合规管理组织体系

资料来源：西飞公司内部资料整理。

（三）融合合规与业务，实现赋能与管控结合

西飞公司在合规管理体系的建设与运行过程中，始终坚持以合规义务风险清单、合规审查清单为抓手，将合规管理控制点要求嵌入公司运营管理体系，围绕主价值链（研发、生产、采购、制造、销售、交付、客服），从管理支持角度，结合合规管理的三个重点（重点领域、重点环节、重点人员），明确了合规管理的具体工作内容（见表2）。

表2　合规管理工作内容清单

序号	合规领域	对应内部管理	合规义务风险清单	合规审查清单	管控要点
1	党内法规	政治保证	—	—	加强对党内法规的研究工作，全面掌握禁止性规定，明确党员行为规范的红线、底线，教育党员领导干部树牢“四个意识”、坚定“四个自信”、做到“两个维护”，对党忠诚、对事业担当、对同志负责，充分发挥广大党员在推进公司合规管理体系建设与运行中的率先垂范作用，为合规管理体系建设与运行提供坚强保障
		党建要求			

续表

序号	合规领域	对应内部管理	合规义务风险清单	合规审查清单	管控要点
2	健康安全环保	安全生产标准化 绿色航空达标 环境/职业健康安全管理	—	—	严格执行国家安全生产、环境保护法律法规,完善企业生产规范和安全环保制度,加强监督检查,及时发现并整改违规问题,加强安全生产规范化建设,建立安全生产责任制,制定安全管理制度和操作规程,排查治理隐患和监控重大危险源,建立预防机制,规范生产行为,使各生产环节符合有关安全生产法律法规和标准规范的要求,"人、机、料、法、环"处于良好的生产状态,并持续改进。加强环境/职业健康安全管理体系建设与运行,贯穿环境因素/危险源识别与评价、合规义务的识别与获取,目标/指标和管理方案的制定与实施,内外部信息交流,建设项目管理、环境污染与职业健康安全防治,能力培训和意识管理,应急管理,监督检查,考核奖惩、合规性评价与改进,体系审核,管理评审等全过程
3	质量管理	质量管理	—	—	完善质量体系,提高体系运行实效。加强可靠性,维修性、保障性,测试性,安全性和环境适应性设计技术的推广应用,强化设计过程控制,从源头提升产品质量,应用质量工程技术,提升过程控制能力。开展检验技术研究,提升检验技术能力,实施供应商全过程管理,提升全产业链质量管控能力,推进质量工具的应用,加强质量队伍建设,强化意识教育,倡导优秀质量文化,科学地提升公司质量管理能力
4	劳动用工	人力资源管理	—	—	健全完善劳动合同管理制度,规范劳动合同签订、履行、变更和解除,切实维护劳动者的合法权益。依据相关法律法规,开展员工招聘与配置工作,坚持人岗匹配则,及时签订岗位合同,明确岗位任职资格和工作职责,重点关注特种作业岗位人员,确保符合国家相关法律法规要求
5	财务税收	财务管理	—	—	健全完善财务内部控制体系,严格执行财务事项操作和审批流程,严守财经纪律,强化依法纳税意识,严格遵守税收法律政策、严格执行筹融资、委托贷款、经济担保、全面预算、资产清查等事项决策管控要求,加强成本管控,杜绝入账不合规导致少计资产、负债现象,规范产品成本结转。加强财务报销合规审查,严格遵守执行《财务报销十项禁令》要求,切实把好财务"关口",杜绝报销不合规票据,规范财务管理

续表

序号	合规领域	对应内部管理	合规义务风险清单	合规审查清单	管控要点
6	信息安全与知识产权	科技管理	—	—	加快知识产权强企建设，切实增强知识产权意识，在生产经营、科技创新中加强知识产权研发、申请及使用、转让全过程管理，推动开展知识产权协同运用，提高知识产权质量效益。在重点领域合作中开展知识产权评估、收购、运营、风险预警与应对，采用专利、商标、著作权、知名商品特有包装、装潢、商业秘密等方式进行全方位的知识产权保护，完善知识产权资产的财务、评估等管理制度，加强在并购重组、股权激励、对外投资、合资经营等活动中的知识产权管理，防止侵犯他人知识产权
7	商业伙伴/公平竞争/利益冲突	市场营销 供应链管理 生产制造 订单交付 客户服务	—	—	加强合同全生命周期管理工作，根据销售合同（已经签订和预计签订）来预计公司年度运管目标，下达销售计划，根据销售计划安排采购和生产计划，实现“以销定产”的运管目标；“均衡交付”其实质是履行销售合同，围绕这一目标在平衡生产能力、周期、成本等基础上的采购和生产行为也是合同履行的过程。围绕销售合同履行，调整采购合同签订和履行，实现“压两金、去库存，降成本”，达到效益最优

资料来源：西飞公司内部资料整理。

针对业务的难点和痛点，紧紧围绕一线业务需求，围绕重大决策、财务管理、资产处置、采购、外扩、工程建设、招标投标、境外合规（出口管制）等重点领域，通过合规专家团队，共享平台、推送法律政策动态、编制可操作的合规义务风险清单、合规审查清单等多种方式，实现为管理人员、业务一线人员赋能。同时以“不得、杜绝、严禁、禁止”“应当、必须”等负面清单和强制清单的方式明确重点领域的合规管理要求，划出红线和底线，将禁止项和强制项贯彻到合规风险识别预警应对、合规审查、合规检查评估考核、违规举报调查问责、合规报告五个机制始终。在将禁止项和强制项嵌入业务、嵌入制度、嵌入流程、嵌入岗位、嵌入考核的基础上，逐步嵌入系统，实现信息化管控，确保关键控制点按照预设流程进行，关键控制点不会遗漏。

（四）用好合规清单，合规管理向深处走

坚持分类使用，针对合规牵头部门、合规职能部门、业务部门的不同需求，明确了使用合规清单的不同用法、不同目标。

表3 健康安全环保业务域合规义务风险清单

要素类别	合规义务描述	合规义务来源	对应权力类型	合规风险点/表现形式/合规风险清单	违规后果		应对措施	融入AOS运营管理体系									
					责任类型	具体后果		业务模块编号	业务模块名称	业务域编号	业务域名称	流程编号（最末级）	业务单元名称（最末级）	文件编号	文件名称	对应部门	对应岗位
安全生产—责任制管理	生产经营单位应当具备本法和有关法律、行政法规和国家标准或者行业标准规定的安全生产条件。不具备安全生产条件的，不得从事生产经营活动	《安全生产法》第17条，《刑法》第135条	其他	生产经营单位不具备法律、行政法规和国家标准或者行业标准规定的安全生产条件，直接从事生产经营活动	行政责任	1. 生产经营单位不具备本法和其他有关法律、行政法规和国家标准或者行业标准规定的安全生产条件，经停产停业整顿仍不具备安全生产条件的，予以关闭；有关部门应当依法吊销其有关证照。2. 在生产、作业中违反有关安全管理的规定，因而发生重大伤亡事故或者造成其他严重后果的，处三年以下有期徒刑或者拘役；情节特别恶劣的，处三年以上七年以下有期徒刑	承接分解国家安全法律法规标准制度要求，进行整顿整改，使企业具备相应安全生产条件	E9. P	合规管理	E9. 5. P	环境/职业健康安全管理	E9. 5. P	环境/职业健康安全	＊＊	＊＊	＊＊	＊＊

资料来源：西飞公司内部资料整理。

表 4　健康安全环保业务域合规审查清单

审查事项	审查要点说明	审查标准（依据）	审查意见（不填，供后续工作参考）	融入运营管理体系									
				业务模块编号	业务模块名称	业务域编号	业务域名称	流程编号（最末级）	业务单元名称（最末级）	文件编号	文件名称	对应部门	对应岗位
安全生产—责任制管理	1. 公司是否具备本法和有关法律、行政法规和国家标准或者行业标准规定的安全生产条件； 2. 公司主要负责人是否严格履行安全生产法中 7 项安全生产职责； 3. 公司是否明确各岗位的责任人员、责任范围和考核标准等内容；是否建立相应的机制，加强对安全生产责任制落实情况的监督考核，保证安全生产责任制的落实； 4. 公司的安全生产管理机构以及安全生产管理人员是否严格履行安全生产法中 7 项安全生产职责	1. 公司安全资质证明 2. 安全生产责任清单、安全责任书、履职记录 3. 制度文件、公司各岗位责任制考核标准 4. 安全生产责任清单、安全责任书、履职记录	—	E9. P	合规管理	E9. 5. P	环境/职业健康安全管理	E9. 5. P	环境/职业健康安全	* *	* *	* *	* *
			—	E9. P	合规管理	E9. 5. P	环境/职业健康安全管理	E9. 5. P2. 5	职业健康安全责任体系的建立	* *	* *	* *	* *

资料来源：西飞公司内部资料整理。

合规牵头部门应站在明确公司的合规工作标准的视角来使用合规清单,使用合规清单掌握各个业务领域常见的违规手法、表现形式、应对措施;同时合规清单也可作为监督合规职能部门、业务部门是否履行合规职责的依据,作为与合规职能部门协同联动进行合规检查的依据,作为处理举报线索及是否将线索移交追责部门进行处理的依据等。

合规职能部门应以合规清单确定的标准为依据,掌握本业务领域常见的违规手法、表现形式、应对措施,监督业务部门工作是否合规尽责,受理本业务范围内的违规举报,进行合规检查等。

业务部门的业务人员将合规清单作为引导自身作出合规、高效且负责任的决定的工具。例如,在进行某项工作时,对照合规清单结合以下五个问题,对该业务是否合规进行判断:(1)是否违反法律法规、监管规定、内部规章制度?(2)是否符合公司的规章制度、利益及价值观?(3)如果被媒体曝光是否会损害公司利益?(4)是否能满足相关的需求、是否会损害相关方的利益?(5)是否准备好为此承担责任?

(五)营造法治文化氛围,筑牢依法合规经营思想基础

以理念为引领,牢牢抓住公司经营行为和员工个人行为两条主线,以满足个体需求和团体需求为出发点,以个人德行提升和团体能力提升为落脚点,多措并举,构建合规法治文化建设长效机制,引导公司领导干部和全体职工自觉守法、遇事找法、解决问题靠法,形成公司上下全员尊法学法守法用法的良好氛围,最终达到文化认同。

在公司范围内通过下发征集法治文化理念通知、组织专家研讨、调查问卷、征求职工意见等多种方式,对新时代法治文化理念内涵进行了专题研究,形成了以"做诚信西飞人、兴法治航空业"为使命、"合规从业 依法治企"为目标、以"人人合规、事事合规、时时合规"为核心价值观的合规法治文化理念体系。

(六)遵循PDCA[①]循环改进机制,提升合规管理水平

1. 识别外部合规要求,精准制定合规护航计划

根据我国国家标准《合规管理体系指南》(GB/T 35770—2017/ISO19600:2014)第3.5.1条将合规义务分为合规要求和合规承诺。合规要求主要来自外部合规规范,具有强制执行效力;合规承诺是企业基于其自身意志,自愿设定义务并接受其约束。

表5 合规义务来源

序号	合规要求	合规承诺
1	法律、行政法规	公司章程
2	国资委等部门规章	内部规章制度

① PDCA最早是由美国质量管理专家戴明提出来的,所以又称为"戴明环"。PDCA的含义如下:P(Plan)——计划;D(Do)——执行;C(Check)——检查;A(Action)——行动,对总结检查的结果进行处理,成功的经验加以肯定并适当推广、标准化;失败的教训加以总结,未解决的问题放到下一个PDCA里。

续表

序号	合规要求	合规承诺
3	监管机构发布的命令、条例或指南	行业准则
4	许可、执照或其他形式的授权	与第三方签订合同所产生的义务
5	法院判决或行政决定	—
6	国际条约、惯例	—

资料来源：西飞公司内部资料整理。

以实现“提升合规经营能力，护航高质量发展”为目标导向，围绕供应链、财务、知识产权等合规重点领域，以合规义务清单划出的底线和红线基础，结合公司年度重点工作，制订合规护航计划，护航公司高质量发展。

2. 加强合规检查评估考核，以查促改、以评促进

定期对重点项目和重点领域开展专项合规检查，以查促改，通过开展季度文件体系审查、“六查五保”等专项工作，下发安全、保密、质量检查、重大决策法律审核等情况通报，促进合规护航计划的刚性执行，对于检查中发现的问题和隐患，纳入限期完善或违规整改范畴，由相应主管部门负责监督闭环。

定期对合规管理体系的运行有效性进行评估，以评促进，对重大或反复出现的合规风险和违规问题，深入查找根源，完善相关制度，堵塞管理漏洞，强化过程管控。同时要对现有制度体系进行审视，查漏补缺，对于制度流程中已有合规控制点继续保持，缺失的补全，需要优化的优化，压实合规管理业务部门的主体责任和合规牵头部门的监督责任，减少管理链条、冗余流程、重复管控，通过以改促进，不断优化完善合规管理体系，实现公司经营行为和员工个人行为双合规。

四、合规管理工作的价值提升

（一）融入运营管理体系，实现从防风险向创价值转变

从经营的角度来看，合规是公司为预防、控制和应对各种法律风险所采取的一种管理机制。从本质上讲，合规是一种公司治理方式，是为实现自身利益的最大化，在进行业务管理和财务管理的同时，所进行的一种风险防控机制。[①] 合规思维是一种以“规则”作为观察、分析和解决公司治理和运营中存在问题，护航高质量发展的一种方式。推进合规管理工作，既要尊重公司运营管理体系的权威性和稳定性，又要抓住主要矛盾，从合规的方法论视角（负面、主动、延伸），制定合规义务清单、合规审查清单，对公司运营管理体系进行延伸，推动其不断自我完善和发展，永葆生机和活力。

合规管理体系是以公司使命、愿景、价值观为基石的，以负面、主动、延伸为核心特征的方法论体系，用新的方法和工具来检验体系模块是否运行通畅、是否有缺失、是否存在

---

① 陈瑞华：《论企业合规的中国化问题》，载《法律科学（西北政法大学学报）》2020 年第 3 期。

流程冗长、流程重复，过度合规、弱化合规等情形，以点带面，对公司现有制度体系进行审视，查漏补缺，对于制度流程中已有的合规控制点要继续保持，缺失的合规控制点要补全，需要优化的合规控制点要优化，不断推进公司治理体系和治理能力现代化，实质就是预防风险、提高效益的管理升级。

在明确合规管理在运营管理体系中具体定位的基础上，持续推动合规管理全方位、多层次融入运营管理管理，与保密、质量、安全生产、供应链、财务等多部门协同联动、齐抓共管，形成工作合力，确保合规管理体系有效运行。

（二）以合规审查清单为抓手，变碎片化管理为集约协同式管理

合规义务的梳理既是合规管理工作和合规体系运行的起点，也是编制合规审查清单的依据。合规管理要实现从分散管理、条块分割向集中管理、协同联动转变的目标，需要以合规审查清单为抓手，以合规风险预警、合规风险隐患跟踪机制、培训机制等为实现路径，融入公司生产经营管理的计划、研发、生产、采购、销售各个领域和环节，实现对合规重点领域、重点环节、重点人员的管控。

合规思维的核心内容是“依据规则”，是在公司“运营管理体系已经构建、运行”的背景下，要求对公司经营、员工个人、外部监管主体、客户、利益相关方（供应商）等个体开展活动所提出的“底线和红线”要求。合规审查清单的编制过程就是把分散于不同层级的法律、行政法规，监管规定、行业准则、内部规章制度及国际条约、国际惯例中对同一事项的规定，集中在一张表单上。通过对合规义务的再次梳理，发现是否存在冗余流程、重复管控，以此打破条块分割（部门壁垒），实现在合规控制点不缺位的基础上，减少重复管控、冗余流程，实现协同联动、数据共享。

（三）用好合规管理三种形态，实现由被动合规向主动合规转变

在处理合规部门与业务部门的关系时要把握好度。既要主动提供合规咨询，提示合规风险，推动业务往前走，以合规的方式把业务做成；同时更要牢记是牵头部门，不是归口部门，不是当裁判，是第二道防线。合规部门在业务有合规风险时，不要单纯地说做还是不做，时刻提醒自己不要越俎代庖，因为业务部门能够更好地平衡机会与风险，“让业务的归业务”。

坚持“规则/价值/问题/目标”导向（突出的问题是什么、就解决什么，主要目标是什么、就实现什么），紧密结合公司重点工作，区分不同性质的问题，用好限期整改、限期完善、合规改进项目三种不同的合规管理形态，让合规改进成为大多数、让限期完善成为少数、让限期整改成为极少数，促进被动合规向主动合规转变。通过合规管理三种形态，减少管理链条、冗余流程、重复管控、人工统计，减轻基层负担，提升合规管理水平，将行政监管部门的外在压力真正转化为内在动力，助力公司高质量发展。

结语：小清单　大抓手

以合规义务风险清单、合规审查清单为核心抓手将合规控制点融入企业“十四五”规

划、各个业务领域,明确合规管理第一责任人、合规管理负责人、合规部门负责人、合规管理人员、业务人员等不同层级岗位人员的合规义务及工作中应关注的审查要点,助力实现对不同业务模块、不同业务域合规管理情况的精准化监督,推动合规管理持续有效运行,护航高质量发展。

合规篇

开发合规评估工具，建立健全规章制度合规审查机制

韩凤山　王宏新　王　暾

作者简介

韩凤山　中国广核集团有限公司法律顾问、公司律师

王宏新　中国广核集团有限公司法律事务部总经理、公司律师

王　暾　中国广核集团有限公司法律事务部总经理助理

企业简介

中国广核集团有限公司（以下简称中广核），是国家特大型企业集团。中广核在成功建设大亚湾核电站的基础上，建立了与国际接轨的、专业化的核电生产、工程建设、科技研发、核燃料供应保障体系。2005年以来，中广核进入风电、太阳能、节能技术、核技术、金融业务、公共服务事业等新业务领域，拥有一个国家重点实验室、一个国家工程技术研究中心和七个国家能源研发中心，具备了在确保安全的基础上面向全国、跨地区、多基地同时建设和运营管理多个核电、风电、太阳能及其他清洁能源项目的能力。

截至2020年6月底，中广核拥有在运核电机组24台，装机容量2714万千瓦；在建核电机组5台，装机580万千瓦；拥有国内风电在运控股装机1433万千瓦，太阳能光伏发电项目在运控股装机容量524万千瓦，海外新能源在运控股装机1078万千瓦。此外，在分布式能源、核技术应用、节能技术服务等领域也取得了良好发展。

内容摘要

立足于提升依法治企能力水平,深度把握企业运营各个环节有关法治要求,推进规章制度体系建设,践行把依法治企要求全面融入企业决策运营各个环节。大胆创新,通过厘清主体责任、开发合规评估工具、推出合规审查标准、加强部门协同等措施,建立健全规章制度合规审查机制并有效落实,取得显著成效。

关键词

规章制度　合规审查机制　合规评估卡　合规义务

一、“复盘解码”规章制度合规审查机制

(一)提高站位,践行依法治企与合规管理的要求

在全面推进依法治国的时代大背景下,国务院国资委于2015年12月8日印发《关于全面推进法治央企建设的意见》,提出了“完善企业规章制度体系”“把依法治企要求全面融入企业决策运营各个环节”等要求。2018年11月,国务院国资委印发《中央企业合规管理指引(试行)》,提出了“业务部门按照合规要求完善业务管理制度和流程”“及时将外部有关合规要求转化为内部规章制度”“加强对规章制度制定重点环节的合规管理”“建立健全合规审查机制,将合规审查作为规章制度制定、重大事项决策、重要合同签订、重大项目运营等经营管理行为的必经程序”等要求。2018年12月,发改委、外交部、商务部、人民银行、国务院国资委、外管局、全国工商联七部委印发《企业境外经营合规管理指引》,再次强调“企业的各执行部门应及时识别归口管理领域的合规要求”“相关业务部门应主动识别业务范围内的合规要求,制定并落实业务管理制度”。

企业规章制度合规审查机制的建立健全,承载着“完善企业规章制度体系”“把依法治企要求全面融入企业决策运营各个环节”“提升依法治企能力水平”的重要使命,是深度把握企业运营各个环节有关法治要求、落实合规责任的内在要求,是依法治企要求有效落实的重要保障,需要从推进企业法治建设的高度给予充分重视。

(二)设机构抓统筹,公司规章制度建设稳步推进

中广核自大亚湾核电站建设起步,成立伊始即对规章制度建设给予了充分重视,历经30余年发展,通过制定规章制度管理制度、建设规章制度管理信息系统,实现了规章制度审批流程化和信息化,并按照《关于全面推进法治央企建设的意见》要求,将法律审核嵌入规章制度审批流程,切实落实规章制度法律审核率100%要求。为了进一步强化规章制度管理工作,中广核集团公司于2016年成立了规章制度管理部门,对公司制度流程体系建设及其执行监督进行统筹管理,公司规章制度建设规范化进一步提升。然而,对比依法治企和中央企业合规管理要求,尚存在一定差距。

(三)刀刃向内,查找“短板”

1. 规章制度制定合规责任制缺失

中广核通过规章制度管理制度规范了不同层级规章制度的制定主体,提出了调研论证、征求意见以及起草人资格等要求,这些要求对规范公司规章制度制定程序、保障规章制度质量发挥了重要作用,但对识别有关外部合规要求和将其转化为内部规章制度的合规责任未予明确。在此情况下,相关业务部门往往欠缺识别所涉外部合规要求并将其转化为内部规章制度的自觉,而其他部门则往往因对相关业务缺乏深入了解,而欠缺识别有关外部合规要求并将其转化为内部规章制度的能力或条件。在推进规章制度合规审查机制完善的过程中,部分部门提出“外部合规义务的识别及其合规评估应该是法律审核的责任”这样的观点,表明全员合规意识还有待进一步提升。

2. 合规隐患难追溯

规章制度制定合规责任制的长期缺失,带来了一定管理上的合规隐患。调查发现,规章制度即使按照规定程序制定发布,对于其管理的业务活动所涉及的外部合规义务有哪些,以及相应的合规风险是什么、外部合规义务在多大程度上转化为内部规章制度,没有可追溯的记录。因此,对规章制度合规情况进行评估难以开展;即使对规章制度所涉外部合规义务进行全面梳理,由于难以客观掌握规章制度制定部门对外部合规义务转化为内部规章制度的取舍原则,对规章制度的全面合规评估亦将无从开展。

3. 以法律审核替代合规审查

规章制度法律审核关注的是规章制度的内容及其制定程序是否符合法律法规有关规定,但对规章制度未规定的内容,因其涉及规章制度的管理边界和公司内部职权安排之故,无论是否存在相关外部合规义务,法律审核均不会对其作出评价。即法律审核仅关注规章制度本身的合法性,但并不对“将外部有关合规要求转化为内部规章制度”负责。完整意义上的合规审查,要履行监督落实“将外部有关合规要求转化为内部规章制度”的职责,这既包括了规章制度本身的合规性审查,还应当包括对规章制度全面转化、落实有关外部合规要求的情况进行审查监督的职责,即要保障外部合规义务全部由内部规章制度所承接。基于法律审核与合规审查的不同职能定位,法律审核不能也不应替代合规审查。

二、大胆创新,建立践行全链条制度合规机制

(一)健全合规审查机制,厘清主体责任

通过修订完善规章制度管理制度,明确了规章制度制定各相关部门的合规责任:

1. 相关业务部门(规章制度制定部门)履行合规主体责任,对本领域规章制度的合规性负责。在制定、修订规章制度过程中,规章制度制定部门应当充分调研本领域所涉法律法规等内外部合规要求,全面识别适用的合规义务并将其转化为规章制度内容,并在此基础上对规章制度合规情况进行评估和作出说明,确保适用的合规义务均已在规章制度中

得到落实;按照规章制度管理制度要求履行相关程序,听取其他部门对规章制度是否合规的意见。

2. 规章制度管理部门负责将合规审查嵌入规章制度制定(审批)流程,实现规章制度合规审查机制与既有制度流程管理体系的融合;履行规章制度内部合规审查职责,对其符合公司有关规章制度的情况进行审查,保障公司有关规章制度协调一致。

3. 法律事务部门履行规章制度法律审核(外部合规审查)职责,对其符合法律法规的情况进行审查。

4. 合规管理牵头部门①负责规章制度合规审查机制的组织建立,监督指导各部门恰当履行规章制度制定合规职责,并通过审查监督、合规考核等措施,保障规章制度合规审查机制有效落实。

5. 各部门在职权范围内,对涉及本领域的规章制度,依照本领域有关合规要求提出合规建议意见,保障规章制度合规不留死角(见图 1)。

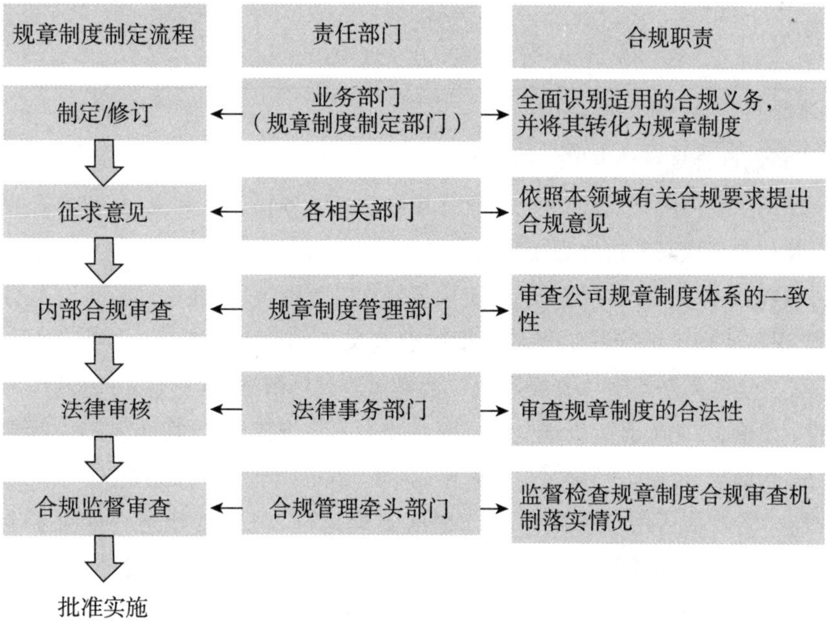

图 1 规章制度合规审查机制示意

资料来源:中广核内部资料。

(二)开发合规评估工具,推出"卡片工作法"

开发出具有时代特色的"规章制度合规评估卡",作为合规义务识别、转化、评估的工具,建立起先进的"卡片工作法",推进合规义务转化为内部规章制度可衡量、可追溯的工

① 为使本文具有更普遍的参考性,考虑到法律审核与合规管理职能上的相互独立性,本文予以分别阐述。

作机制。

1. 举实例画像“规章制度合规评估卡”

以招标采购管理制度中“招标合同主要条款应当与招标文件一致”的合规义务为例（见表1），对“规章制度合规评估卡”说明如下：

表1 规章制度合规评估卡（含示例）

<table>
<tr><th rowspan="2">合规义务</th><th colspan="3">合规义务来源</th><th rowspan="2">合规风险</th><th colspan="2">合规风险评估依据</th><th rowspan="2">落实情况评估</th></tr>
<tr><th>规范性文件</th><th>相关规定</th><th>适用性说明</th><th>规范性文件</th><th>相关规定</th></tr>
<tr><td rowspan="2">示例：
通过招标签订的合同，合同的主要条款应当与招标文件和中标人的投标文件的内容一致</td><td>《招标投标法》</td><td>第46条</td><td rowspan="2">本制度作为招标采购管理制度，管理范围涉及与中标人签订书面合同，该要求适用于本制度</td><td rowspan="2">行政责任</td><td>《招标投标法》</td><td>第59条</td><td rowspan="2">第×条作了相应规定，落实了该合规义务</td></tr>
<tr><td>《招标投标法实施条例》</td><td>第57条</td><td>《招标投标法实施条例》</td><td>第73条、第75条</td></tr>
</table>

资料来源：中广核内部资料。

2. “规章制度合规评估卡”的强势应用

一是适用于公司所有规章制度，包含适用的合规义务描述及其来源、相应合规风险及其依据以及相应合规义务转化为规章制度的落实情况评估等要素。二是在规章制度制定过程中，规章制度制定部门应结合待制定规章制度的管理范围，在全面梳理有关合规要求的基础上，识别适用于该待制定规章制度的合规义务和合规风险，在合规评估卡中填录“合规义务”“合规义务来源”“合规风险”“合规风险评估依据”等信息，并将其作为规章制度制定的重要输入，确保有关合规义务全面转化为内部管控要求，切实发挥规章制度的合规风险防范功能。

（1）合规义务指适用于待制定规章制度管理范围、公司必须遵守的强制性要求，包括积极义务（又称为作为义务）和消极义务（又称为不作为义务或禁令），应当综合相关合规要求，以管理的语言予以简练表述。其中，积极义务通常采用“应当”“必须”等表述，但部分可能并不使用“应当”“必须”等表述，需予注意；消极义务通常以“不得”“禁止”“严禁”等表述，或者在描述行为模式后加上不利的法律后果；对于以授权性规则形式呈现的规范，需予谨慎甄别，属于权利义务复合性规则的，应将其视为合规义务。

（2）合规义务来源指规定相应合规义务的法律法规、监管规定、我国政府承认的国际条约、商业规则、企业章程，有权主体或企业上级单位印发的规范性文件、行业准则、强制性国家标准以及公司选择遵守的非强制性标准等内外部规范性文件。为保证相关信息具有充分可追溯性，应列明相关规范性文件的名称及相应条款并对其适用于该规章制度予以说明。

（3）合规风险指违反相应合规义务引发负面影响的可能性，根据风险性质的不同，按行政责任风险、刑事责任风险、民事责任风险、违规违纪责任风险（包括对相关责任人员的违规责任追究风险、相关管理考核负面评价等）及其他负面影响（如声誉损失等）分别填列。合规风险与合规义务存在内在的逻辑上的关联，没有无合规风险的合规义务，也没有无合规义务的合规风险。通过对合规风险的梳理分析，可以对合规义务识别的恰当性和全面性进行交叉确认。

（4）合规风险评估依据指对违反相应合规义务的可能负面影响予以规范的内外部规范性文件。为保证相关信息具有充分可追溯性，应列明相关规范性文件的名称及相应条款。

3. 规章制度制定部门履行规定动作

在规章制度制定完成后，规章制度制定部门应对适用的合规义务的转化、落实情况进行逐项评估，在合规评估卡中填录评估结论，完成合规评估卡填制。

（三）规范填写“规章制度合规评估说明”，合规责任精细化

1. 前置程序中的必要工作文本

在规章制度制定完成后、提交审批前，规章制度制定部门应在对规章制度合规情况进行评估的基础上，编制“规章制度合规评估说明”，与待审批规章制度文本一并提交审批。经评估认为待审批规章制度未充分将有关合规义务转化为内部规章制度要求，或者待审批规章制度不合规的，应当修改完善后再行提交审批。

2. “规章制度合规评估说明”内容要完备

规章制度合规评估说明包括五个方面的内容：一是规章制度制定部门调研分析的法律法规等有关规范性文件的清单；二是对存在冲突的有关合规要求的适用情况及其说明（如有）；三是适用的合规义务是否已全面转化为待审批规章制度内容，未全面转化的，应当作出合理说明；四是按要求填制的“规章制度合规评估卡”；五是其他需要说明的情况。

3. 规范性文件适用力求规范准确

在实践中，规章制度制定部门适用规范性文件名称或版本错误、效力层级理解不当甚至适用已废止规范性文件等情形时有发生。为确保适用规范性文件的恰当和准确性，前列规范性文件清单，除了规范性文件的名称外，还应包括适用版本的通过时间、发文号及当前有效状态等信息。以档案管理制度制定为例，调研分析的法律法规等规范性文件清单示例如表2所示。

表 2　档案管理制度制定调研分析的法律法规等规范性文件清单

序号	名称	最新版本(制定/修订)通过时间	发文号	有效状态
1	《档案法》	2020 年 6 月 20 日	主席令第 47 号	当前有效版本为 2016 年修订版，最新修订版于 2021 年 1 月 1 日施行
2	《档案法实施办法》	2017 年 3 月 1 日	国务院令第 676 号	现行有效
3	《企业文件材料归档范围和档案保管期限规定》	2012 年 12 月 17 日	国家档案局令第 10 号	现行有效
4	《会计档案管理办法》	2015 年 12 月 11 日	财政部　国家档案局令第 79 号	现行有效
5	《国有企业资产与产权变动档案处置暂行办法》	1998 年 3 月 5 日	档发字〔1998〕6 号	现行有效

资料来源：中广核内部资料。

4. 综合评判力求客观公正

对"适用的合规义务是否已全面转化为待审批规章制度内容"，需结合企业规章制度体系建设情况或规章制度制定计划综合评判。如中央企业在制定资产评估备案有关规章制度时，对于《关于建立中央企业资产评估项目公示制度有关事项的通知》(国资发产权〔2016〕41 号)第 4 条("中央企业备案的资产评估项目，应当在备案前完成公示，公示期限一般不得少于 5 个工作日")规定的"备案前公示要求"，将其理解为适用于资产评估备案规章制度的合规义务当无疑义，但对于该条规定的公示期限要求，是否属于适用于资产评估备案规章制度的合规义务，需要具体情况具体分析：(1)如企业已制定有资产评估项目公示有关规章制度，对资产评估项目公示期限做了规定，则该条关于公示期限的要求不应视为适用于资产评估备案规章制度的合规义务。(2)如企业未制定资产评估项目公示有关规章制度，且未制定相关规章制度制定计划，则该条关于公示期限的要求宜视为适用于资产评估备案规章制度的合规义务，在制定资产评估备案有关规章制度时，或予以转化落实，或对不予转化落实作出合理说明(如更新规章制度制定计划，通过制定资产评估项目公示有关规章制度予以转化落实，资产评估备案规章制度无须对其转化落实)，严格防范合规义务悬空引发的不可控合规风险。

(四)推出合规审查标准，提升合规审查质量

规范各合规审查环节的审查要求，制定统一的审查处理规则，切实提升合规审查质量。各合规审查环节的审查要点及审查处理规则如表 3 所示。

为突出重大合规风险防范，结合公司发展实际，突出对市场交易、知识产权、安全环

保、出口管制、核安全、上市公司监管等重点业务、合规风险较高领域的规章制度的外部合规审查，加强境内外重大合规风险防范。

表3　规章制度合规审查

<table>
<tr><th>审查环节</th><th>责任部门</th><th>审查要点</th><th>审查处理</th></tr>
<tr><td>内部合规审查</td><td>规章制度管理部门</td><td>(1)规章制度合规评估说明内容是否完整、可接受，如调研分析的内部合规要求范围是否恰当充分，冲突适用是否恰当合理(如有)；
(2)待审批规章制度是否存在违反公司管理要求的内容；
(3)待审批规章制度的审批流程设置是否符合公司授权管理等要求；
(4)是否存在其他明显不当的情形</td><td rowspan="3">(1)审查认为待审批规章制度适用的合规义务不恰当或不充分的，应及时向规章制度制定部门提出复核意见，由规章制度制定部门复核并视情况对规章制度进行相应修改完善。
(2)审查认为待审批规章制度不合规或者明显不合理的，应及时提出修改建议，由规章制度制定部门研究修改。
(3)审查认为不存在前述情形的，予以通过</td></tr>
<tr><td>外部合规审查(法律审核)</td><td>法律事务部门</td><td>(1)规章制度合规评估说明内容是否完整、可接受，如调研分析的法律法规是否恰当充分，冲突适用是否恰当合理(如有)；
(2)待审批规章制度是否存在违反法律法规的内容；
(3)待审批规章制度的制定、修订是否存在违反法定程序的情形；
(4)是否存在其他明显不当的情形</td></tr>
<tr><td>合规监督审查</td><td>合规管理牵头部门</td><td>(1)规章制度合规评估说明、内部合规审查、外部合规审查(法律审核)是否已嵌入规章制度审批流程；
(2)规章制度合规管理部门、法律事务部门履行内外部合规审查职责的情况；
(3)规章制度合规评估说明是否符合要求；
(4)是否存在其他明显不当的情形</td></tr>
</table>

资料来源：中广核内部资料。

(五)多沟通强协同，形成工作合力

在通过修订完善规章制度管理制度，明确了各相关部门规章制度制定合规责任的基础上，通过规章制度管理制度修订情况宣贯及专题交流、贴身指导等多种形式加强与各相关部门沟通，做到把建立健全规章制度合规审查机制的必要性讲清，把规章制度制定部门出具"规章制度合规评估说明"、填制"规章制度合规评估卡"的价值和意义讲透，把如何履行规章制度制定合规职责讲明，以获得各相关部门的理解和支持，为规章制度合规审查机制有效落实提供保障。

(六)法律事务部门主动站前，做到事前参与

在规章制度制定过程中，对有关合规要求的适用性分析、冲突适用处理以及相关合规风险的识别分析等法律专业性较强的事项，引导规章制度制定部门及时提出法律需求，协调法律事务部门及时参与，并在充分理解公司相关业务的基础上，充分发挥法律事务部门的专业优势，对将外部有关合规要求转化为内部规章制度提供相应指导，切实发挥法律事务部门法律合规风险事前防范的价值创造作用。

三、成效卓著，发挥价值创造作用

（一）促进合规义务执行一体化，保障公司生产经营依法合规、高效运作

规章制度作为一种企业规范，是堵塞企业管理漏洞、防范企业合规风险的坚实屏障。通过建立健全规章制度合规审查机制，强化了规章制度制定环节对有关合规要求及相应合规风险的全面分析，切实将适用的合规义务全面转化为内部规章制度要求，促进合规义务执行的一体化，确保按照公司规章制度执行即可满足全部合规要求，有效避免了规章制度执行过程中多头找法、多方评估的境况，有效提升了企业依法合规经营管理水平，为公司生产经营活动依法合规高效运作提供了有力保障。

（二）法律合规风险管理关口前移，有效促进法律管理与经营管理深度融合

针对规章制度制定过程中涉及的法律专业性较强的事项，建立法律事务部门事前参与机制，切实将法律合规风险管控关口前移至规章制度制定环节。在结合公司经营管理实际、恰当识别适用的合规义务并将其转化为内部规章制度的过程中，深化法律顾问对公司业务的认识，深化规章制度制定部门对有关合规要求的理解，有效促进法律管理与经营管理深度融合，切实实现用法律的思维审视管理问题、用管理的语言明确法律要求，规章制度的质量得到显著提升，为全面提升企业依法合规经营管理水平奠定了坚实基础。

（三）“规章制度合规评估卡”的开发运用，有效提升规章制度合规质量

“规章制度合规评估卡”的开发与运用，为合规义务的梳理、识别，提供了易于操作、可追溯的工具。“规章制度合规评估卡”的运用，一方面要求对有关合规要求进行全面梳理，为将有关合规义务转化为内部规章制度提供了基础，可有效防范有关合规要求悬空遗漏，有助于发现和堵塞管理制度漏洞；另一方面要求针对待制定规章制度的管理范围对有关合规要求进行适用性分析，有助于厘清各规章制度的管理边界，避免规章制度不必要的重复叠加，有助于促进管理的精益化和规章制度的体系化；此外，还要求对每一合规义务转化为待制定规章制度内容的情况逐项进行合规评估，为规章制度合规提供了翔实的数据支撑，避免了诸如“符合某一或某些规范性文件”的空泛之谈。

（四）“规章制度合规评估说明”嵌入流程，做到规章制度合规信息可追溯

通过修订规章制度管理制度，依托既有规章制度审批信息化流程，将“规章制度合规评估说明”嵌入规章制度制定流程，强化了对规章制度制定过程中合规义务识别与转化的知识管理，其关于适用合规义务的分析及其与规章制度有关条款的映射关系等信息，为规章制度立改废释提供了可追溯的数据支撑：（1）对于“规章制度合规评估说明”中列明适用但未转化为规章制度内容的合规义务，为后续相关规章制度的制定提供了指引；（2）在规章制度施行过程中，为规章制度的解释厘定了合规边界；（3）相关合规义务变更的，为及时识别受影响的内部规章制度并及时作出相应修改安排，或者对相关工作开展进行必要调整提供了有价值的参照；（4）相关规章制度废止的，为其影响评估提供了重要依据。

（五）促进合规义务数据库建立完善，为合规管理奠定重要基础

合规义务数据库是企业合规管理的重要基础和基本工具。在其基础上，企业合规风险数据库建立、合规风险分析评估、合规管理红线底线制定、合规风险应对策略及其措施制定等方得以进一步有效展开。虽然在未建立企业合规义务数据库的情况下，前述工作也可以开展，但其全面性和有效性是难以保障的。对于企业合规义务数据的建立，主要有两种模式：一是疾风骤雨式的一次性全面建立，其资源集中需求较高，可能对企业生产经营活动的正常开展带来一定冲击；二是和风细雨式的逐步健全，一般不需要集中投入过多资源，但所需过程往往较长。其取舍取决于企业的风险承受度和对风险与收益的权衡，第一种模式往往适用于整体性合规风险突出，企业存在生死存亡之虞，一城一地地防守已不足以挽救企业于危难，亟须加强全面合规风险管理的企业；第二种模式往往适用于总体合规风险可控、合规管理相对薄弱但又希望进一步提升全面合规管理水平的企业。

结合公司实际，中广核集团采取前述第二种模式逐步建立适用于中广核集团发展实际的合规义务数据库和合规风险数据库。规章制度合规审查机制的健全和规章制度合规评估卡的开发运用，使规章制度制定的过程即为合规义务与合规风险识别分析的过程，有效促进了中广核集团合规义务数据库、合规风险数据库等合规管理工具的建立完善，为中广核集团合规管理进一步推进奠定了重要基础。

（六）落实法治宣传教育要求，推进法治宣传教育与法治实践结合

规章制度合规审查机制的建立健全，明确了规章制度制定部门全面梳理本领域所涉法律法规并将适用的合规义务转化为规章制度内容的责任，即规章制度制定部门要在深入学习本业务领域的法律法规基础上，通过规章制度制定活动，将其与公司相关业务工作相结合。结合公司规章制度管理制度要求，规章制度制定发布后和施行过程中，规章制度制定部门需落实规章制度培训宣贯、监督其执行落实等职责。如此一来，既有效落实了国务院国资委2016年6月印发的《关于在国资委系统开展法治宣传教育的第七个五年规划（2016—2020年）》关于“完善学法用法制度”“落实‘谁主管谁负责’的普法责任，各工作机构和部门负责本业务领域的法律法规的学习宣传，做到法治宣传教育与业务工作同步研究、同步安排、同步推进”的要求，也有效推进了法治宣传教育与公司法治实践的结合。

合规篇

创新规章制度管理，谱写本土化合规管理新篇章

刘炳坤　李　辉　赵滨利　梁禹崧

作者简介

刘炳坤　黑龙江联通总经理

李　辉　中国联通集团企业发展部/法律部法律管理处经理

赵滨利　梁禹崧　黑龙江联通法律部法务人员

企业简介

黑龙江联通下辖13个地市分公司、131个区县分公司。公司固定资产438亿元，用工总量2.07万人，客户累计超过2000万户；2009年以来累计投资300亿元，累计纳税100亿元，年均营业收入79亿元。公司先后获得“全国文明单位”“全国精神文明建设先进单位”“全国五一劳动奖状”“全国用户满意企业”“全国模范职工之家”等荣誉称号。作为省内基础电信运营企业，拥有国际先进水平、省内覆盖最广，高带宽、立体式、智能化的现代化智能通信网络。近年来，公司坚持“1168”发展战略，深化以客户为中心的经营发展理念，实施“137工程”，打造“快”品牌，建立敏捷经营体系。

内容摘要

以契约精神为核心,从守法破章到破旧章立新规,追求合规创造价值。盯住流程重构,合规管理实现目标化、全局化、信息化、标准化、数字化;抓牢规章制度立改废,业务、流程、规章制度一体化管理,构建合规管理的新生态。本文结合企业改革创新提炼的实践成果,介绍了将合规管理要素全面本土化后,建立起一种具有中国特色的央企合规管理格局,具有典型的示范效应。

关键词

契约精神　中国特色　目标化　全局化　信息化　标准化　数字化

引　言

习近平总书记指出,推进依法治国,是国家治理领域一场广泛而深刻的革命。这一论述,深刻揭露了法治的本质所在和推进法治的时代所需。法治央企建设,关键是落实法治要求和树立法治思维,保障企业健康发展。依法治企强调遵循法律法规、制度规则。黑龙江联通坚持国有企业"两个一以贯之",全面推进依法治企合规经营,推进合规管理与企业生产经营深度融合,健全完善现代国有企业制度,大胆改革、创新工作机制,在省公司层面建立起有规范、有举措、有实效的合规工作体系,探索出一条具有中国特色的本土化的合规管理之路。

一、从守法破章起步到追求合规创造价值,跨越式成长彰显中国速度

(一)以契约精神为核心,从守法破章到破旧章立新规,启动合规管理破冰之旅

契约精神以企业与客户公平对等为基础,是商业行为需要遵守的基本原则,是诚信原则的本质。契约精神和诚信原则是现代合规管理的基石。守法破章是开展合规工作的理想突破口。守法守的是国家的法律法规,这是企业经营不可触碰的红线;破章破的是企业旧的规章制度,这是促进企业运营发展的必要手段。过去,企业过于在意自己的发展规模和速度,不注重跟客户之间的承诺和价值。当今数字时代,企业运营发展以客户为中心,对外,企业与客户建立平等、公平的契约关系;对内,将企业与客户公平公正对等贯穿于公司规章制度体系。破除一切不公平,不合理,过度自我保护的制约公司发展的旧的规章制度,建立平等对待客户、符合市场需求的新的规章制度,营造公平、公正的企业内部环境。以规章制度废改立为关键点,两年来,黑龙江联通规章制度从583个压缩至336个,压减率42%,通过废除阻碍公司改革、制约公司发展的旧规章制度,迭代更新成为符合公司混改和数字化转型的新规章制度,践行联通集团"一切为了客户"的新发展理念,发挥合规管理为企业创造价值的作用。

(二)业务流程重构和规章制度立改废双轮驱动,扎根中国土壤探索本土化合规特点

以提升客户感知倒逼业务流程改革,以业务推进为利刃贯通业务流程、清除烦琐环

节、疏通流程堵点，提炼出符合业务实际、能够创造真正客户价值和超越职能界限的、端到端的新业务流程，将业务流程重构作为企业创新工作的重要抓手。贯彻国资委“去机关化”问题专项整改的核心要求，重点围绕解决现行规章制度“立改废”不及时问题，追根溯源，提升规章制度的内容质量。将流程重构与规章制度优化有效衔接，配合业务流程重构，及时进行规章制度的立改废，用规章制度固化新业务流程。保障新流程从业务合规到管理合规。将业务流程重构与规章制度的迭代更新深度结合和良性互动，有利于处理和维护好公司与客户的关系和利益，保障企业的合规运营。

(三)培育合规创造价值的新合规文化，着力提升治企效能

合规创造价值，包括管理价值、经济价值和社会价值。合规创造管理价值，通过建章立制，明确专业部门管理边界、促进协调配合，形成管理合力，提升管理效能。合规创造经济价值，通过优化简化流程，提升通信服务运转效率，提高产品质量。合规创造社会价值，通过树立诚信合规形象，增加客户对公司认知度和认同感，承担央企的社会责任。合规管理降低企业运营成本，帮助企业化解合规风险，避免因法律制裁或监管处罚所带来的声誉及财务损失，在服务客户的同时更好地保护企业自身利益。企业的发展战略和生产经营都要依靠合规管理提供稳定、安全、有效的内部生态。企业文化最重要的一点，即企业文化自身也是有关员工如何工作的一种战略。探索采用新媒体方式传播合规文化，鼓励员工拍摄微视频，题材来源于基层单位的实际工作场景及工作中发生的大情小事，员工自导自演，结合不同岗位要求，从自己的视角阐述对合规的理解认识，表达践行合规的决心。在公司电梯间电视上循环播放员工拍摄的微视频作品，同步在各个领导群、员工群、工作群中发送，滚动宣传，合规这件事成为公司最热门的话题。干部员工开始关注合规，从内心接受“合规创造价值”“合规就是竞争力”的新理念。

(四)培育微组织做好合规管理微生态，树立标杆发挥示范效应

黑龙江省公司下辖地市公司，本部工作开展依赖于基层单位微组织的贯彻落实及主动作为。以“鸡西公司”为试点，着力激发基层单位的首创精神和管理智慧，培育合规先进单位，挖掘合规工作经验，以点带面，促进全省合规工作全面提升。鸡西分公司在集团公司发布《中国联通合规倡议书》，向中国联通全体干部员工发起合规倡议之后，主动响应、积极作为，结合地市公司工作实际，第一时间发布《鸡西联通员工行为倡议书》(以下简称《倡议书》)，以员工守规范为切入点，结合员工行为做合规。《倡议书》为员工正向行为画像，方便员工身体力行，对员工行为起到良好的指导作用。微组织开启主动合规的新篇章。以发布《倡议书》为起点，六步骤阶梯式推进，铸就地市公司合规微生态。第一步，发布《倡议书》。单位负责人主动发挥关键少数作用，亲自解读宣讲《倡议书》，以上率下，真正做到合规管理的引领者和示范者，带动全体员工合规履职。第二步，发起宣传攻势。地市公司各专业部门、各区、县(市)分公司层层宣贯落实，通过专题会议、每周例会、每日晨会等形式，开展了多轮集中学习、交流学习体会，通过在公司人员密集场所摆放宣传板进

行造势。第三步，开展专项检查。鸡西分公司开展“组织力、执行力”专项检查工作，深入基层单位了解《倡议书》传达情况，确保《倡议书》宣贯工作传递到一线。第四步，开展“鸡西联通员工行为倡议书”大讨论主题活动。全体员工根据《倡议书》及内容解读，结合自身工作查摆问题提出改进举措，激发了员工参与合规工作的积极性，广大员工关注合规、参与合规、主动合规，传播正能量，营造出浓郁的合规氛围。第五步，固化创新成果。将《倡议书》升级为《鸡西联通员工行为指引》进行发布。及时将前期工作中汲取的员工合规管理智慧提炼升华，形成公司管理制度。让合规真正成为员工行为指南的文化内核，提高合规制度的科学性、先进性、丰富性。第六步，开展“我为自己代言”主题活动。多部门联动，将合规管理与党建工作同频共振，发挥红色引擎能动性，通过树先锋形象、立先进典型，号召全体员工结合自身工作，对照《鸡西联通员工行为指引》为自己画像。多名员工提交了“我为自己代言”稿件，合规理念真正在员工层面入脑入心。将“要我合规”变成了“我要合规”，合规文化彰显生机活力。一系列的活动，让员工理解到“合规就是效益”，人人合规就是为企业高质量发展保驾护航。鸡西分公司在创新的道路上不断将合规工作做深做细做实，形成一整套合规管理组合拳，取得合规管理实效。同时将合规工作和党建工作、业务提升、队伍建设紧密结合，构建基层单位微组织的合规管理微生态。随后举办合规专题培训，将鸡西分公司作为先进典型树立标杆，在全省范围内推广鸡西分公司合规管理经验，为其他地市的合规管理工作提供对标对象。鸡西分公司的经验内容丰富、举措翔实、形式鲜活，具有极强的感染力，充分发挥示范效应，带动各地市公司掀起合规工作的新高潮。

二、盯住流程重构，合规管理实现目标化、全局化、信息化、标准化、数字化

（一）目标化

1. 将提供差异化短流程、提高业务办理便捷性和时效性、提升客户感知确定为工作目标

聚焦重点项目，分步实施，不做一步到位，找到重点项目启动工作。重点项目不能太多，集中精力办好重要工作。黑龙江分公司结合行业特点，抓住主营业务公众客户、家庭客户、政企客户三大客户群反映的业务流程方面的主要问题，黑龙江联通启动“137”工程，对原来低效、冗长、断裂，碎片化的业务流程进行再造，针对重点业务痛点问题，聚焦业务办理最多跑一次、宽带一日装机、小微基站3日或7日开通、政企客户3日或7日开通这四项工作，建立快捷贯通的业务流程，完全彻底地解决客户反映的问题，目标明确，关键事项改革到位。

2. 剖析“137”工程成果，提供业务标准化样板

（1）一日装机专项工作。重构后新业务流程如图1所示。

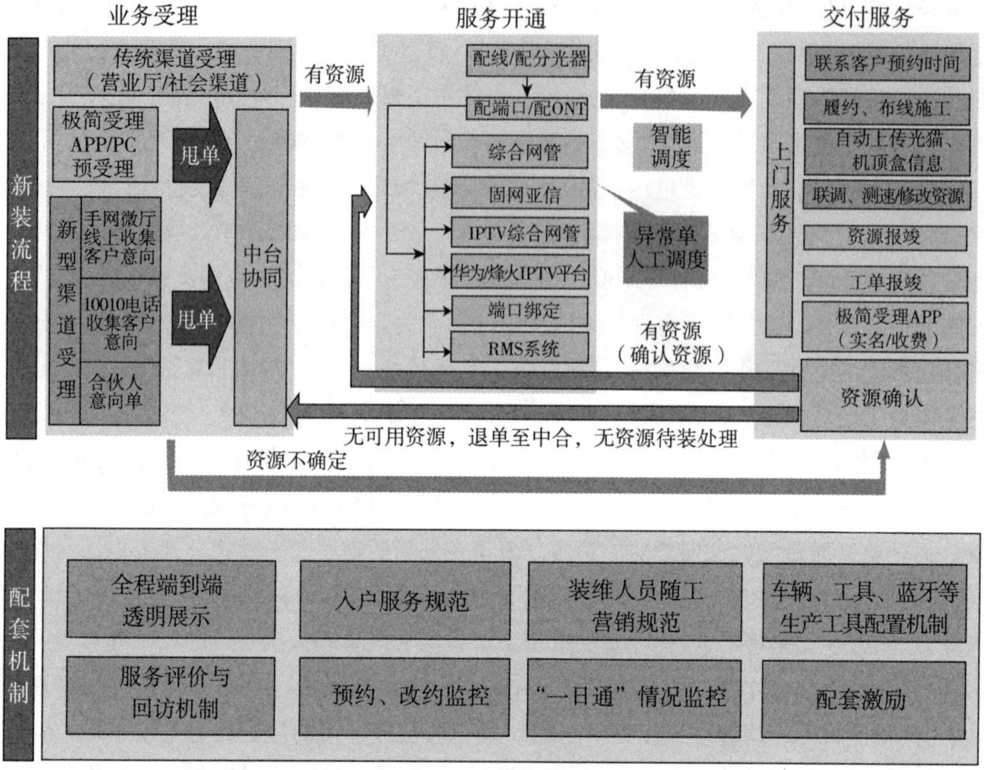

图1 装机业务流程

资料来源：黑龙江联通内部资料整理。

新的装机业务流程具备三大特色。一是重要环节减少到三个，业务受理是前台为客户办理业务；服务开通主要是公司内部调测开通线路；交付主要是上门安装与调通线路，并得到客户确认。二是流程穿透多部门职能管理、业务受理环节，营业厅部分由公众客户部负责、手厅部分由家庭客户部负责、10010部分由客服中心负责；服务开通环节由客户响应中心负责；交付服务环节由家庭客户部负责。三是工作成效显著，宽带一日装机项目先期在鸡西分公司试点，宽带一日装机成功率提升至91.8%，环比提升20个百分点。

(2)业务办理最多跑一次项目。业务流程阶梯式重构变化如图2所示。

新客户办理业务的流程已实现一阶段流程迭代，仅涉及受理和后台处理两个环节。如客户办理业务涉及产品或事项有多种情况，不同情况的解决方式各有不同。涉及营业厅受理的100种情况，由公众客户部牵头受理，客户响应中心和信息化部协助处理：其中，6种情况由客户响应中心处理，主要涉及主副卡关系变更、部分宽带装移情况；94种情况由信息化部处理，主要包括开销户类、停开机类、信息查询类。这100项业务，已实现“58项零到厅，42项跑一次”。其中，临柜二次及以上约占营业厅业务办理量30%的29个业务项目已实现“最多跑一次”。

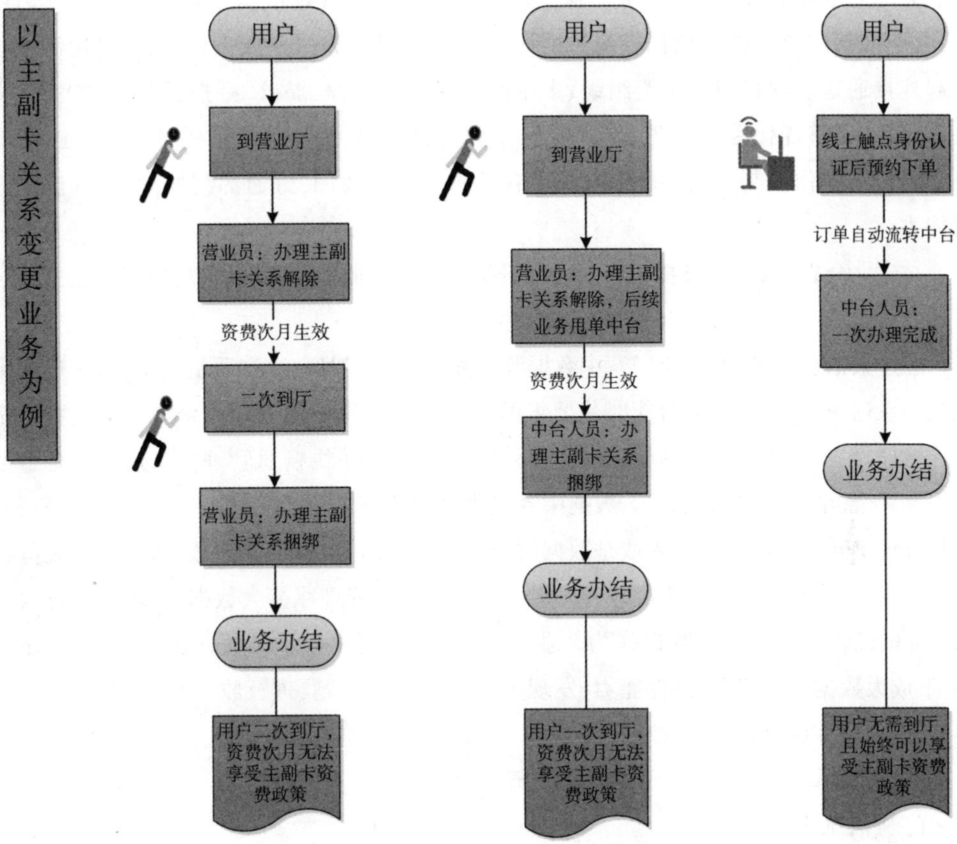

（a）现有流程　（b）一阶段流程　（c）二阶段流程

图 2　业务办理流程

资料来源:黑龙江联通内部资料整理。

(二)全局化

1. 对外设立"总经理接待日"

弘扬企业家精神,领导干部是职业经理人也是首席客户经理,深入一线与客户面对面交流,了解客户需求,改进工作方式,践行"三个一切"①。对内设立"公司流程日",提高站位,鸟瞰全局工作,做好顶层设计。

2. 实行项目组工作机制,在"深井"间建立连接通道

充分认识到工业时代组织结构中职能部门纵向联系造成的"深井"效应,致力于打破部门墙和专业墙,破除本位主义,统筹规划提升资源整体利用效率。公司主营业务的三大客户群涉及手机、固话、宽带、云、大数据、通信线路、基站建设、网络搭建等多方面的业务,

① 一切为了客户、一切为了一线、一切为了市场。

在业务之上还有不同资费包形成的通信产品。公司内部管理组织架构以职能管理为中心,各职能部门负责的领域被打造为“深井”。以项目组方式开展工作,可以打通深井建立起连接通道。项目组成员跨组织、多维度审视业务流程,提出“一揽子”重构方案。先选点试行,调整优化后再全省推广,保障全省业务流程重构工作高质量、高水准、高效率。项目组工作机制最大限度地发挥了各部门的协作效用,打通部门壁垒,提升流程规划能力。

3. 建立全省“数字化指挥中心”,全面升级原有网络监控能力,统筹规划实施数据的合规运营

通过数据合规管理,解决经营中数据源分散、数据链割裂、数据质量差、数据传递效率低等一系列痛点问题,开创智能时代要求的数据合规管理新格局。一是全省全量数据全在线管理,包括产成、采集、稽核、分析、提供全生命周期在线畅通管理。二是全省全量数据一点看全、全景化动态化展示,数据中台提供全省全量数据“一揽子”统一管理与服务。三是避免不同系统的人工录入或是数据改动造成数据污染风险,保障数据清洁性,规范数据的使用,加强数据资源的集成性和复用性。四是合规管理赋能大数据,合理运营有效提高企业的经营管理能力。数据作为企业的核心资产,利用科学建模、嵌入算法等智能工具,形成大数据分析能力、预警能力,发现生产经营中的问题,进行收入预测、做出风险预警提示。五是以数据运营为抓手,全面促进企业生产经营数字化转型,开发应用大数据能力,用数据展示、分析经营状况,工作方式智能化。

(三)信息化

业务流程实现端到端,全流程闭环合规管理。全业务流程统筹规划,连接客户响应、中台、交付三大业务环节,实现业务从接单到交付全流程覆盖。客户响应是利用各种触点,全程收集客户的业务需求并及时回复互动,为三大客户群提供支撑。中台发挥枢纽作用,向前延伸至客户响应(业务受理),向后延伸至交付(业务实现)。为解决原信息化系统凌乱的痛点,将业务流程中的断点、堵点抓取出来,集中在中台通过人工处理、程序对接等手段进行连接和疏通,及时解决各种业务问题。交付是“一揽子”负责售前、售中、售后全链条服务,终点是将商品送达到客户。业务流程重构方案确定后,要在 IT 系统中进行固化,实现业务流程全在线流转,确保路径清晰、节点显性可控。系统及时迭代更新,有效释放 IT 能力。

(四)标准化

多维度促进标准化工作的开展。工作方式方面,采取项目组工作方式,打通组织“深井”、建立多路径连接通道。项目组成员跨组织,可以平行提供不同角度的意见,全面审视业务流程,提出“一揽子”流程重构方案,提高方案科学性,高效聚合组织智慧。系统管理方面,业务流程重构后,利用系统规范新流程,减少人为干预,建立标准化的通达路径。基础管理方面,将具备实施能力的标准化业务流程纳入规章制度的管理范畴,进一步巩固标

准化工作成果。并通过规章制度的迭代更新，保证规章制度与业务流程之间高度匹配。切实发挥标准化工作方式效率高、服务简化、迭代快速的综合优势。

（五）数字化

建设智慧管理中台，推动企业数字化转型。基础性工作从盘活公司内部系统的IT支撑能力开始，在中台进行灵活的全线上数据的连接、拆解、分发、聚合，保障业务在空间上做到线上线下一体化运营，时间上做到前台、中台、后台按业务发展顺序递推，实现订单自动流转与透明展现、业务进程可视化精准追踪。提高经营数据的智能化管理，有效减少线下人工操作，扎扎实实为基层减负。提升性工作按照“能线上不线下，能自动不手动，能系统不人工”的原则，黑龙江联通致力于推动办公数字化，实现经营数据全省手工零报表。公司各级管理人员都可以通过“掌沃”App直接查看本人职权范围内的省、市分公司及经营单元的经营管理数据。一线人员可通过“在沃”App随时随地查看个人业绩、客户情况。全部数据沉淀在系统中，根据管理需求利用模型和算法自动生成不同的统计数据，在线形成数据应用包和报表，实时更新、动态展示，提升管理效能。

三、抓牢规章制度立改废，合规管理服务改革创新

（一）业务、流程、规章制度一体化管理，构建合规管理的新生态

厘清业务、流程、规章制度三者间的关系，是做好这三项工作的前提。业务发展要满足客户需求、提升客户感知；流程要符合业务实际，促进业务发展；规章制度应及时跟进业务和流程的更新变化，与业务和流程保持一致，及时更新进行管理固化，保障业务发展可持续，流程重构合规范。黑龙江联通成立临时性机构——数据治理与流程优化办公室，由黑龙江联通总经理兼任主任，统筹数据治理、流程优化、规章制度管理工作，通过业务流程重构与规章制度管理紧密结合，自觉将合规作为公司经营管理、员工履职的精神指引和道德操守，将企业经营建立在业务合规、流程合规、制度合规的基础上。

（二）对规章制度进行闭环管理，建立联动工作机制

将规章制度管理定位于对公司制度的整体管控，着眼于规章制度管理，分环节分重点，形成工作闭环。专业部门作为合规管理的第一环节，负责本部门发布的规章制度的日常合规管理工作，将合规要求落实到具体业务、关键环节和具体工作岗位。法律部门作为合规管理的第二环节，负责归口管理公司的规章制度，牵头组织、协调和监督规章制度的合规管理工作，为专业部门提供合规支持。纪检部门作为合规管理的第三环节，负责将规章制度的立改废纳入干部考核标准，对规章制度立改废进行评价监督。三个环节首尾衔接、旋转更新。黑龙江联通对规章制度的整体性管控，突破了单个规章制度的全生命周期法律管理的局限性，克服了传统的规章制度管理仅关注单个规章制度制定、修订、审核的不足，有利于形成工作合力，有效保障了规章制度的科学性、先进性、规范性。

专业部门是规章制度立改废的责任部门，承担首要责任。规章制度是由各单位依照

管理职责和权限制定，经过一定程序审批并发布实施，规范公司经营管理活动或管理程序，具有持续性、长期性和普遍约束力并能够反复适用的文件，是各单位员工共同遵守的行为准则的总称。规章制度是公司的内部文件，落实公司内部管理要求、规范公司内部管理流程。专业部门为公司业务发起和执行部门，是规章制度制定人和执行人，负责收集一线、客户的意见，按照业务发生实际和合规要求，将合规管理落实到具体环节和工作岗位，及时根据业务实际定期改进、完善、更新本部门发布的规章制度。专业部门在职责行使过程中第一时间发现问题、解决问题，并通过规章制度立改废进行调整，是提高规章制度管理质量的根本途径。

（三）将规章制度的评价监督落到实处，评价监督聚焦规章制度立改废

评价监督是保障工作质量的通用做法，针对规章制度的评价监督，不是要对某一规章制度自身进行评价，因为制度是业务规范和管理要求的表现形式，制度本身无所谓好与不好，其承载的业务规范和管理要求才是实质。一是发挥纪检部门工作优势，成立公司监督评价委员会，提供组织保障。监督评价委员会牵头，统筹负责规章制度和流程的监督评价工作。定期或不定期对企业的规章制度建设和执行情况进行抽样评价。二是建立监督评价工作流程，监督评价自身先要合规化。由监督评价委员会提起监督评价程序，规章制度制定部门提交自评报告，监督评价委员会听取相关部门及地市意见，并反馈意见至规章制度制定部门，由规章制度的制定部门完成后续废改立工作。具体监督评价工作流程见图 3。三是监督有重点，评价有对象。重点监督业务部门规章制度立改废完成情况。每年年底，要求规章制度制定部门上报本年度的立改废情况，针对重大职能发生变化的，以及重要业务、重要流程发生改变的部门给予重点关注。对领导人员加强评价，将规章制度的立改废纳入对领导人员的考核范围，作为考核干部的一个标准，督促各部门领导干部完成必要的立改废工作。

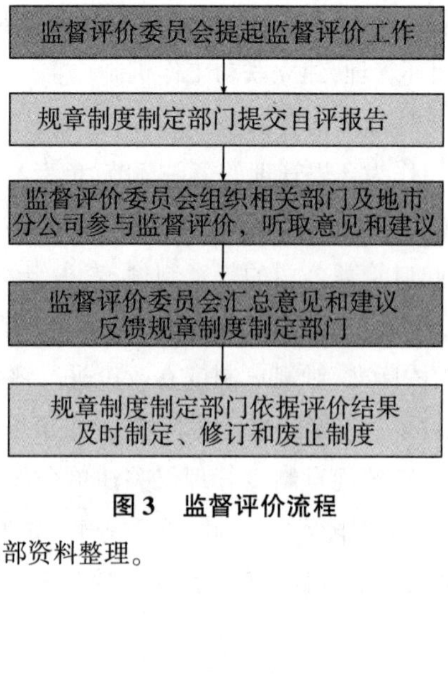

图 3　监督评价流程

资料来源：黑龙江联通内部资料整理。

（四）建立常态化工作机制，促进公司高质量发展

黑龙江联通在纵深推进混合所有制改革中，对生产组织模式和运营流程提出了新的要求，开展流程再造，建立流程管理体系，出台流程管理制度。黑龙江联通业务流程与制度优化工作以满足广大消费者对美好信息通信生活的向往为出发点，并建立常态化工作机制。针对业务痛点，改善客户感知，以客户声音驱动内部管理转型，提升基础管理能力。持续建立健全系统完备、科学规范、运行高效的工作流程和制度体系，深入贯彻新发展理念，为纵深推进混合所有制改革服务，为公司实现全面数字化转型、开创高质量发展新局面奠定坚实基础。

四、合规管理再认识再定位再出发

（一）党建引领，黑龙江联通主题党日走进"省高法"，宣读《"守法合规"倡议书》

黑龙江联通直属党委发布《中国联通黑龙江省分公司"守法合规"倡议书》，倡议公司上下坚持底线思维、遵守法律、合规经营，坚守以人民为中心的发展理念，做守法合规的践行者，做合规文化的传播者，做合规底线的捍卫者。全省上下要深入贯彻依法治国方略，将法治理念和合规意识融入经营管理、改革发展环节，强化自我管理、自我约束，弘扬合规，为实现黑龙江联通高质量可持续发展保驾护航。同时，为不断深入落实"不忘初心、牢记使命"主题教育，增强党领导干部的初心使命意识，黑龙江联通将10月主题党日活动的主题确定为"学法普法拓思路，数字化发展再出发"。结合这一主题，黑龙江联通直属党委组织本部管理干部参加了黑龙江省高级人民法院"公众开放日"活动。党委书记、总经理刘炳坤率领公司部分班子成员以及省公司各部门、各中心46名党员领导干部面向《宪法》庄严宣誓：忠于宪法、维护宪法、廉洁奉公、接受监督，为建设社会主义现代化强国努力奋斗。同时宣读了《"守法合规"倡议书》，代表省公司党委发出倡议。黑龙江省高级人民法院领导高度重视这次活动，院长石时态作了活动致辞、介绍了黑龙江省高级人民法院整体情况。这次活动强化了黑龙江联通与黑龙江省高级人民法院之间的交流、信任。合规工作在党建引领下迈上新台阶。

（二）开展中国特色合规管理实践，创建本土化合规管理新生态

党的十八大以来，党中央、国务院把转变政府职能作为深化经济体制改革和行政体制改革的关键，政府简政放权并逐步向整治市场环境、监管市场运营的角色转变，合规监管成为政府监管的重要内容，合规处罚也成为政府加强监管的重要手段。中央企业必须适应监管格局变化、遵守市场规则、承担社会责任，尽快适应经济新常态。黑龙江联通结合所处行业、市场交易特点，着眼于企业实际，将合规管理因事因地因人制宜，合规管理要素全面本土化，在新一轮改革创新中，自觉合规、主动合规，构建起本土特色的合规管理体系，有理论有实践有成效。在加强依法合规经营、追求合规价值的过程中率先垂范，起到了标杆作用。

(三)有效规避合规管理误区,集中资源抓合规关键点

构建大合规管理体系,贯彻合规全面性原则的工作中,要做的事情多,资源有限,需要厘清思路,保障重点工作。一是打破将合规管理限定在防范风险的短视做法,合规管理不同于内控工作中的全面风险管理。没有局限在防控风险的被动态势里,聚焦发挥合规正向管理动能,发挥合规创造价值的正向作用,宽带装机一日通工程从实施前的76%提高到95%、小微基站和政企客户3日或7日开通率大幅提升,提高客户满意度和企业经济效益,在建设合规新生态的同时,助力企业良性发展。二是打破将防范境外合规风险等同于国内企业合规管理的错误逻辑,避免了把跨国企业的风险强搬硬套在国内企业的错误导向。没有虚搭楼阁,而是直面企业主营业务在国内的事实,紧跟国内政府职能转型和监管环境的变化,做中国特色的合规管理。三是打破将合规管理与法律管理混为一谈的模糊认识。合规强调遵守"外法内规"、遵守商业规则和道德伦理。"外法"包含但不限于国际、国内的法律、法规、行政条例,还包括行业规范、商业规则;"内规"是涉及公司内部章程、规章制度、自愿性承诺、员工道德规范、员工行为准则等规范。合规管理的范畴远远大于法律工作的范畴。黑龙江联通在合规管理中不再以法律法规为红线,而是以合规为底线,调动各类元素解决企业的运营合规问题;目标不是不触碰底线,而是要建立企业的"免疫系统"和"自愈体系",强化正向管理与服务,保障企业的良性运转。四是结合企业的战略布局,将合规与企业的改革发展结合起来,在危机中育新机,在变局中开新局。做合规是为了创造价值,推动企业高质量发展。

结 语

在全面推进依法治国、依法治企的大背景下,黑龙江联通结合所处行业、市场交易特点,着眼于企业实际,围绕"提价值、谋发展、重基础、有激情"的总要求,将合规管理融入企业的管理体系、业务体系,将合规管理要素全面本土化,自觉合规、主动合规,有理论有实践有成效。在服务客户的同时,为企业创造价值。自觉合规、主动合规已经成为黑龙江联通的内生动力。

合规篇

运用多种手段　全方位建设国际化合规管理体系

——中铁国际合规管理体系建设探索

王青华

作者简介

王青华　中铁国际集团有限公司法律合规部副部长

企业简介

中铁国际集团有限公司是中国中铁股份有限公司的外经平台公司，主要进行国际工程承包与投资业务，先后签约实施了印尼雅万高铁、中老铁路和匈塞铁路等一批重大境外基础设施项目。

内容摘要

本文介绍了东西方合规管理的要求,阐明了国际化合规管理体系的特征。从体制机制上,提出了建设国际化合规管理体系的七个要点;从实体内容上,阐述了建设国际化合规管理体系的11个模块要点和管控流程。通过对国际化合规管理体系的介绍,对我国外向型企业构建合规管理体系,防范和应对国际化经营的合规风险有一定借鉴作用。

关键词

国际化　合规　体系　风险　防范

一、合规护航中国企业走出国门

中铁国际集团有限公司(以下简称中铁国际)为"走出去"而生。中铁国际是中国中铁股份有限公司(以下简称中国中铁)为实施"大海外"战略、加快"走出去"步伐而设立的专业外经公司,于2013年11月由原中铁国际经济合作有限公司等四家单位重组设立,注册资本25亿元人民币。作为最早一批"走出去"的专业外经公司之一,中铁国际秉承中国中铁"勇于跨越,追求卓越"的企业精神,坚持"开放、诚信、互利、共赢"的合作理念,在全球50个国家和地区设有经营及办事机构,其中包括建筑、投资、房地产、国际贸易和能源电力等领域47家子、分公司,业务遍及亚洲、非洲、拉丁美洲、大洋洲和欧洲,是致力于打造中国中铁国际化事业的海外业务平台公司。近年来为顺应国际市场发展趋势,中铁国际正在由传统工程承包商向"承包商+投资商"转型升级,公司先后签约实施了印尼雅万高铁、中老铁路和匈塞铁路等一批重大项目,国际工程承包和房地产及矿产资源投资已成为核心业务。随着在国际市场上的不断发展,中铁国际已打造出一支"懂业务、通语言、会管理、善经营"的外经人员队伍。在册员工830人;境外项目属地化用工5129人,其中管理人员758人、劳务人员4371人。

(一)参与国际竞争的需要

参与国际竞争,融入全球产业链、价值链和供应链,必须进行合规经营。联合国、欧盟、经济合作与发展组织(Organization for Economic Co-operation and Development, OECD)、亚太经合组织(Asia-Pacific Economic Cooperation, APEC)、世界银行等国际组织,以及美国、英国等出台了合规法律或法规并予以实施。如英国的《反贿赂法》规定了"商业组织预防贿赂失职罪",即商业组织疏于构建内部行贿预防制度而导致行贿行为发生时需要承担相应的刑事责任。如果没有合规制度,可能会触犯法律,故与西方发达国家的公司合作,需要制定合规制度。很多欧美公司与中资公司合作的前提之一是中资企业必须有合规制度,没有合规制度,将会失去很多合作的机会。因此必须建设合规管理体系,开展合规经营,才能应对当前国际上的竞争需要。

(二)适应当前国际营商环境的要求

当前单边主义、贸易保护主义抬头,多边主义受到严重冲击。我国的对外贸易也受到严重影响，主要原因如下：一是多边银行加大了对中资企业的调查和处罚力度。二是美国特朗普政府对华实施强硬政策，核心是“脱钩”与“围堵”，以《反海外腐败法》、出口管制等为手段制裁中资企业，众多中国企业实体和个人受到制裁。为适应当前国际营商环境的要求，我们要主动开展合规经营，防止合规缺失给企业带来系统性、颠覆性的风险。

（三）可持续经营、高质量发展的要求

自觉抵制腐败是中央企业的政治义务和责任。合规管理有利于进一步完善公司治理结构，促进企业健康可持续发展。合规是企业的“软实力”，企业高质量发展离不开合规“软实力”的保障和支持。通过合规经营，可以提升管理能力，推动企业向国际化、高效化的方向发展。

（四）提升我国的国际形象的需要

由于过去部分企业存在不合规情形，给部分西方国家提供了诋毁“一带一路”倡议的口实。为此，习近平总书记在 2017 年 5 月明确提出，要将“一带一路”建设成廉洁之路。实施合规管理，培育廉洁文化，宣传廉洁准则，用实际行动践行廉洁之路的建设，有助于提升中国公司的国际形象。

二、建立国际化的合规管理体系是中国企业的新使命

如何构建合规体系，仁者见仁，智者见智。中西方主流观点如下：

（一）西方合规主流观点

《世界银行集团诚信合规指南》建议合规体系涵盖如下内容：(1)禁止不当行为；(2)(领导和员工的合规)责任；(3)合规体系的建立、风险评估及检查；(4)内部规章(对员工进行尽调、限制雇佣前政府官员、礼品与招待、捐献、赞助、疏通费等)；(5)针对合作伙伴的制度；(6)内控(财务合规，反贿赂的合同约定、决策程序)；(7)培训与沟通；(8)激励机制；(9)举报；(10)不当行为的补救措施等。

美国《海外反腐败法信息指引》认为有效的合规管理体系必须具备如下内容：(1)高级管理人员的反腐败承诺以及明晰的反腐败政策；(2)员工行为准则及合规程序和政策；(3)监督、自主权和资源；(4)风险评估；(5)培训和持续建议；(6)激励和惩戒措施；(7)第三方尽职调查和付款；(8)秘密举报和内部调查；(9)持续改善：定期测试和审查。

英国《反贿赂法指南》规定了制定合规体系的六个原则：(1)比例原则；(2)高层承诺；(3)风险评估；(4)尽职调查；(5)有效沟通(包括培训)；(6)监督和评估。

（二）中国合规监管要求

国务院国资委出台的《中央企业合规管理指引(试行)》规定了合规在实体内容上应涵盖八个模块：(1)市场交易；(2)安全环保；(3)产品质量；(4)劳动用工；(5)财务税收；(6)知识产权；(7)商业伙伴；(8)其他需要重点关注的领域。同时，该指引还规定在程序上要有合适的合规组织架构、合规运行和保障机制。

国家发展和改革委员会等七部委出台的《企业境外经营合规管理指引》规定，合规在实体上应涵盖四大板块的内容：(1)对外贸易合规；(2)境外投资合规；(3)对外承包工程合规；(4)境外日常经营合规。同时，该指引还规定在程序上，要有合适的合规管理架构、合规管理制度、合规管理运行机制、合规风险识别、评估与处置、合规评审与改进、合规文化建设等内容。

(三)国内合规研讨观点

如何进行合规管理，国内有不同的看法，其中比较典型的有两种，本文称为西方说和本土说。西方说主张照搬西方的合规管理体系。在组织架构上，设立副总裁级别的首席合规官，设立单独的合规部门。实体规章上，采用西方规定的模板和内容。西方说的主张适合受到西方制裁后准备解禁的中资公司；缺点是合规机构庞大，导致管理成本过高。本土说主张按照中国的传统思维模式进行合规建设，较少考虑国际组织相关合规要求。在组织架构上，由纪委书记担任合规总负责人，纪委管理合规业务。本土说的优点是纪委有执纪执法权，对违规行为具有较强的威慑力；不足之处是国际上接受程度较差。

(四)建设国际化的合规管理体系

合规管理应综合考虑境外和国内合规要求，积极吸收西方合规要求的精华，做到"洋为中用"，建立中国特色的国际化合规体系，该体系应该具有如下特点：一是全面性。合规管理应当覆盖所有国家或地区的业务领域、各个部门、所属各单位和全体员工，贯穿于决策、执行、监督、反馈等各个环节。二是融合性。合规管理以体系融合为主线，推动实现法律合规、全面风险管理、内部控制等管理体系的有效融合。三是科学性。合规管理以规章制度综合管理为抓手，完善规章制度体系，优化管理流程，树立制度权威，充分发挥规章制度综合管理的规范性作用；规章制度规定的内容和程序应符合企业管理实际，可执行能操作，在一定时间范围内具有普遍约束力和反复适用性。四是独立性。合规管理部门和合规管理岗位人员独立履行职责，避免与其所承担的其他职责发生利益冲突，并按照垂直线路进行报告，不受其他部门和人员的干涉。五是国际化。合规管理应符合国际化公司经营生产需要，体现国际化公司最佳实践的优秀成果，能够对开展海外业务具有普遍指导意义。六是信息化。由于国际化公司业务国别多、人员较分散、管理跨度大，沟通成本高，应实施智能化合规管理体系，通过固化流程、简化程序、明确分工、整合功能，提高工作效率，实现信息共享和管理联动。

三、体制机制是建设国际化合规管理体系的基石

(一)公司主要领导作出合规承诺，履行合规管理第一责任人职责

美国《海外反腐败法信息指引》和英国《反贿赂法指南》都明确高层要作出合规承诺。高层承诺能起到引领和示范作用，推动合规管理体系的有效实施。合规从高层做起，高层亲自部署、亲自过问、亲自协调、亲自督办，合规方案才能有效实施。

中铁国际董事长亲自签署《合规宣言》(作为《合规手册》序言)并承诺如下:“在此,我代表中铁国际郑重承诺:在中铁国际全面推行合规制度准则,并率先垂范;严格以合法合规的方式进行商业活动,切实做到遇事寻规、议事合规、办事依规;使合规者得到应有的鼓励,使不合规者得到应有的惩戒。”

(二)法律、合规、风险、内部全面融合的三道防线

以中铁国际为例,在组织体系方面,中铁国际充分发挥董事会、监事会和总经理在法律合规方面的管理职能,统领合规管理工作;在工作机制层面,建立由法律合规、内控审计、监察、风险管理、绩效考核等内部监督体系工作负责人组成的合规联席会议机制;在工作推进层面,建立总经理负责,总法律顾问牵头组织,合规综合管理部门、专项管理部门、参与管理部门组成的“三位一体”组织架构模式(如图1所示)。合规参与管理部门是合规管理的第一道防线,负责把控本部门的合规风险;合规综合及专项管理部门是合规管理的第二道防线,对风险进行跨部门的专家会诊;公司党委会、董事会、监事会、总经理办公会、职工代表大会是合规管理的第三道防线,负责合规风险决策。“三位一体”的合规管理架构,有利于部门之间协调贯通整合,推动合规问题的解决。合规管理的“三道防线”,筑牢防护墙,将合规风险防患于未然,保障公司持续、稳定、健康发展(如图2所示)。

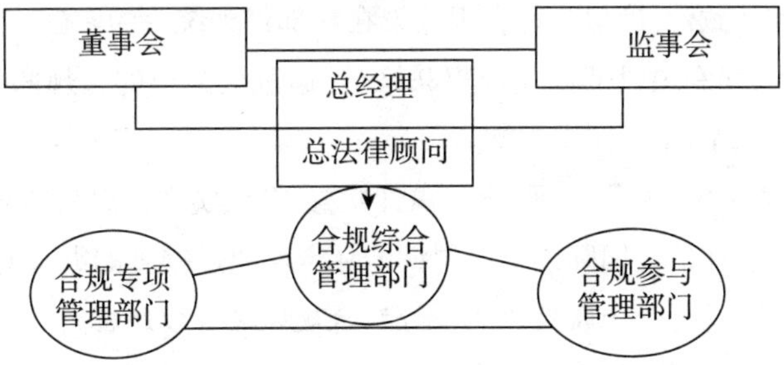

图1　“三位一体”的合规管理构架

资料来源:中铁国际内部资料整理。

(三)抓实规章制度管理,为合规管理夯基垒台

规章制度是企业管理的灵魂,是合规管理的重要抓手。以企业规章制度管理为主线,清理既有规章制度,整合企业既有管理体系,固化合规管理的成果。中铁国际出台了《合规管理办法》《合规手册》等合规管理基本制度,新制定了《合规管理指引》《第三方合规管理细则》《境外员工行为准则》《境外投标合规管理细则》《出口管制与国际贸易合规管理办法》等细节性规章制度,修订了《礼品与招待合规管理办法》《捐赠与赞助管理办法》等。

(四)设立独立部门,建立合规联席会议及合规联络员会议制度

中铁国际在不增加管理部门的前提下,将法律事务部更名为法律合规部,设立合规科室。此外,建立常态化的合规联席会议及合规联络员会议制度。合规联席会议主要职责为听取各子、分公司或合规管理部门在合规工作中遇到的问题、建议或者重大合规风险事

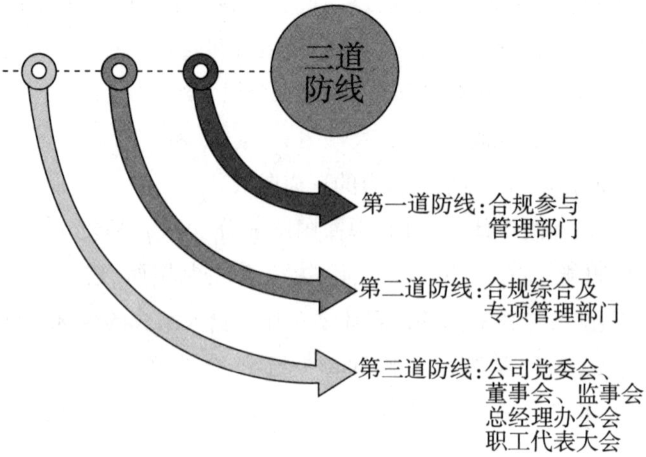

图 2　合规管理的三道防线示意

资料来源:中铁国际内部资料整理。

项的汇报,研究合规问题解决方案,并评估公司的规章制度等。合规联络员会议制度主要负责商议非决策性事项,负责法律合规知识的学习培训。其主要职责在于保持各部门合规工作的协调性和一致性,确保公司合规政策在内部得到统一的实施。同时,公司在所有部门和所有子、分公司和项目部设立合规联络员,通过全公司的合规联络员网络,形成公司"一盘棋",大大提高了合规管理的效率。

(五)建立合规风险评估和管理、合规审计检查制度,实现合规闭环管理

对合规风险进行评估是国际惯例。中铁国际定期通过排查的方式对公司及所属单位的海外业务合规风险进行合规风险评估,制定《合规风险等级列表》,并把它作为合规风险评估的主要依据。中铁国际建立定期合规检查制度。合规检查工作完成后,合规检查组对照合规检查目标,出具书面合规检查报告。就检查中发现的合规风险,合规检查组向有关单位和员工发出书面整改通知。下级单位根据合规检查组出具的合规检查报告中的处理意见逐项整改,并向上级合规管理部门报送整改报告。通过合规检查监督,确保整改措施真正落地。通过合规检查和整改,实现工作闭环。

(六)建立合规保障体系

中铁国际在其他部门减员的情况下,增加了合规部门人员,将合规预算(包括合规培训、合规宣传等经费)列入公司年度预算。组织员工参与现场培训或线上培训。监督、记录员工参加合规培训的过程,并对参训人员进行考试,考试不合格者不得作为各级海外业务的负责人和合规专员。进行合规制度和文化建设,做到合规理念入脑入心、人人合规、时时合规、事事合规。配套建立合规咨询、举报、调查、问责渠道和机制。

(七)建立信息化合规流程,从流程上管控合规风险

随着人工智能的高速发展,对国际业务实行合规信息化管理已经成为不可逆转的历史趋势。中铁国际选用的“简道云”应用系统是一款灵活易用的“傻瓜”型应用搭建平台，普通人员通过几个小时的学习就可以学会编流程，可以根据自己的需求自由搭建审核流程和流程表单，可以实现企业微信与公司自动化办公（OA）系统兼容，在电脑、平板、手机多端使用。目前已经搭建了员工合规行为规范调查、第三方合规审核流程、市场开发和投标合规审批流程、财务管理合规、物资设备招标采购与工程分包合规、出口管制与制裁和国际贸易合规、礼品与招待合规、捐赠与赞助合规、反垄断和反不正当竞争合规、安全质量环境合规、数据信息网络与知识产权合规、规章制度评审流程、合同评审流程、决策会议合规审核流程、年度合规检查评分流程、合规培训统计、合规举报流程等近 20 个流程。通过信息化平台，进行流程管控，实现合规落地，防范重大合规风险的发生。

四、多层面推进是实现国际化合规管理体系落地的抓手

（一）员工合规行为准则

员工是企业的根本，员工合规则企业合规。员工合规行为准则是总纲，是其他合规板块的基础。员工合规行为八大要点内容如下：

1. 禁止侵害和欺诈：禁止员工侵害国有资产权益、利用职权谋取私利以及损害公司利益，实施欺诈、共谋、胁迫和妨碍调查行为。

2. 反腐败反贿赂：禁止员工出于影响商业行为或决策、取得不正当利益或干扰独立判断等目的，提供、许诺、授权、给予、接受任何形式的贿赂、商业或财产性利益、现金支付或有价馈赠。

3. 公平竞争、反垄断和尊重知识产权：禁止员工与有不正当意图的竞争对手达成任何有关定价、干涉招投标程序、划分市场或限制生产的协议。员工应当保护和尊重知识产权。

4. 避免利益冲突：禁止员工以任何身份从事任何可能导致与公司利益发生冲突的业务或其他活动。

5. 保密要求：员工因业务需要向外部人员提供或者披露公司保密信息时，应事先签订保密协议。

6. 财务管理：禁止员工制作或提交虚假文件资料、进行账外登记或以其他方式逃避公司内部控制。

7. 健康、安全与环境：每位员工都有责任预防由公司业务引起的人身伤亡、疾病、损害和损失，并遵守所有安全、健康和环境法规。

8. 业务合作伙伴关系：公司要求业务合作伙伴（第三方）遵守公司的道德理念和准则。

员工行为准则是包括外籍员工在内的每一位员工必须遵守的合规准则。为了便于实施，我们设计了员工合规行为规范调查线上流程，并要求所属单位填报员工在遵守上述八方面要求的情况。相关流程截图如下（见图 3）：

2.员工是否侵害国有资产权益、利用职权谋取私利以及损害公司利益，实施欺诈、共谋、胁迫和妨碍调查行为？ *

○是

○否

如有，请说明情况。

3.员工是否出于影响商业行为或决策、取得不正当利益或干扰独立判断等目的，提供、许诺、授权、给予、接受任何形式的贿赂、商业或财产性利益、现金支付或有价馈赠？ *

○是

○否

如有，请说明情况。

4.员工是否与有不正当意图的竞争对手达成任何有关定价、干涉招投标程序、划分市场或限制生产的协议；员工是否侵犯知识产权？ *

○是

○否

如有，请说明情况。

5.员工是否以任何身份从事任何可能导致与公司利益发生冲突的业务或其他活动？ *

○是

○否

如有，请说明情况。

6.员工因业务需要向外部人员提供或者披露公司保密信息时，是否签订保密协议？

○是

○否

如有违规情形，请说明情况。

7.员工是否制作或提交虚假文件资料、进行账外登记或以其他方式逃避公司内部控制？

○是

○否

如有，请说明情况。

8.员工是否预防由公司业务引起的人身伤亡、疾病、损害和损失，并遵守所有安全、健康和环境法规？

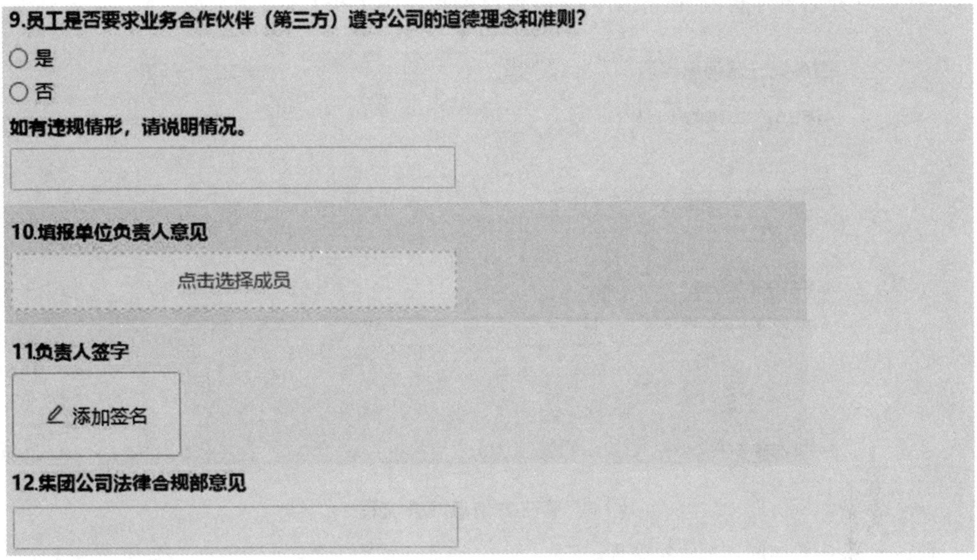
9.员工是否要求业务合作伙伴（第三方）遵守公司的道德理念和准则?

○是

○否

如有违规情形，请说明情况。

10.填报单位负责人意见

点击选择成员

11.负责人签字

添加签名

12.集团公司法律合规部意见

图3　员工合规行为规范调查线上流程

资料来源:中铁国际内部资料整理。

(二)第三方合规

第三方是指公司的业务合作伙伴,包括分包商、供应商、代理、咨询、顾问等。第三方合规管理应主要考虑四大要点:一是第三方签署合规声明(见图4);二是第三方应我方的要求,填写《第三方调查问卷》,内容见流程图5第三方信息筛查;三是我方对第三方进行评估,内容见图6第三方调查评估;四是我方对第三方进行风险评估,确定风险等级。根据不同风险等级,我方确定不同应对措施(见图7)。

第三方尽调流程比较复杂,部分信息化审批流程截图如下:

1.第三方签署合规声明流程

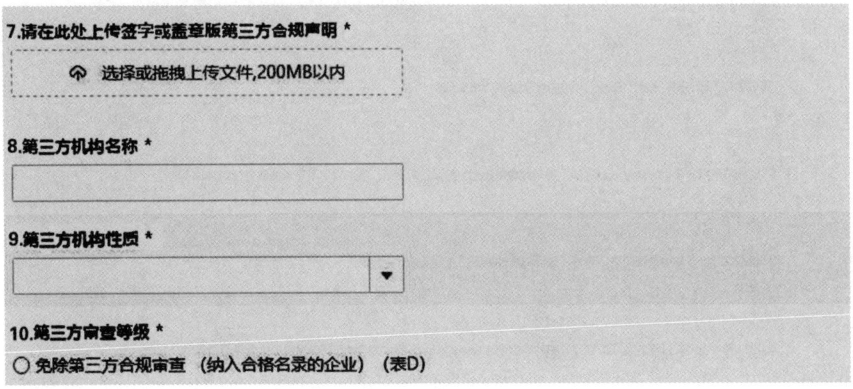
7.请在此处上传签字或盖章版第三方合规声明 *

选择或拖拽上传文件,200MB以内

8.第三方机构名称 *

9.第三方机构性质 *

10.第三方审查等级 *

○ 免除第三方合规审查（纳入合格名录的企业）（表D)

图4　第三方签署合规声明流程

资料来源:中铁国际内部资料整理。

2. 第三方信息筛查流程(根据第三方自己填报内容上报)

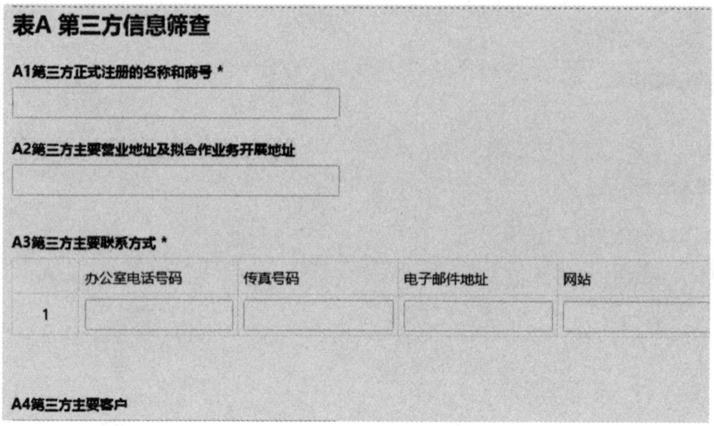

表A 第三方信息筛查

A1第三方正式注册的名称和商号 *

A2第三方主要营业地址及拟合作业务开展地址

A3第三方主要联系方式 *

	办公室电话号码	传真号码	电子邮件地址	网站
1				

A4第三方主要客户

图5 第三方信息筛查流程

资料来源:中铁国际内部资料整理。

3. 我方对第三方进行评估的资料

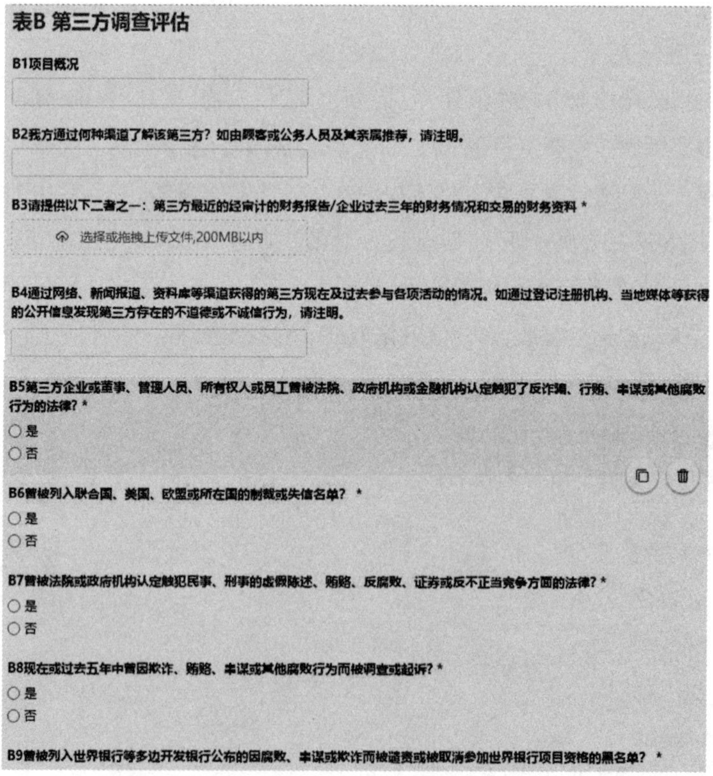

表B 第三方调查评估

B1项目概况

B2我方通过何种渠道了解该第三方?如由顾客或公务人员及其亲属推荐,请注明。

B3请提供以下二者之一:第三方最近的经审计的财务报告/企业过去三年的财务情况和交易的财务资料 *

选择或拖拽上传文件,200MB以内

B4通过网络、新闻报道、资料库等渠道获得的第三方现在及过去参与各项活动的情况。如通过登记注册机构、当地媒体等获得的公开信息发现第三方存在的不道德或不诚信行为,请注明。

B5第三方企业或董事、管理人员、所有权人或员工曾被法院、政府机构或金融机构认定触犯了反诈骗、行贿、串谋或其他腐败行为的法律? *

○是
○否

B6曾被列入联合国、美国、欧盟或所在国的制裁或失信名单? *

○是
○否

B7曾被法院或政府机构认定触犯民事、刑事的虚假陈述、贿赂、反腐败、证券或反不正当竞争方面的法律? *

○是
○否

B8现在或过去五年中曾因欺诈、贿赂、串谋或其他腐败行为而被调查或起诉? *

○是
○否

B9曾被列入世界银行等多边开发银行公布的因腐败、串谋或欺诈而被谴责或被取消参加世界银行项目资格的黑名单? *

图6 我方对第三方进行评估的资料

资料来源:中铁国际内部资料整理。

4. 风险评级与处置

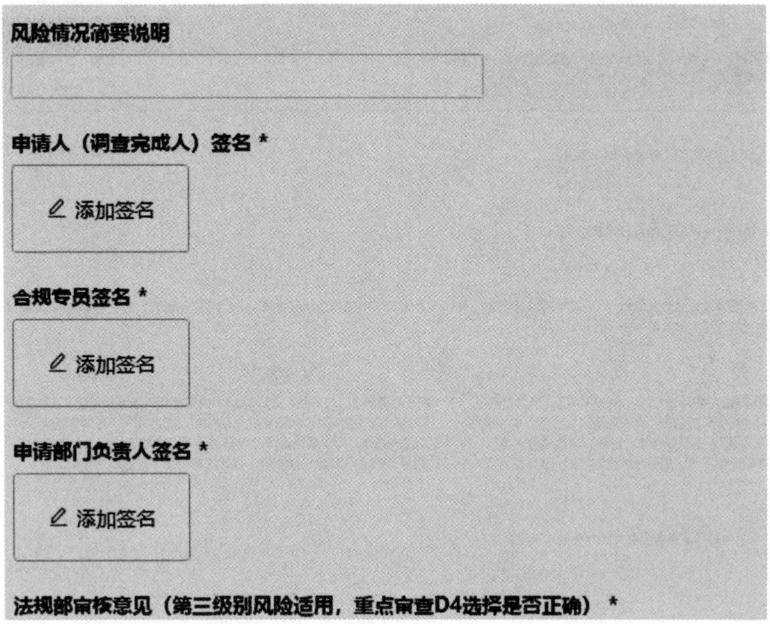

图 7　风险评级与处置

资料来源：中铁国际内部资料整理。

（三）市场开发和投标合规

市场开发与投标是合规风险的高发领域。如果合规管控薄弱，就会造成颠覆性的风险，给企业带来毁灭性的打击。市场开发和投标合规审查要做好两项重点工作：

1. 项目尽调

（1）立项或投标前合规尽调

本阶段合规尽调应包括：项目所在国家（地区）及行业情况，是否属于受到制裁的范畴；项目合作方或招标人是否存在违法犯罪、违规记录；资金来源等。尽调将作为项目立项的前提。

（2）项目运作时或投标时合规尽调

本阶段合规尽调包括：项目是否与多边金融机构有关，是否存在贿赂行为，是否存在业绩、人员资质、设备等造假情形；是否存在围标、串标、陪标情形等。

2. 签署合规承诺书

项目合规专员和项目负责人签署合规承诺书，确保业绩、人员资质、设备真实性等，确保不实施腐败、欺诈、共谋、胁迫、妨碍行为。

对于投标合规，设计了线上审批流程。主要流程截图如下（见图 8）：

5.项目是否与政府或国际组织有关，是否接受国际银行融资，如有，请说明。

6.招标人背景情况：如果招标人为政府机构，说明该机构情况；如果招标人为公司，请说明该公司及其实际控制人、负责人的背景情况。

7.请说明项目内、外部推荐人情况。

8.是否有中铁系统其它公司参与竞标。

9.是否存在与其他竞标方成为一致行动人的风险，如有，请说明（例如，与其他竞标方的任何密切关系，过去的承包商/分包商与其他竞标方的关系）。

10.请查询并说明招标人的诚信情况，具体包括：（1）国际组织、当地政府和公司数据库中关于招标人的合规信息。（2）招标人过去十年内已决、未决或潜在重大诉讼案件的情况。（3）招标人与当地政府和国际组织的关系（如招标人不是政府机构）。（4）招标人是否因欺诈、腐败、串谋或类似不法行为而被指控或调查。（5）招标人因腐败和其他不道德的商业行为在市场上的声誉问题。（6）招标方的资信情况；（7）之前与中铁系统内公司的合作经验；（8）通过互联网查询可得到的负面信息。

11.上传投标合规承诺书（投标负责人签字）*

选择或拖拽上传文件,200MB以内

附：投标合规承诺书范本

投标合规承诺书

本人（姓 名），作为（项目名称）项目的投标负责人/子分公司负责人/集团市场开发部负责人，现郑重承诺如下：

1. 不存在向招标人、评标委员会成员或其他公职人员行贿等不道德或腐败行为；

2. 不存在资格审查和投标资料在信息、业绩和资料方面的伪造、变造、误用、隐瞒等欺诈行为；

图 8　投标合规线上审批流程

资料来源：中铁国际内部资料整理。

（四）财务管理合规

在境外财务合规管理中，应实施四项重点管控措施：（1）遵守反洗钱和反恐融资的规定。支付不得用于洗钱或恐怖融资等非法目的；及时录入、更新国际制裁名单，对借款人、汇款人、借款及收款单位的主要股东、高级管理人员受制裁的情况进行动态审查。加强反洗钱系统的开发和维护，满足反洗钱工作数据采集、筛选、分析和报告的电子化需求，加强可疑交易的识别和报告。（2）支付不得用于贿赂等非法目的。（3）不得向公务人员支付融通费，使其非法或加速行使某一项职责。（4）不得对第三方个人进行大额现金支付。对违规使用现金支付持“零容忍”态度。

为了便于实施，设计了员工财务合规调查信息化流程，并要求所属单位填报上述四方面的情况。主要流程截图如下（见图 9）：

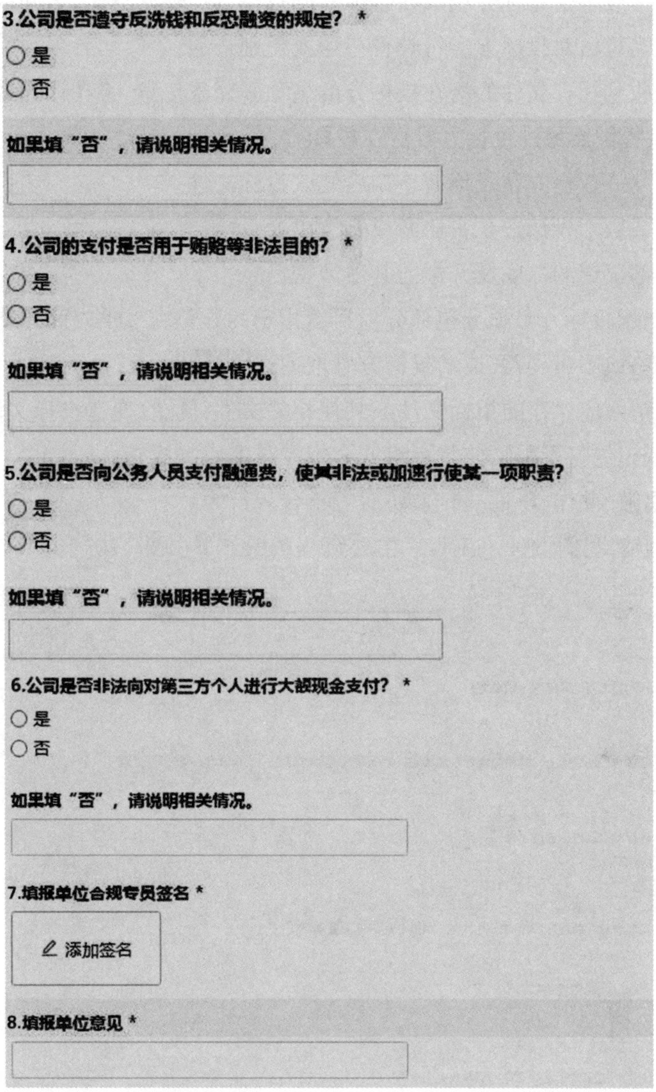

3.公司是否遵守反洗钱和反恐融资的规定？ *

○是

○否

如果填“否”，请说明相关情况。

4.公司的支付是否用于贿赂等非法目的？ *

○是

○否

如果填“否”，请说明相关情况。

5.公司是否向公务人员支付融通费，使其非法或加速行使某一项职责？

○是

○否

如果填“否”，请说明相关情况。

6.公司是否非法向对第三方个人进行大额现金支付？ *

○是

○否

如果填“否”，请说明相关情况。

7.填报单位合规专员签名 *

添加签名

8.填报单位意见 *

图9　员工财务合规调查信息化流程

资料来源：中铁国际内部资料整理。

(五)物资设备招标采购与工程分包合规

招标采购与分包是合规高风险领域。应重点管理三项内容：

1. 项目是否进行了招标采购；

2. 对竞标单位是否进行了尽调，是否满足资质要求；

3. 招标采购(工程分包)是否遵守了合规流程，应杜绝如下行为：

(1)对于依照法律法规及公司制度应进行招标的项目，通过改变其采购计划或准则规避招标；

(2)授意一个或多个竞标方组成联合体共同投标,或限制投标方之间的竞争;

(3)以非正当理由对投标方实行歧视待遇或差别待遇;

(4)透露已收到招标文件的潜在投标方的名称和联系信息;将在评标过程中获得的某一投标方的信息提供给另一投标方或潜在投标方;

(5)要求或允许投标方在投标截止期后修改投标文件;

(6)与一个或数个投标方私自协商或恶意串通;

(7)泄露内部决定的标底及开标前其他涉密信息;

(8)要挟、暗示投标方必须分包部分项目给指定的分包商或供应商才能中标;

(9)接受贿赂或不当利益,或向投标方索取前述不当利益;

(10)隐匿、销毁应保存的招标文件或其他相关文件,伪造、变造投标文件;

(11)妨碍或拒绝接受采购监督小组或合规专员的监督检查;

(12)其他腐败、欺诈、串通、胁迫、妨碍等不合规行为。

为了便于实施,我们设计了流程。主要流程截图如下(见图10):

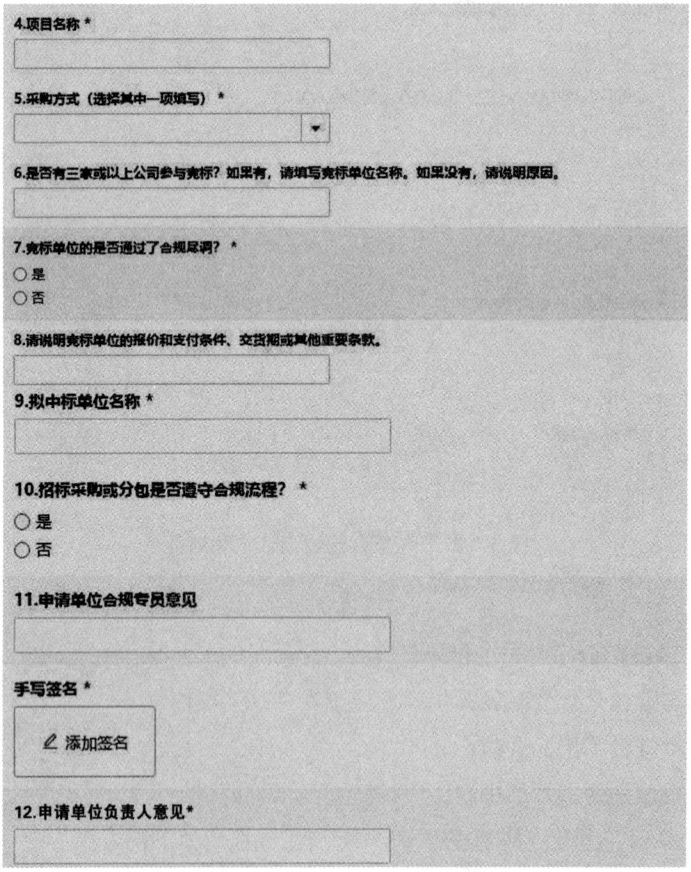

图10　招标采购合规流程

资料来源:中铁国际内部资料整理。

（六）出口管制与制裁和国际贸易合规

出口管制与制裁和国际贸易合规，应做好五个方面的工作：

1. 对出口管制制度进行尽调：重点掌握美国出口管制制度，如《出口管理法》（Export Administration Act，EAA）、《武器出口管制法》（Arms Export Control Act，AECA）、《国际紧急经济权力法案》（International Emergency Economic Powers Act，IEEPA）。

2. 对贸易制裁进行尽调：如美国全面制裁、不完全制裁、针对特定目标的名单制裁措施等。规避与受制裁的国家的交易。

3. 对出口商尽调：确认供应商（出口商）是否受限。

4. 对进口商尽调：确认进口商是否位于受到制裁的敏感国家或地区。

5. 做好全产业链筛查：建立材料、技术和产品清单，确认产品用途，了解出口产品成分及其原产国的出口管制规定，准确的产品分类，确认是否在管制清单中。应确保产品的最终用户和用途。

为了管控实施风险，我们设计了线上流程。主要流程截图如下（见图11）：

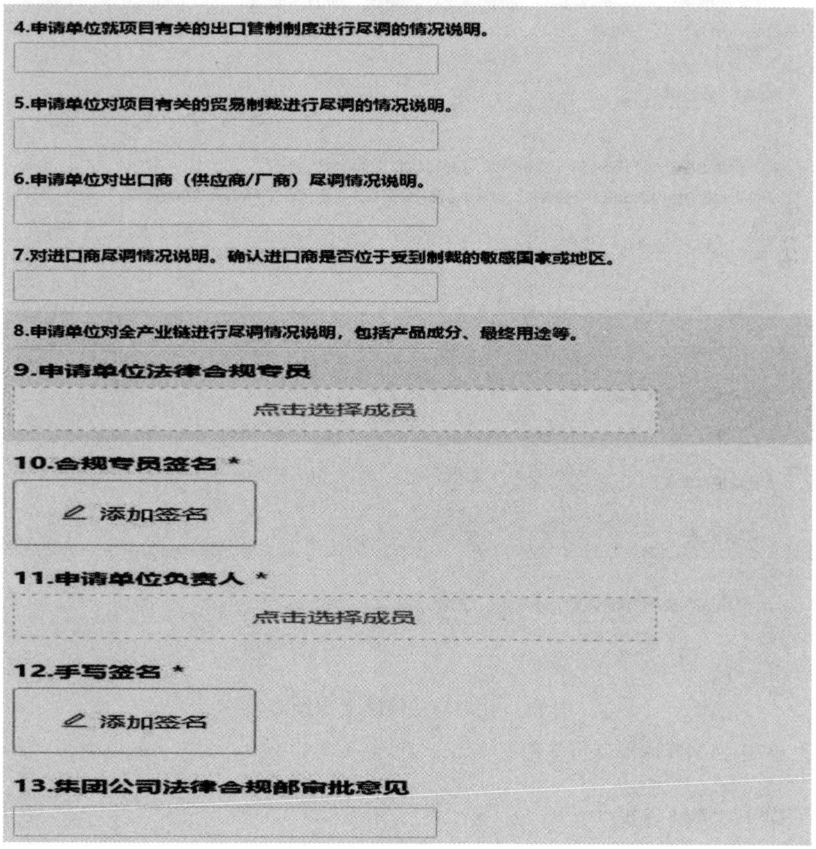

图11　出口管制与制裁和国际贸易合规流程

资料来源：中铁国际内部资料整理。

（七）礼品与招待合规

礼品与招待合规应把控如下四个要点：

1. 礼品与招待目的管控：确保合法的业务目的。

2. 金额管控：将礼品和招待金额控制在限制的额度内。

3. 审批管控：应经过业务部门和合规部门的审核。

4. 记录管控：礼品和招待有准确的记录。

为此，我们设计了线上审批流程，主要流程截图如下（见图12）：

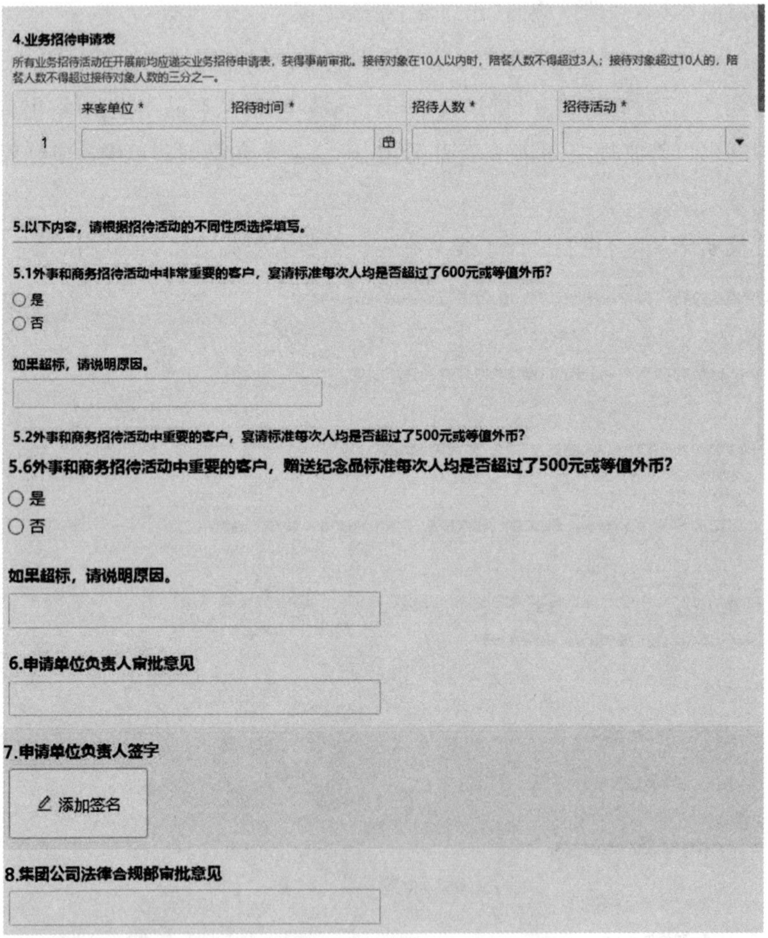

4.业务招待申请表

所有业务招待活动在开展前均应递交业务招待申请表，获得事前审批。接待对象在10人以内时，陪餐人数不得超过3人；接待对象超过10人的，陪餐人数不得超过接待对象人数的三分之一。

	来客单位 *	招待时间 *	招待人数 *	招待活动 *
1				

5.以下内容，请根据招待活动的不同性质选择填写。

5.1外事和商务招待活动中非常重要的客户，宴请标准每次人均是否超过了600元或等值外币？

○是

○否

如果超标，请说明原因。

5.2外事和商务招待活动中重要的客户，宴请标准每次人均是否超过了500元或等值外币？

5.6外事和商务招待活动中重要的客户，赠送纪念品标准每次人均是否超过了500元或等值外币？

○是

○否

如果超标，请说明原因。

6.申请单位负责人审批意见

7.申请单位负责人签字

添加签名

8.集团公司法律合规部审批意见

图12　礼品与招待线上审批流程

资料来源：中铁国际内部资料整理。

（八）捐赠与赞助合规

捐赠与赞助合规要把控如下三个方面内容：

1. 对捐赠赞助对象进行尽调，包括捐赠赞助的合法性、动因与目的（包括与政府的关联关系)以及资金的详细用途等。

2. 签署捐赠协议。

3. 对捐赠进行现场检查或审计,定期就对外捐赠事项进行检查监督。

为此,我们设计了线上审批流程,主要流程截图如下(见图 13):

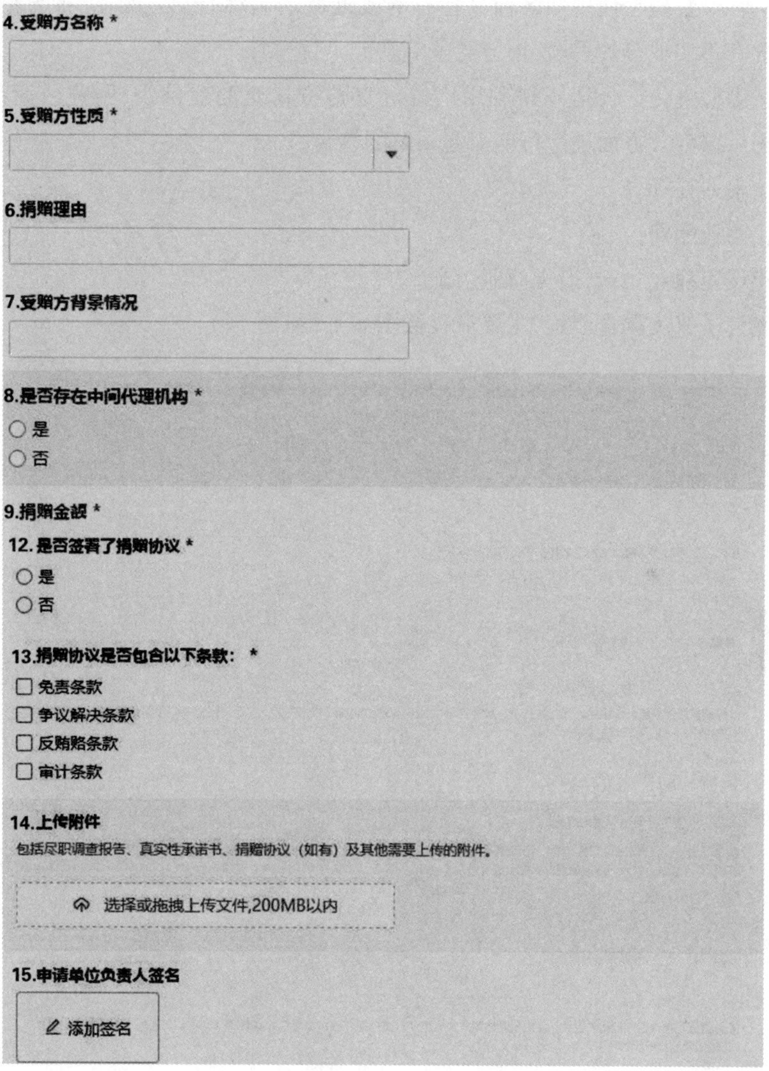

4.受赠方名称 *

5.受赠方性质 *

6.捐赠理由

7.受赠方背景情况

8.是否存在中间代理机构 *

○是

○否

9.捐赠金额 *

12.是否签署了捐赠协议 *

○是

○否

13.捐赠协议是否包含以下条款: *

☐免责条款

☐争议解决条款

☐反贿赂条款

☐审计条款

14.上传附件

包括尽职调查报告、真实性承诺书、捐赠协议(如有)及其他需要上传的附件。

选择或拖拽上传文件,200MB以内

15.申请单位负责人签名

添加签名

图 13　捐赠与赞助线上审批流程

资料来源:中铁国际内部资料整理。

(九)反垄断和反不正当竞争合规

反垄断和反不正当竞争合规应关注以下八方面的内容:

1. 禁止垄断协议:公司应当避免与具有竞争关系的同行企业或者交易相对人达成具有操纵市场价格效果的垄断协议。

2. 禁止滥用市场支配地位。

3. 禁止控制经营者集中:公司在兼并、收购其他企业单位或其股权资产时,应当严格遵守相关国家反垄断法规定,遵守法律对于经营者集中的规定。

4. 禁止假冒行为。公司不得假冒他人注册商标,伪造或冒用认证标志、名优标志等质量标志,伪造产地,擅自使用知名商品特有的或近似的名称、包装、装潢,擅自使用他人商号及其他含有不实成分的手段,损害竞争对手。

5. 禁止虚假宣传。公司不得利用广告等宣传方式对商业信誉、服务或商品质量、性能、用途、售后服务等方面进行可能引起误解的宣传。

6. 禁止串通投标。

7. 禁止商业贿赂。

8. 禁止侵犯商业秘密,损害商业信誉。

我们设计了线上调查流程,主要流程截图如下(见图14):

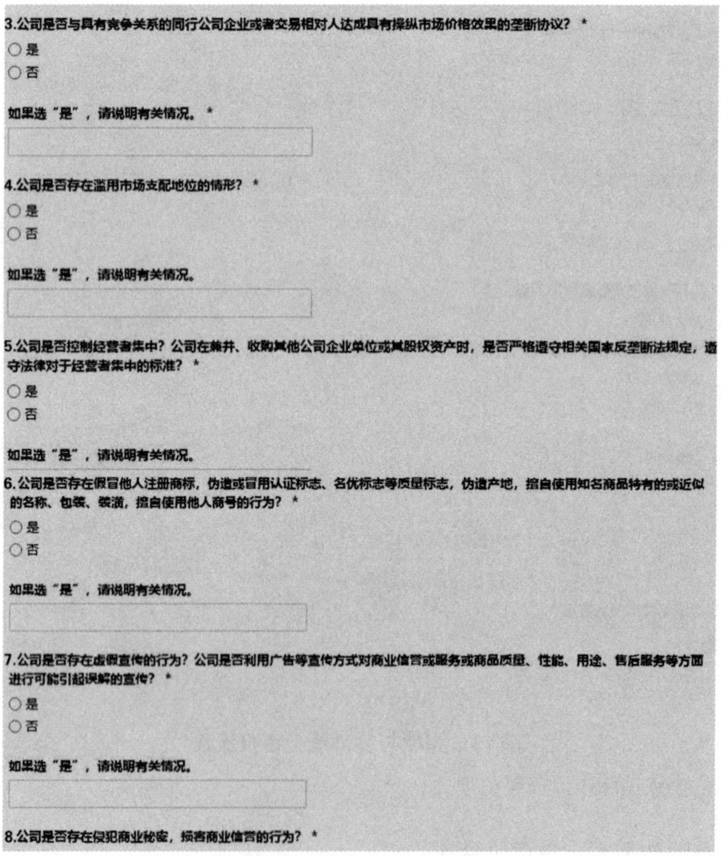
3.公司是否与具有竞争关系的同行公司企业或者交易相对人达成具有操纵市场价格效果的垄断协议? *

○是
○否

如果选"是",请说明有关情况。 *

4.公司是否存在滥用市场支配地位的情形? *

○是
○否

如果选"是",请说明有关情况。

5.公司是否控制经营者集中?公司在兼并、收购其他公司企业单位或其股权资产时,是否严格遵守相关国家反垄断法规定,遵守法律对于经营者集中的标准? *

○是
○否

如果选"是",请说明有关情况。

6.公司是否存在假冒他人注册商标,伪造或冒用认证标志、名优标志等质量标志,伪造产地,擅自使用知名商品特有的或近似的名称、包装、装潢,擅自使用他人商号的行为? *

○是
○否

如果选"是",请说明有关情况。

7.公司是否存在虚假宣传的行为?公司是否利用广告等宣传方式对商业信誉或服务或商品质量、性能、用途、售后服务等方面进行可能引起误解的宣传? *

○是
○否

如果选"是",请说明有关情况。

8.公司是否存在侵犯商业秘密,损害商业信誉的行为? *

图14 反垄断和反不正当竞争线上调查流程

资料来源:中铁国际内部资料整理。

（十）安全质量环境合规

安全质量环境合规应把握如下六个方面的内容：

1. 对安全质量环境的法律法规进行尽调；

2. 公司是否建立安全质量环境组织机构和安全质量环境制度体系（包括安全生产责任制）；

3. 安全质量环境的目标是否符合设定合理，是否符合公司战略规划和目标要求；

4. 安全质量环境工作是否符合规定要求，责任是否落实到位；

5. 整改资料是否符合要求和标准；

6. 事故处置是否合理、有效。

我们设计了线上调查流程，主要流程截图如下（见图 15）：

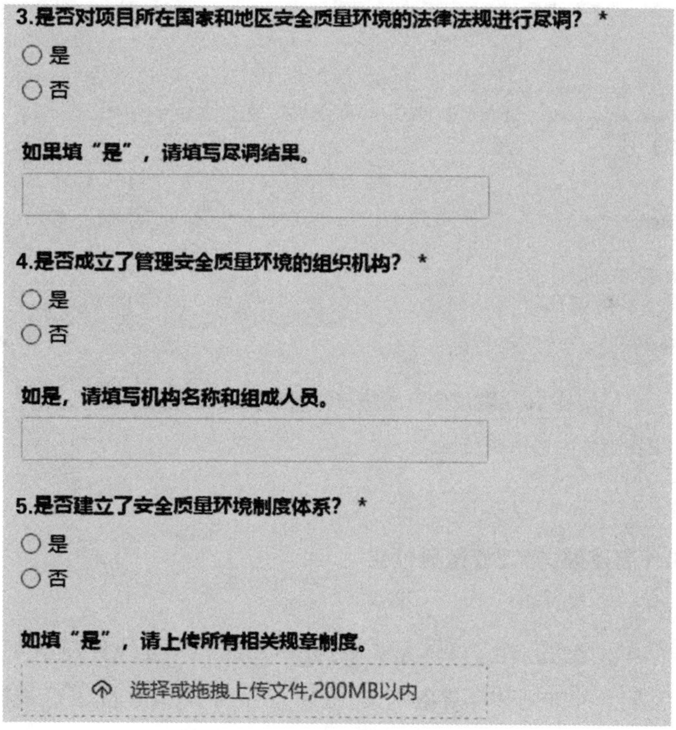

3.是否对项目所在国家和地区安全质量环境的法律法规进行尽调？ *

○是
○否

如果填“是”，请填写尽调结果。

4.是否成立了管理安全质量环境的组织机构？ *

○是
○否

如是，请填写机构名称和组成人员。

5.是否建立了安全质量环境制度体系？ *

○是
○否

如填“是”，请上传所有相关规章制度。

选择或拖拽上传文件,200MB以内

图 15　安全质量环境线上调查流程

资料来源：中铁国际内部资料整理。

（十一）数据信息网络与知识产权合规

1. 数据信息网络合规应把握两个要点：

（1）个人信息的收集和使用应符合法律规定；

（2）不从事非法侵入他人网络、干扰他人网络正常功能、窃取网络数据等危害网络安全的活动。

2. 知识产权合规应把握两个要点：

（1）公司销售、提供、出让、授权的知识产权不得侵犯第三方权利，不违反相关法律法规；

（2）公司应遵守专利、商标、字号、著作权的规定。

我们设计了线上调查流程，主要流程截图如下（见图16）：

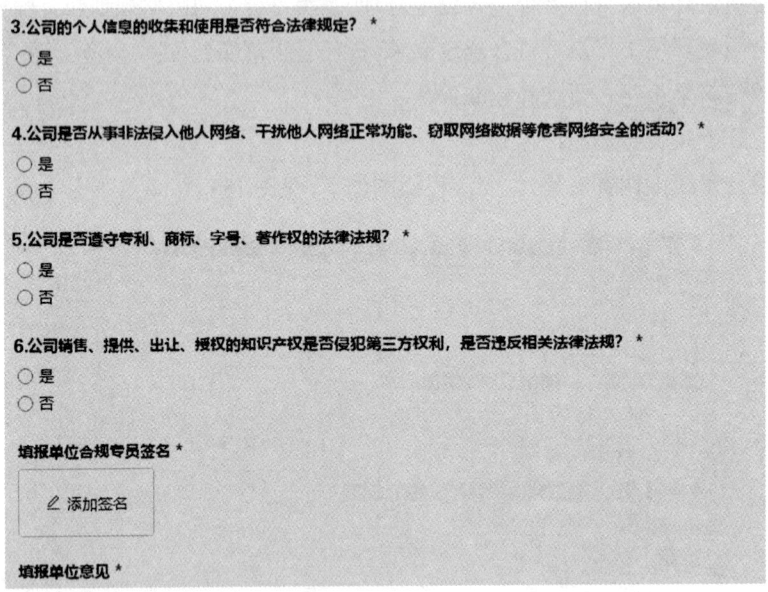

3.公司的个人信息的收集和使用是否符合法律规定？ *

○是

○否

4.公司是否从事非法侵入他人网络、干扰他人网络正常功能、窃取网络数据等危害网络安全的活动？ *

○是

○否

5.公司是否遵守专利、商标、字号、著作权的法律法规？ *

○是

○否

6.公司销售、提供、出让、授权的知识产权是否侵犯第三方权利，是否违反相关法律法规？ *

○是

○否

填报单位合规专员签名 *

添加签名

填报单位意见 *

图16　数据信息网络与知识产权线上调查流程

资料来源：中铁国际内部资料整理。

五、合规工作有成效，管理智慧显性化

（一）成效初显现

一是构建了国际化的合规管理体系。中铁国际出台了《合规管理制度》、《合规手册》（中英文版）以及配套的细则和合规案例集，搭建了合规架构，建立了合规流程，设立合规联席会和合规联络员会议，设立了合规管理专员，全员签署了合规承诺书，开通海外合规热线，使合规管理体系得以良好运行。合规要求贯穿于企业经营管理各领域、各环节，确立了按合规要求开展业务的价值观念和行为导向。二是使用信息化手段提升合规管理水平。中铁国际搭建了信息化合规管理系统。利用“简道云”平台，建立了合规审批程序，进行了线上合规培训和考核，提供了便捷优质的合规管理服务。三是营造了合规文化氛围。在中铁国际主要领导的推动下，通过近几年的不断努力，中铁国际已经形成和建立了合规文化。事事讲合规、时时讲合规，决策先问法，违规违法不决策，这些理念已经深入每一位领导和员工心中。

（二）提升有空间

一是合规人员数量不足。国际化合规管理需要大量懂法律、会管理、善外经的复合型法律合规人才。中铁国际现有境外合规人才队伍中，一部分合规人员要么不懂外语，要么没有实际工作经验，要么不善于与境外媒体打交道，难以满足境外合规经营的需要。

一流企业需要一流的法律合规人才。我们一方面需要引进成熟的高端法律人才，另一方面需要加快高素质合规人才培养。我们需要加紧培养一批熟悉国际法律法规、熟悉公司业务，能用外语交流的综合涉外法律合规人才，增加公司应对复杂合规局面的能力。同时也要拓宽法律合规人才的职业发展路径，提高薪酬待遇，在绩效考核和职称评审方面给予倾斜，让更多的人才脱颖而出，担当国际化法律合规管理的重任。

二是合规制度执行有待加强。部分境外企业业务人员片面追求经营业绩，忽视合规管理，发现合规风险隐患不排除。个别机构没有根据总部的制度要求，制定符合国别和业务领域的合规管理制度，制度需要深化和细化。少数境外机构在制度执行方面不严格，流于形式。境外合规管理没有闭环，有些职员错误地认为合规就是合规部门的事情，其他职能部门没有发挥应有的专项管理职能。监管环节没有形成闭环，对违规人员没有严格进行处置。

六、结语

合规制度的执行关键在领导。各级领导应提高政治站位，站在贯彻全面依法治国战略的高度，践行"一带一路"倡议的广度和推动企业高质量发展的深度，深刻认识合规经营的重大意义。要摒弃"合规为经营开发让路"的错误思想，预防违规经营给企业带来灾难性的后果，绷紧合规经营这根弦。境外单位应完善境外合规管理制度，将制度流程化、表单化，融入境外经营各个环节。境外单位需要建立独立的法律合规管理机构，进一步提升法律合规监督的权威性、独立性，加强与审计、内控、风险等企业内部监督体系的统筹协同，加大监督力度，形成合力，填补合规制度执行的漏洞。

合规篇

世行合规体系下中国承包工程企业合规体系的构建*

方　拯

作者简介

方　拯　湖南建工集团有限公司(以下简称湖南建工)总法律顾问、首席合规官,九三学社湖南省第七届省委常委,九三学社湖南省委法律委员会主任,九三学社中央法律委员会委员,湖南省人民检察院特约检察员。湖南省民商法研究会副会长,湖南省立法研究会副会长,湖南省工程法研究会副会长,中国对外工程承包商会海外合规专家委员会专家,湖南省国资委法律审核委员会委员,中国国际贸易仲裁委员会仲裁员,长沙仲裁委员会仲裁员

企业简介

湖南建工成立于1952年7月,是一家具有勘察设计、工程投资、施工运营、建筑科学研究、高等职业教育、建筑安装、路桥施工、水利水电施工、新能源建设、工程设备制造、房地产开发、对外工程承包、劳务合作、进出口贸易、城市综合运营等综合实力的大型千亿级国有企业集团。湖南建工注册资本金200亿元,年生产(施工)能力2000亿元以上,连续16年入选"中国企业500强""中国承包商80强和工程设计企业60强",连续19年荣获104项中国建设工程鲁班奖。集团的经营区域已覆盖全中国,在亚洲、非洲、拉丁美洲和大洋洲等30多个国家和地区设立有公司或者工程项目部,在塞内加尔、马来西亚、利比里亚、坦桑尼亚、尼日利亚、沙特阿拉伯、加纳、斐济、萨摩亚、斯里兰卡、澳大利亚、蒙古国、塞拉利昂、越南、老挝、几内亚等国均有工程项目。

* 本文为国家司法部2018年度国家法治与法学理论研究项目课题——"从世界银行诚信合规及制裁体系论一带一路背景下中国企业海外经营合规政策与程序的构建"阶段性成果。(项目编号:18SF5017)

内容摘要

在"一带一路"倡议的背景下,我国许多企业积极参与国际经济竞争与合作,积极参与世界银行(以下简称世行)等多边发展银行融资的基础设施项目建设。但在项目开发、实施过程中,因为违反世行的反腐败政策,而被列入黑名单并受到制裁,暴露了我国企业合规领域中普遍存在的一些问题:一是不了解世行的采购和诚信合规框架、规则;二是大多数企业自身没有自觉合规的意识;三是企业合规管理缺位。为帮助我国企业了解世行反腐败政策,了解世行合规要求,并按照其规定程序行事,进而逐步建立起符合自身实际的合规管理体系,降低被制裁风险、树立中国企业诚信守规的国际形象,本文将就世行的制裁体系、湖南建工的诚信合规实践进行介绍和分享,同时提供一些粗浅的建议供同行企业参考。

关键词

世界银行　企业合规　反贿赂

一、"走出去",合规同行做保障

(一)企业的经营活动已经走出国门

目前,湖南建工正进一步深化改革,调整产业结构,在新常态下迎接新挑战,捕捉新机遇,实现新发展,努力打造"一体两翼"发展新格局,以具有强大竞争优势的房建施工板块和投资开发板块为主体,以具备相当竞争能力且市场前景广阔的专业建筑及建筑服务业务和海外业务为"两翼",大力推进与地方政府、中央企业、上市公司、投资机构、大专院校、重点行业等的战略合作,创新商业模式,规范项目管理,稳步推进湖南建工的改革改制、创新、转型、升级,努力将湖南建工打造为市场竞争力强、资产规模大、管理先进、技术含量高、跨行业和专业经营,集项目科研、教育、投资、设计、建设、运营、维护于一体的总承包集成服务商,并实现主营业务整体上市,成为具有较强核心竞争力和国际竞争力的湖南省内建筑业龙头企业及国内建筑业先锋企业。在"一带一路"倡议全面深入推进的背景下,湖南建工积极贯彻国家"走出去"战略,将国际化发展上升到企业战略层面,积极进行业务转型升级,在实现业务持续发展的同时,国际影响力和国际市场占有率也不断提高。

(二)合规重要性得到认同

2014 年以来,湖南建工对内部管理体系进行全面优化,并从组织架构、管理制度、运行与保障、合规文化建设等方面全面建立起合规管理体系,一方面旨在防控合规风险,避免因被制裁而遭受巨大的经济和声誉损失;另一方面,以通过建立合规体系,不断提升与国际市场竞争规则接轨的能力,实现健康稳健发展。

二、合规管理在发展中成长

(一)建组织体系搭管理架构

2014 年以来,湖南建工按照"分层管理"的原则,逐步建立起了一套"协调统一、权责清晰、分层管理”的合规管理组织体系,实施三大举措。

1. 设立合规委员会

作为董事会下设专业委员会,负责审议与协调合规工作,委员会主任由总经理或纪委书记担任。其职责主要是:对于首席合规官提交的事项进行讨论决策;对于首席合规官作出决定的复查申请进行复议;监督《合规政策》的实施、定期(至少每两年一次)全面审阅本政策,并考虑任何实际事例中所学到的经验,以评价其是否足以保护湖南建工及其员工免遭违反相关反贿赂、反欺诈法律的风险,必要时对本政策修订;与上级国资委的纪委和相关内部审计官员共享根据《合规政策》获得的所有信息及资料,配合上级单位对合规问题的调查审计;听取和批准对有关可能违反《合规政策》的信息或指控进行调查的报告,并监督此类调查;向董事会报告有关违反《合规政策》的情况,并提出拟采取的应对措施;《合规政策》规定的其他职责。

2. 任命首席合规官

负责领导全集团建立并执行合规管理政策。湖南建工首席合规官是《合规政策》的具体执行负责人。湖南建工各单位合规负责人在湖南建工首席合规官书面授权委托下代表湖南建工首席合规官负责《合规政策》在本单位的具体执行。首席合规官及各单位合规负责人在管理合规工作以及保持合规文化方面的职能和责任,包括如下内容:(1)对本单位员工定期开展教育培训以确保他们对《合规政策》的熟悉及理解;(2)对上述培训项目的有效程度进行定期评估;(3)在有必要对特定类别的员工加强培训的情况下,对培训内容进行改进;(4)回答本单位员工关于《合规政策》的问题;(5)按照《合规政策》开展背景调查、合同审查、第三方聘用、费用支付等各项审批;(6)审查本单位对《合规政策》的执行情况;(7)对违反《合规政策》的行为展开调查。

3. 设置合规管理部门

在原“法律事务部”基础上增加合规职能,在首席合规官的领导下具体开展合规管理工作。其职责包括:(1)协助首席合规官或合规负责人构建合规管理体系,制定、修订、完善合规政策、合规工作流程。(2)结合合规要求及本单位实际情况统筹、指导本单位推进合规工作。(3)协助首席合规官或经首席合规官书面授权的各单位合规负责人按照《合规政策》开展背景调查、合同审查等工作,并按照合规工作流程开展合规性审查,主动识别、评估合规风险,提供合规支持。(4)负责对违反《合规政策》事件的调查处理,起草违规处理决定。(5)审查本单位内部管理制度、业务流程,提供合规改进意见。(6)开展合规培训宣贯工作,组织合规培训并向员工提供合规咨询。(7)根据《合规政策》,审查本单位规章制度和业务流程,并提出制定或者修订建议。(8)法律合规部还应负责处理所属各单位提交的申请。负责合规工作的档案维护和台账管理。(9)所属各单位层面,任命合规负责人,设置合规管理部门,配置专职或兼职的合规专员。(10)各分公司和项目部层面,分别配置专职或兼职的合规专员,负责按层级落实合规管理各项要求。

（二）合规政策聚焦核心理念，制定制度执行机制

湖南建工不断完善企业合规管理制度体系，构建企业良法善治的制度基础。合规政策的核心要义，不仅要求湖南建工及所有子公司和关联方在开展业务的地区内必须遵守中国法律以及对其有管辖权的国家和地区的法律法规，更是把诚信经营、遵守反贿赂法和秉持高标准商业操守作为企业文化和业务运作的重要组成部分，适用于湖南建工的董事、管理人员和员工、子公司及湖南建工“控制”的所有实体，要求湖南建工董事、管理人员和员工高度重视并承诺遵守有关法律法规和湖南建工的合规政策。

2015 年以来，湖南建工先后制定了《诚信合规政策和程序》《诚信合规管理办法》《诚信合规管理工作指引》《规范参与国际金融组织融资项目合规管理规定》《合作伙伴行为守则》《合作伙伴限制合作管理办法》等核心管理制度文件，修订完善了招投标、营销管理、合同管理、财务管理、采购管理、内部审计、人事管理、捐赠和赞助、公务接待、违规责任追究、档案管理等方面的管理制度和工作流程，全面纳入合规管理的要求，并在全集团范围推进实施。

（三）建立闭环合规管理运行和保障机制

湖南建工以现有风险管理体系为基础，从全面识别、评估合规管理的风险点和薄弱环节入手，建立“3 +7”工作机制。“3”是指“三级体系”，即“防范、监查、应对”，防范即合规风险评估与管理、政策和流程、培训和沟通、建议和支持、人事聘用与管理；“监查”即专项检查与审计、绩效考核、合规举报；“应对”即不当行为处理、责任追究。“7”是指“七项机制”，包括合规档案记录机制、合规评估与审计机制、合规联席会议机制、合规绩效考核机制、合规举报机制、合规报告机制、合规奖惩机制，旨在保障合规管理实现闭环管理，实时检验合规管理工作的有效性，保障合规管理体系科学运行。

（四）抓住重点领域，做好合规风险管理

1. 重点领域一：员工

主要工作包括三个方面：

（1）营造和谐劳动关系。一是依法用工，遵循合法、公平、平等自愿、协商一致、诚实信用原则，依法与劳动者订立、履行、变更、解除或终止劳动合同。二是公平对待员工，不因种族、民族、肤色、宗教、性别、国籍等原因，在招聘录用、薪酬福利、职业发展、奖励惩处等方面对员工歧视或差别对待。三是坚持以人为本，尊重和关爱员工，切实维护员工合法权益。四是依法处理劳动争议。

（2）人事合规。一是在聘用或选拔湖南建工或子公司的中高层管理人员以及从事“高风险”工作的员工前，进行严格的背景审查。二是对于外籍员工的招聘与录用，严格遵守当地的劳工法规，严格进行背景调查。三是规避利益冲突。

（3）规范绩效考核。每年对湖南建工所属各单位领导班子、领导人员以及员工进行年度全方位的绩效考核。

2. 重点领域二:质量健康与环保

主要工作包括三个方面:

(1)不断改进和提升质量。湖南建工秉承“一流、超越、精作、奉献”的理念,严格遵守中国和业务所在国(地区)质量和健康安全环保方面的法律法规和公司制度,牢固树立质量意识,完善质量体系,加强过程控制,严把各环节质量关,确保工程、产品和服务质量合格。

(2)落实安全生产责任。一是扎牢安全生产意识,践行安全发展理念,筑牢安全生产防线。二是落实安全生产监管责任,切实提升质量安全管控能力。三是提升防范化解重大风险能力,强化安全风险隐患排查治理。

(3)保护生态环境。湖南建工致力于生产经营与环境保护协调发展,把生态文明建设、防止环境污染放在首位。一是要求新项目施工前须按规定进行环境影响评价,做到防止污染设施与主体工程同时设计、同时施工。二是在生产作业时,以严格的标准控制和减少废气废水废物的排放、粉尘灰尘的防治和噪声管理。三是加强施工期能源控制,最大限度地节约水、电、汽、油等能源消耗,尽力推行绿色施工、环保施工。

3. 重点领域三:商业活动

主要工作包括三个方面:

(1)坚持公平诚实守信的原则。一是严格遵守适用的法律法规,恪守商业道德,真诚、守信、合法地开展对外交易活动;二是选择诚信的合作伙伴,对合作伙伴进行合规尽职调查;三是重合同、守信用,对合同进行严格的合法性和合规性审查。

(2)禁止商业贿赂。一是严格防范业务活动中的商业贿赂,要求合作伙伴签署《反贿赂陈述、保证及承诺函》和《合规证书》,制定了《合作伙伴行为守则》《合作伙伴限制合作管理办法》;二是出台了《接待管理办法》,要求礼品和接待必须符合相关规定;三是制定出台了《湖南建工集团对外捐赠(赞助)管理办法》,对涉及对外捐赠和赞助的费用严格审查,严禁政治捐款。

(3)禁止不正当竞争。一是规范招投标行为,要求组织招标时,要按照法律和湖南建工规定进行。二是尊重市场竞争机制,尊重竞争规则,尊重竞争者。

4. 重点领域四:财税与账簿

主要工作包括四个方面:

(1)会计记录和报告须真实准确。制定了《财务管理制度》,要求公司的会计记录以及在此基础上编制的财务报告,必须符合有关法律法规和会计准则,信息数据须真实、准确、完整和及时,不能隐瞒、伪造、篡改有关财务记录,或者编造、提供、披露虚假财务报告及相关信息。

(2)妥善保存完整的账簿和资料。妥善保存各项财务票据、相关审批文件,保证财务账册和资料的完整、准确,按照规定建立会计档案。

（3）合法纳税。增强纳税意识，自觉依法诚信纳税。

（4）严格财务合规审查与监督。建立了支付前的合法性审查和合规性审查制度和支付后的定期监督、专项检查制度。

（五）建设合规文化，增强企业“软实力”

1. 多措并举营造合规文化氛围

一是定期进行合规培训，培育合规文化。建立了覆盖全体干部员工的合规教育常态机制，通过定期的培训教育，引导全体员工主动合规，共同推动全集团的合规文化建设。二是加强与政府的沟通。与政府进行及时、坦诚和主动的交流和沟通。根据法律规定和政府要求，及时准确向政府提供数据和资料。三是妥善处理与当地社区和公众的关系。在境内外开展经营活动过程中，切实履行社会责任，积极支持社区公益事业建设，避免侵犯当地社区与公众利益。四是遵守外交礼仪、尊重地方风俗习惯。一方面对海外项目人员进行外交礼仪培训，要求认真遵守当地的外交政策；另一方面在项目建设过程中，要求了解、掌握和格外尊重当地的风俗习惯。

2. 发挥关键少数作用，形成工作合力

湖南建工党委高度重视诚信合规建设，倡导合规文化价值观，推动合规管理体系建设，增强企业的凝聚力和向心力。湖南建工及所属各单位每年度还举办各类合规宣传活动，组织全体干部职工参加合规培训，签订《合规证书》，并向湖南建工的合作伙伴宣传合规政策、理念及工作体系，努力营造共同合规的氛围和环境。

3. 践行合规，提升企业“软实力”

一是通过切实践行诚信合规，推动从传统思维向国际化思维转变，同时强化企业的环境责任和社会责任，努力提升企业在参与国内外市场竞争中的“软实力”和外部形象。二是秉承“环保优先、安全第一、质量至上、以人为本”的理念，严格遵守中国和业务所在国（地区）质量和健康安全环保方面的法律法规和公司制度，以优质的工程项目和服务、良好的健康安全环境业绩赢得社会信任。

三、找到差距，在思考中走出困惑走向世界

经过几年的不懈努力，湖南建工的合规体系建设从无到有，由点及面，初步形成了一个符合自身实际的体系框架。6 年来，合规理念从鲜为人知到一步步扎根于全集团各级领导干部内心、受信于广大的商业合作伙伴，对湖南建工提升经营管理水平、促进标准化建设、防范企业运营风险、增强企业文化内涵、提高企业品牌形象等方面起到了积极效果。但是，面对国内国际主管部门、监管机构和融资方的合规要求日益严格，对不合规行为的监管查处力度加大，企业因为行业特殊性、体制机制和管理模式上与相关方的标准仍然存在一定差距，具体表现在：

1. 行业特殊性造成的天然困难。建筑工程行业涉及面广、周期长，监管部门众多、要

求复杂、环节多,加上行业市场潜规则依然存在、竞争环境激烈、上下游产业链管理粗放、工人素质参差不齐等现实原因,导致建筑工程行业企业在将合规管理体系与企业已有的体制机制、管理体系相融合时,更容易产生摩擦,也比其他行业更容易面临合规风险。

2.“走出去”目的地多为不发达地区。湖南建工肩负国企使命,一方面承担了国家对外援助任务,另一方面充分发挥企业产能优势,积极实施“走出去”战略,但目的地多为不发达国家(地区),东道国的经济社会比较落后,法制不甚健全,腐败程度较高,加大了合规管理和监管难度。

3.经营管理层级较多,政策执行路径偏长。由于尚未完成改革改制,湖南建工经营管理层级较多,政策执行路径偏长;业务板块多而分散,且各板块涉及区域、业务流程不同,管理要求不一,容易导致政策覆盖不全面,执行不到位、打折扣的现象。

四、面对未来有信心有举措

(一)认识国际形势,遵守国际规则

对于中国的工程承包企业来说,随着国内市场的日趋饱和,企业将目光纷纷抛向了国际承包工程市场。但是,国际承包与国内承包相比,虽然行业属性基本相同,但国际承包的项目开发周期更长,项目的融资属性更高,融资模式和实施过程更复杂,涉及的法律、规范及标准更繁杂,涉及的政府、公共和社会部门也更多,同时还会面临国际政治和经济形势的变化影响、东道国的政策风险、货币汇率浮动和利率变化等金融风险,这些都对中国工程承包企业的管理者决策能力、企业的组织管理能力提出了更高的要求。

在当前复杂的国际政治经济形势以及国家依法治国的全面深入开展、对各类违法违规经营行为的打击力度加强和对境外合规的重视程度不断提高的背景下,中国的工程承包企业必须要正确认识国际国内形势,重视合规建设,改进长期以来因为行业特殊性所形成的粗放式管理模式,方能适应国际竞争规则与合规规则。

(二)履行世行的“诚信责任”

在全球发展的协调机制中,世行作为全球最具影响力的国际组织,在发展融资提供和发展政策对话中承担了重要角色。世行成立于1944年,在全球拥有189个成员国家和地区,其广阔的全球视野和丰富的国际经验、强大的政策影响力、先进的项目管理方法和援助效果评估技术,使其成为当今世界最具领导力和权威性的多边发展银行。长期以来,世行将腐败视为经济和社会发展的最大障碍之一,并要求其所属机构采取措施,以确保将其提供的资金用于其既定目的,并适当注意经济性和效率性,即通常所说的“诚信责任”。

世行建立了一套规则和其他方面的措施,以防止和打击世行项目与计划中的欺诈和腐败行为,并建立了一套正式程序,以制裁被发现在世行贷款项目中从事了欺诈和腐败行为的公司和个人。

1. 制裁主体

包括世行资助合同的投标人、直接采购合同和世行资助合同的供应商、承包商及其代理人、分包商、顾问和分顾问、服务提供商、贷款收益的任何接受者及其代表。需要指出的是，世行制裁的范围通常不仅限于合同中涉及的实体，还可以对被指控方所控制的所有实体施加制裁，且参与违法行为的个人（包括经理和董事）也可能受到制裁。为了避免被制裁者逃避责任，制裁也将适用于被指控方的继承人和受让人。

2. 可制裁行为

世行认定的可制裁行为包括腐败行为、欺诈行为、串通行为、胁迫行为和妨碍行为。"胁迫行为"是指直接或间接地损害、伤害或威胁损害或伤害一方或其财产，以不正当地影响该方的行为。"串通行为"是指两方或多方之间为实现不正当目的而设计的安排，包括不正当地影响另一方的行为。"腐败行为"是指直接或间接地提供、给予、收受或索取任何有价值之物，以不正当地影响另一方的行为。"欺诈行为"指是指任何作为或不作为，包括虚假陈述、故意或无意地误导另一方，以获得财物或其他利益，或避免某种义务的行为。"妨碍行为"是指：(1)故意破坏、伪造、篡改或隐瞒对调查有重要意义的证据，或者向调查员提供假口供，故意妨碍世行在指控腐败行为、欺诈行为、胁迫行为或串通行为时的调查，以及/或恐吓、骚扰或威胁任何一方，以阻止其了解与调查有关的事实，或阻止其继续进行调查的行为；(2)有目的地故意妨碍世行行使审计契约权与信息获取权。

3. 制裁程序

世行在决定被指控方是否将受到制裁以及将实施何种制裁之前，会向被指控方提供两级审核程序。首先由世行廉政局（INT）负责调查，[由资格暂停与取消办公室（Office of Suspension and Debarment）的资格暂停与取消主管（Debarment Officer）]对制裁案件进行初步审核并将向被指控参与制裁行为的调查对象发出"制裁审理通知"。如果调查对象对指控或建议的制裁措施提出异议，则案件交由世行制裁理事会处理后对案件作出最终的裁定。

在制裁理事会发布最终的裁定之前，调查对象可与廉政局进行谈判以达成和解。在和解协议执行过程中，其必须严格遵守约定并进行自查自纠，未来项目投标或执行过程中不能再出现违规行为。

4. 制裁措施

制裁措施有以下五种：一是有条件解除的制裁。"基准制裁"或默认制裁规定 3 年为最短制裁期限（无资格获得世行集团贷款的合同或以其他方式参加世行集团贷款的业务活动）。在被制裁方符合某些特定条件后，则可以解除制裁。二是固定期限的制裁。如果通过施加取消制裁条件无法达到明显目的，则被制裁方将被予以固定期限的制裁，制裁期限满后，将会自动取消制裁。三是有条件的不制裁。在此制裁下，只要被制裁方在设定的时间范围内符合指定的条件，就不会被制裁。被制裁方是否满足既定条件由诚信合规官确定。诚信合规官会采用相同的程序，来审查被制裁方是否符合解除制裁条件。如果不满足不制裁的条件，则被制裁方将会在规定的时间内被制裁。四是谴责信。在被指控方的行为尚不构成制裁或有条件的不制裁的情况下，世行会向其发出谴责信。五是赔偿。根据这项制裁措施，被制裁方必须向世行集团资金的借款人、世行集团或另一方足额赔偿贷款资金（至少应将非法所得上交）或者采取其他补救措施，以弥补对世行集团资金、其他借款人或公共利益造成的损害。

世行还提出了在确定制裁方式时可以考虑的加重和减轻因素，明确了对这些因素的详细处理方式，以及在制裁期内增加期限（在加重因素的情况下）和减少期限（在减轻因素的情况下）的指导范围。除实行永久制裁的情况外，最短制裁期限超过 10 年的当事方可在 10 年之后申请减少制裁期限。

2010 年 3 月，世行与亚洲开发银行、美洲开发银行、欧洲复兴开发银行和非洲开发银行共同签署了《相互执行制裁决定协议》，根据协议约定，如被参与协议的任意一个多边开发银行给予超过 1 年制裁，也将被其他参与方共同制裁。

5. 解除制裁

制定、完善并实施符合世行要求的廉政合规计划是解除制裁、有条件地不制裁或提前解除制裁的主要条件。这就要求建立与完善内部的合规体系与工作流程，包括但不限于在适当时期内切实实施符合世行集团要求的诚信合规计划，建立相应的合规制度体系、组织机构、人员配置、工作程序、培训宣传、监督检查等内容，以及定期向世行合规办公室报告工作进展情况，接受其评估与持续的监督等。只有在满足合规办公室的审查要求，并提供其符合取消制裁条件的相应证据后，被制裁的单位或个人才能解除制裁或者免于制裁。

（三）应对世行的反腐败方针和制裁政策

世行是国际金融组织中推进反腐败的先驱和标杆。因此，当企业遭受世行制裁，需要建立并实施合规体系时，建议重点把握以下几个方面的问题：

（1）合规文化与传统文化之间的冲突。正视中国传统文化与东道国文化、合规文化之间的差异，固有工作习惯与思维，所谓的行业“潜规则”，以及领导层的合规意识等问题。

（2）合规制度与其他制度之间的冲突。应当有效处理合规制度的理念普遍与当前中国企业尤其是一些国有企业的体制机制思路的不一致，与企业现有制度的不一致、与现有工作流程的不一致之间的冲突，以及如何确保合规制度的有效执行。

（3）合规部门与业务部门的冲突。应当注意合规部门与业务部门之间存在的天然对立、高层与部门间的沟通协调、合规体系运行协调机制等问题。

（4）行业特殊性所带来的合规风险。由于工程行业的特殊性，应当特别注意市场开发与营销、招投标、分包与转包、分供方管理、劳务用工、质量安全与环境、资金管理等高风险领域的合规问题。

合规篇

构建合规、内控、风险、法务“四位一体”全面风险管理体系

曾 辉 李 冶 姜 茜 蔡雪金 满 艺

作者简介

曾 辉 华侨城集团有限公司总法律顾问

李 冶 姜 茜 蔡雪金 满 艺 华侨城集团有限公司法律合规部

企业简介

1985 年,华侨城集团有限公司(以下简称华侨城集团)诞生于深圳湾畔,是国务院国资委管理的大型中央企业,国家首批文化产业示范园区,中国文化企业 30 强。2019 年实现营业收入超过 1300 亿元,利润总额逾 220 亿元,资产总额逾 6000 亿元,连续 10 年央企经营业绩考核被评为 A 级,拥有华侨城 A、康佳 A 等 6 家上市公司,年游客接待量超 1.5 亿人次,位居全球主题公园集团第三,亚洲第一。

内容摘要

在国企改革及世界经济一体化的背景下，国有企业开始推行合规、内控、风险、法务管理。企业在推行中遇到一些困惑，本文以“四者”的起源、相互关系为切入点，通过分析“四者”差异和共通点，梳理了“四位一体”全面风险管理体系的基本思路，并提出了搭建“全面风险管理信息系统”的基本框架，以落实依法治企理念，提升企业管理能力。

关键词

合规　内控　风险　法务　依法治企　“四位一体”

引　言

国企改革全面深化，政府进一步简政放权，政府职能逐步从管企业转变为管资本，从事前审批转变为事后监管，此变化促使国企必须进一步提升自身的管理能力。近年来，国企着力强化合规、内控、风险、法务管理，在实践中，如何将“四者”的概念厘清、关系理明，并在此基础上，构建符合企业实际的全面风险管理体系，对于进一步做好做实依法治企工作，具有现实意义。

一、合规、内控、风险、法务的源起

（一）合规

2017 年的“中兴事件”，使国内企业进一步意识到合规立本的重要性。企业不能为追求短期目标而急功近利，不能因不当商业行为，撞墙碰壁、频吃苦果。构建合规管理体系，进一步规范企业营商行为，势在必行。

（二）内控

中国内控体系建设和强化开始于 2008 年，财政部联合证监会、银监会、保监会、审计署发布了《企业内部控制基本规范》，也有人称为中国的“萨班斯法案”，此规范开启了中国内控体系建设的大幕。与美国不同的是，国内的内控体系目标定位不仅限于财务目标控制，也包括业务目标的控制。国内企业据此构建内控体系，既提升了管理的精细化程度，也为国内企业赴海外上市强化了基础。

（三）风险管理

2006 年，国务院国资委发布了《中央企业全面风险管理指引》，国企纷纷开始构建风险管理体系。央企投资项目动辄几亿元、几十亿元资金，而资金的回笼时间较长，中间存在很多不确定性，这些不确定性就是企业需要管理的风险，对此，需要一套科学的系统对这些不确定性进行预测、评估、提出对策，以保证企业的经营目标实现。

（四）法务管理

1842 年美孚石油公司成立了全球第一家企业内部法律部门，1981 年中国机械进出口、武钢等设立了法律部门。1997 年，国家经贸委颁布的《企业法律顾问管理办法》，标志着中国企业法律顾问机制的确立。其后，大型企业专设的法律事务部，逐渐成为企业重要的职能部门。2015年国资委发布《关于全面推进法治央企建设的意见》，依法治企已成为依法治国战略的重要内容，企业法务从审合同、了诉讼的专项事务进入控风险、做参谋的企业管理，其责任和重要性进一步凸显。

近年来，发达国家不断强化商贸方面法律法规的立法和执法，主观上是要维护其竞争实力领先的局面，客观上对全球商业环境的营造，对企业合法经商道德意识的强化起到了推动作用。

国内企业在参与世界经济一体化的进程中，受到了国际上交易新老规则的制约和挤压。2001年以后，美国陆续出台强制性规范，对美欧企业施以重罚重处，而“长臂管辖”对我国企业造成了极大的掣肘。我国的企业已认识到，我们已经进入世界市场经济大循环体系，30多年的努力，我们从自行车时代进步到了汽车时代，虽说驾车全球有“靠左靠右”的不同习惯，但“绿灯行、黄灯缓、红灯停”的规则世界通用，只要开车上路，交通的基本规则就需遵守。因此，中国企业要深度融入全球经济，通用规则需遵守，依法治企更须强化。

二、“四者”间逻辑关系

（一）搭建“四位一体”全面风险管理制度的基础

从表1看出，“四者”是不同的监管机构为解决不同问题而颁布的管理法规，是四套指向不同的管理要求。

表1　全面风险管理相关制度

序号	时间	名称	文号
1	2006年6月6日	《中央企业全面风险管理指引》	国资发改革〔2006〕108号
2	2008年5月22日	《企业内部控制基本规范》	财会〔2008〕7号
3	2010年4月15日	《企业内部控制应用指引》	财会〔2010〕11号
4	2012年5月7日	《关于加快构建中央企业内部控制体系有关事项的通知》	国资发评价〔2012〕68号
5	2015年12月8日	《关于全面推进法治央企建设的意见》	国资发法规〔2015〕166号
6	2017年1月7日	《中央企业境外投资监督管理办法》	国资委令第35号
7	2018年7月13日	《中央企业违规经营投资责任追究实施办法（试行）》	国资委〔2018〕37号
8	2018年11月2日	《中央企业合规管理指引（试行）》	国资发法规〔2018〕106号
9	2019年10月19日	《关于加强中央企业内部控制体系建设与监督工作的实施意见》	国资发监督规〔2019〕101号
10	2019年12月31日	《2020年中央企业内控体系建设与监督工作有关事项通知》	国资厅发监督〔2019〕44号

资料来源：华侨城集团内部资料整理。

（二）“四者”是何关系

1. “四者”关系绝不是完全独立，互不相关；“四者”关系也绝不是完全重叠（见图 1）

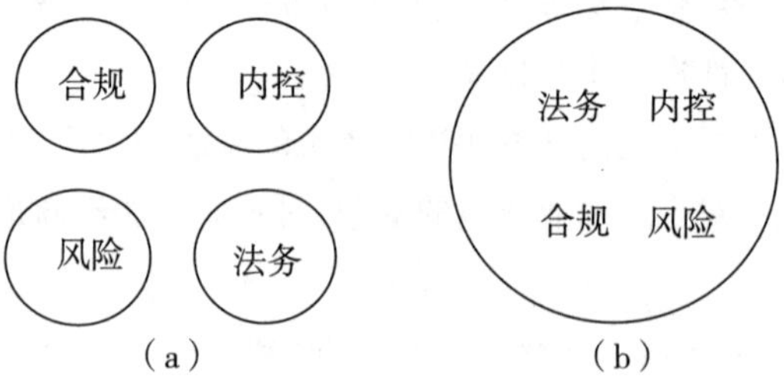

图 1 “四者”的关系

资料来源：华侨城集团内部资料整理。

2. “四者”的出现时间有先有后，分别有因可循（见图 2）

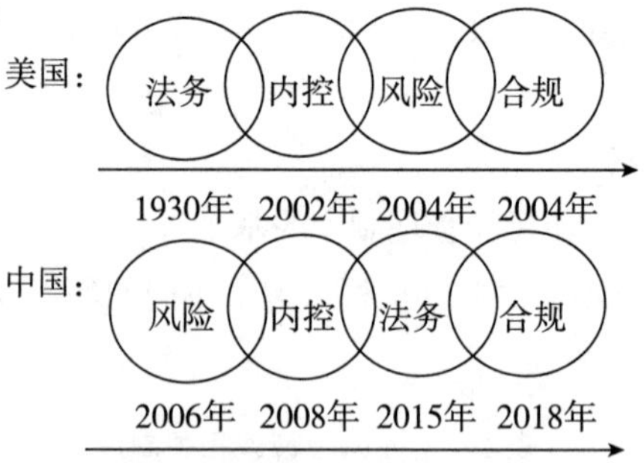

图 2 “四者”出现的时间线

资料来源：华侨城集团内部资料整理。

3. “四者”之间有包含和被包含关系，但需梳理；“四者”的交集关系是互有重叠、各有侧重（见图 3）

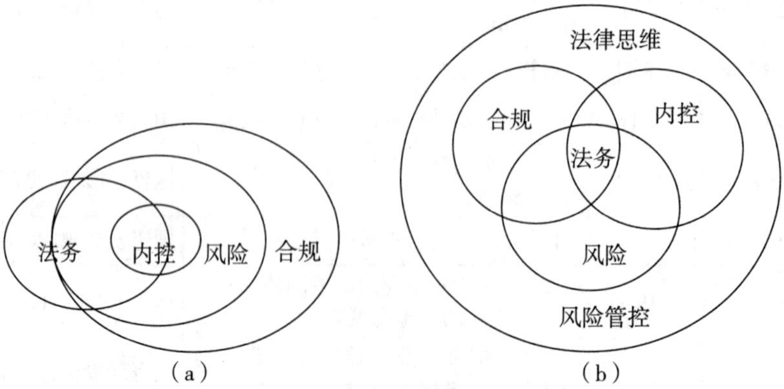

图 3 “四者”之间可能的包含关系

资料来源：华侨城集团内部资料整理。

（三）"四者"辨析

"四者"都是以风险为管理对象。简言之，合规着重于遵章守制的风险，内控着重于财务风险及主要业务领域风险，风险管理着重于风险预判、评估、处置、化解、转移，法务着重于企业经营全过程依法治企意识要切实体现，因此，风险是"四者"的共同关注面。

三、"四位一体"全面风险管理体系构建尝试

（一）统筹认识"四位一体"

合规、内控、风险、法务管理是与国际市场经济的法治规范接轨，而实践中还需结合企业自身特点来推进。

华侨城集团法律合规部2018年年初成立后，先后承担了法律事务管理、合规管理、全面风险管理和内部控制管理四项具体职能。法律事务管理是法律部门传统职能，在公司的发展过程中已形成了固有的管理逻辑，工作体系相对完善；合规管理此前没有专门的部门负责，全面风险管理和内部控制管理两项职能则从其他职能部门划转，工作机制和体系需要厘清和确立。因此，我们先要厘清"四者"相互关系，然后还需探究它们的逻辑自洽，既不能把"四者"混为一谈，也不能把"四者"割裂操作，四项职能的有机统筹必须破题。

（二）构建"四位一体"全面风险管理体系初探

基于"四者"的共通属性，以实现合规要求为目标，以内控和风险为管理为抓手，以法律思维为底层连接，构建"四位一体"的全面风险管理体系，是实现依法治企的积极尝试。

依法治企的"四位一体"全面风险管理体系，在华侨城集团就是法务部门具体负责，融合合规、内控、风险、法务四项管理职能的一体化综合管理体系。

合规侧重于"建"。一是完成"外规内化"，即将国家的法律法规精神、商业道德的共识和外部监管要求嵌入企业内部规章制度，形成以公司章程规范公司治理、以管理制度规范企业运营、以工作指引规范业务开展的合规管理总体框架；二是建立如财务税收、知识产权、安全环保等重点领域的合规管理工作机制，在信息化系统中固化重点合规管理工作流程，在合规管理全面覆盖的前提下，突出合规重点；三是持续"整章建制"，将实际运营过程中形成的管理经验进行归纳总结，以此为基础不断固化为企业内部规章，为企业管理搭建运行顺畅的轨道。

华侨城集团将公司管理制度汇编成册，建立了涵盖董事会事务、战略管控、投资管理、财务管控、人力资源管理、法律事务管理、采购管理、信息化管理、安全管理、综合事务管理和党建工作等近200部制度的企业内部规章制度体系，为全面加强企业内部建设、培育"具有全球竞争力的世界一流企业"奠定了良好的合规管理基础。

内控侧重于"控"。将重要业务领域关键控制点嵌入业务流程。华侨城集团业务开展过程中，在谈判、签约、运营、退出等各个环节明确了责任部门和责任人，并对重点环节和

重要流程进行监督,确保内控工作落到实处。同时,华侨城集团还致力于加强内部控制体系建设,整合内部监督资源,加强信息共享和成果共用,形成防控合力。实践表明,内控不是一家的事,而是所有与企业经营相关的职能部门和业务单位的职责,经营运作部门、单位和员工要执行内控要求,保证企业运转不偏离已定的合规轨道。

风险侧重于"化"。明确风险管理策略,建立全面风险管理制度,执行风险管理流程,制定风险管理方案,预判和警惕风险趋势和事项,及时发现风险苗头,对出现的重大风险或风险事件,妥善化解,依法处置。华侨城集团坚持以防范和化解重大风险作为业务开展的基础,规范执行"三重一大"决策制度,强化决策相应程序的执行和监督,确保重大决策事先做到调研、论证、讨论"三充分";对业务开展可能产生的风险进行评估,并针对风险评估中提示的风险制定相应的预案,以有效防范重大风险。同时,华侨城集团关注关键性风险,高度警惕各类"黑天鹅""灰犀牛"事件,积极应对行业调控,确保守住触发重大风险的底线。

法务侧重于"用"。统筹合规管理、内控管理、风险管理,开展纠纷案件管理、律师律所管理和合同管理等具体业务的事务管理,积极运用法治思维和法律手段,培养企业全员依法办事的法治理念和行为习惯。具体业务出现的问题,根据其实际情况分别归纳合规管理、内控管理、风控管理中处置和解决,使"四位一体"全面风险管理体系有效运转起来。"四位一体"逻辑交互关系如图4所示:

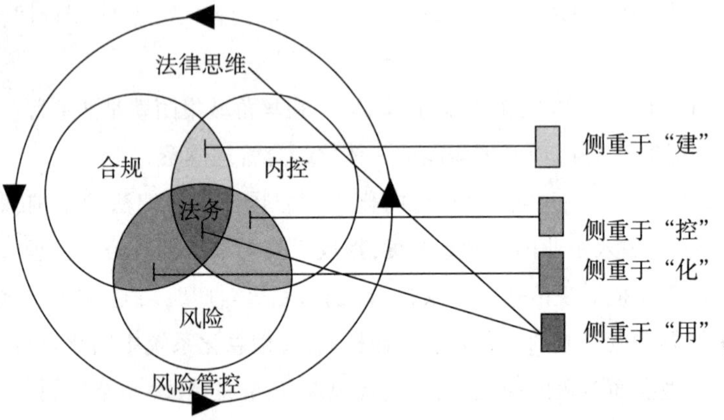

图4 "四位一体"逻辑交互关系

资料来源:华侨城集团内部资料整理。

(三)聚焦安全风险,"四位一体"全面风险管理体系的应用

安全风险指未来发生安全生产事故并造成严重后果的可能性。为防止发生重大安全事故,"四位一体"风险管理体系运行示例如下:第一步,树立"人命大于天"的意识,根据法律、法规及监管规定,建立企业的安全生产规章制度,保证有章可循;第二步,把安全生产列为企业的重点合规管理领域,根据规章制度,设置关键、有效的控制点,并采取有效措

施，督促相关部门及相关人员，切实保证按章依规执行；第三步，一旦发现风险隐患，运用风险处置预案和方法，化解风险，减轻后果；如经过合规、内控、风险预判和化解三个环节，仍有安全事故发生，涉及法律责任的承担，法务职能就要运用法律手段妥善处置；第四步，分析问题，吸取教训，总结经验，形成制度，使四者形成封闭、自洽的有效循环。

(四)“体系”的边界问题

法务部门牵头“四位一体”管理体系有其专业优势，因为法律思维是以逻辑思维、程序思维、规则思维、证据思维为基础，在解决涉及规则、程序、风险等问题时，法律思维的价值会特别凸显。但无论如何，合规管理、内部控制和风险管理不是一个部门能包圆的事。法务部门在体系建设和运行中，要处理好与战略、投资、财务、人力资源、审计等业务部门及纪检部门的关系，涉及依法治企事项，既需要法务部门有较强的统筹能力，又需要业务部门的重视和配合。以合规为例，法务部门要熟悉业务领域各项法规政策，并及时完成外规内化，业务部门要不断总结管理经验，并形成各种制度和规章，仅靠法务部门或仅靠业务部门均不能很好地实现外规内化、整章建制的目标。

“四位一体”的全面风险管理体系，偏向于事前预防、事中控制和事后依法处置，而审计部门主要负责对体系的运行状况实施监督和事后评价，对体系的健全和有效提出整改建议。因此，业务执行部门与效果监督评价部门相分离，即运动员和裁判员分离，是一种科学的安排。

“四位一体”风险管理体系要注意与纪检监察部门的区别。纪检部门是党内监督和追责部门，其主要职责虽与合规管理的部分领域相重合，如反腐败、反商业贿赂领域，但合规管理侧重事前设立好规则，而纪检监察则侧重事中监督和事后的责任追究。

四、“四位一体”全面风险管理信息化系统建设实践

中央企业业务规模大、法人单位数量多，管理链条长，“四位一体”管理体系的有效运转，充分发挥体系价值作用，必须借助信息化手段，搭建好智能化的管理平台。2020 年年初华侨城集团启动了全面风险管理信息系统项目，将“四位一体”的日常管理逐步在信息系统中转化和应用。

(一)信息系统设计及功能

搭建信息系统的目的是将合规、内控、风险和法务工作镶嵌到信息系统中，实现数据集中管控，推行管理规范化、流程清晰化、责任透明化，促进合规、内控、风险、法务的相互融合，让业务风险管控借助智能化，最终让原始基本资料、数据和电脑的智能处理以及管理者的经验判断达成有效匹配(见图 5)。

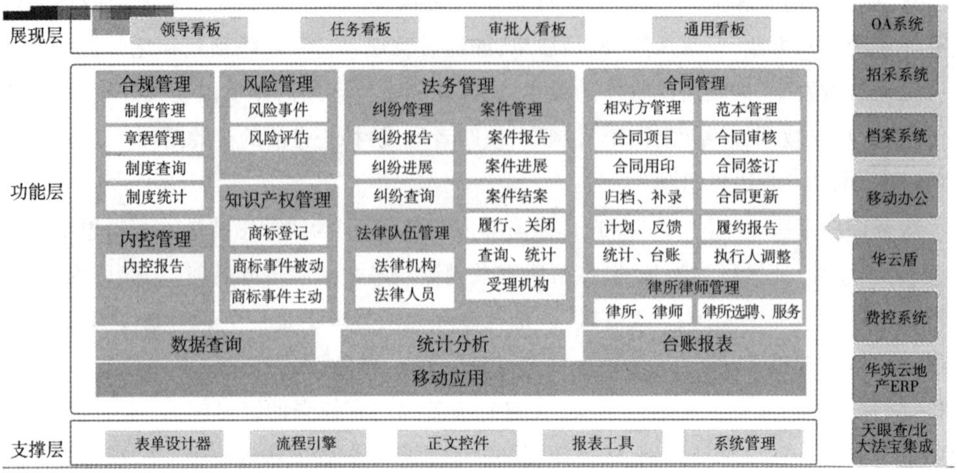

图5 “四位一体”系统功能架构

资料来源:华侨城集团内部资料整理。

(二)信息系统承载的管理方法与重点管理措施

合规管理信息化重点在于“固化”。系统建设主要功能为外连国家的法律法规库,内存企业已建立的制度、已签订的章程和协议以及有关原始文件,以便查询、分析比较和统计,确保国家法律法规和内部规章制度管理能在企业运营的各个环节中得到调用和运用。系统建设主要功能包括法律法规、制度管理、章程管理、制度查询、制度统计。

内控管理信息化的重点在于“嵌入”。在经营过程中,职能管理部门依靠系统核查对照规章制度和合同协议等,把握经营活动能规范运作,并以定期产生的内控报告为抓手,分析不足,弥补短缺,不断完善内控体系。通过信息化的手段,目的是将内控的措施嵌入到业务流程中,避免“两层皮”的现象,防范经营风险。

风险管理信息化的重点在于“预警”。系统中逐步设置重要领域的风险预警值,并对违反相关规章制度和违反合同约定等具体事项和情形进行量化。在集团与各级企业的经营活动中,超出预警值的相关事项或情形发生时,系统将及时识别并预警。同时,系统将收集下属企业的风险信息,对重大风险事件进行统一管控,以及时制定风险应对策略和化解方案,降低企业风险。

法务管理信息化的重点在于“比照”。在企业的经营和治理过程中,把牢法律思维,对合规、内控、风控的制度和规范确立以及出现的问题,对外比照法律法规,对内参照制度合同协议,借助专业力量,运用法律手段,维护公司权益(见图6)。

(三)信息系统的运行逻辑

华侨城集团“四位一体”系统实施功能分为“业务执行”和“业务管控”两个模块,业务执行包含法律事务管理,包括但不限于合同管理、纠纷案件管理、知识产权管理、机构人员管理、律师律所管理等内容;业务管控包含合规管理、内控管理、风控管理,合规管理包括制度章程协议模板、待解决问题和待修订事项，内控管理包括报告事项、待解决问题和待修订事项，风控管理包括报告事项、待解决问题和待修订事项。

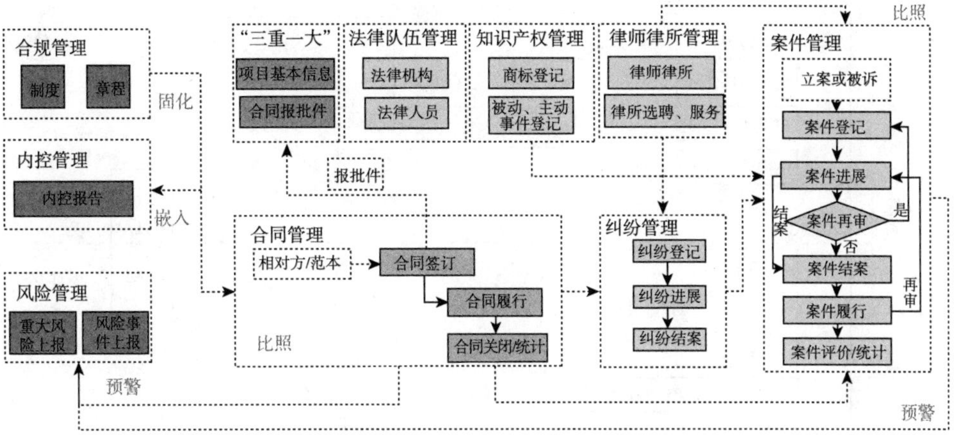

图 6　“四位一体”系统管理思路

资料来源：华侨城集团内部资料整理。

“业务执行”的“线”为业务执行全流程管理；“业务管控”的“点”为业务风险点全流程监测。“业务执行”的“线”过程中，如果出现合规、内控、风控问题，由业务执行者叫停，并由系统根据问题的具体情况，推送到业务管控的合规管理、内控管理、风控管理对应进行问题“点”处置，完成后再返回业务执行流程。如同类问题屡发，则组织业务部门进行研讨，考虑从整章建制方面作“面”解决。

在人员分工上，华侨城集团法律合规部 AB 角设置两个职责：A 角负责日常业务执行，B 角从合规、内控、风险的角度进行业务管控；A 角缺位 B 角顶替日常业务执行，同时协调另外同事暂接 B 角业务管控（见图 7）。

（四）信息系统建设的实施步骤

在“四位一体”系统建设之初，华侨城集团就确定了“统一规划、分步实施、逐步深化”的实施策略。以法务管理中合同管理信息化模块为例，华侨城集团组织项目组深入试点单位、二级、三级企业调研，组织各单位法务部门、信息部门座谈，梳理各单位合同管理制度、供应商管理流程、合同分类、合同履行管理、合规归档等，求同存异确定合同全生命周期管理方案，结合合同管理痛点，梳理管理制度和审核要素，将法务和业务深度融合，将调研成果固化到系统中。

合同管理建设内容包括合同相对方管理、合同范本管理、合同立项管理、合同审核管理、合同履行管理、合同归档管理、合同统计分析管理和合同评价管理等，构成了企业“事前风险防范、事中风险控制、事后补救完善”全过程的闭环管理；再通过与其他业务系统（招采、OA、ERP、费控系统、档案系统）的集成，以达到“数据同源、信息共享、业务流畅”的管理效果。

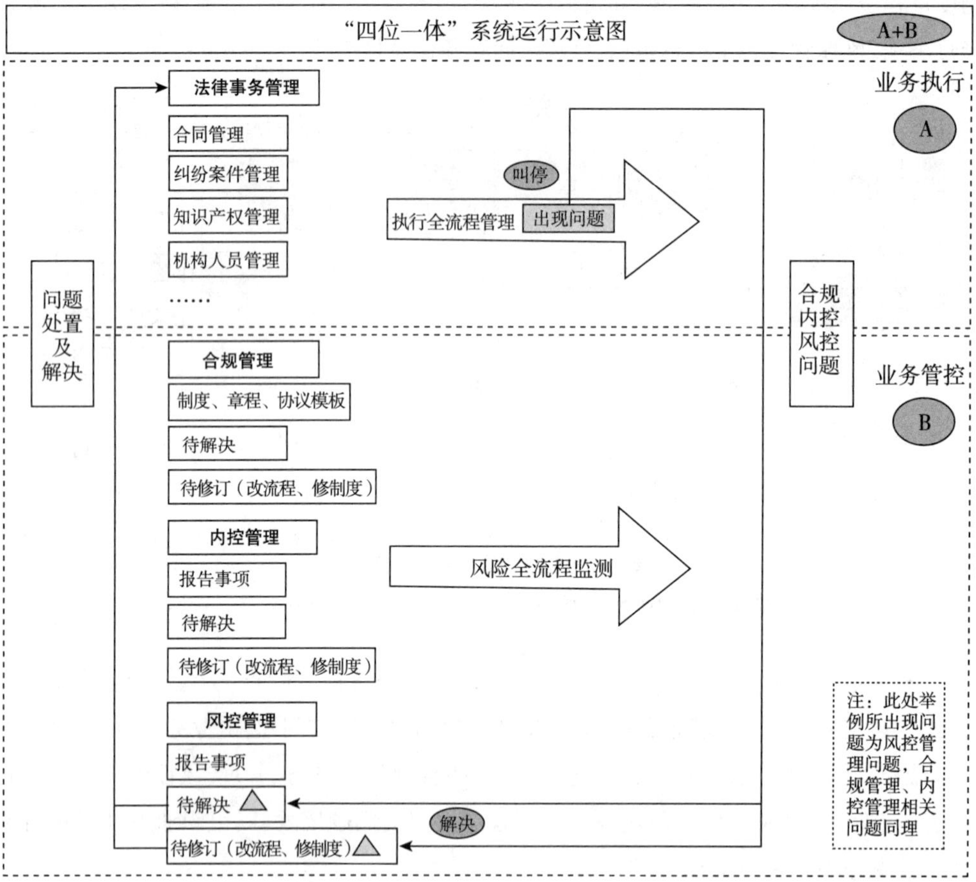

图 7 "四位一体"系统运行

资料来源：华侨城集团内部资料整理。

搭好平台，让数据平台跑顺，电子签章、大数据集成与智能审核等，其后将在第二、三阶段分步实施，目标是使企业法务信息化、智能化建设实现质的提升。

结 语

依法治企若无落实途径和手段，就会流于纸上的理念和行动中的口号，而合规、内控、风险、法务管理的体系性思维的确立及信息化推进，才有可能使依法治企有效落实。华侨城集团依据企业自身的特点，已确立基本思路，搭好基本框架，并同步在向法务信息化、智能化努力，总部及试点单位的运行成熟后将在华侨城集团全面铺开，"四位一体"的全面风险管理工作必将彰显成效。

合规篇

立足企业实践　探索民航业的个人信息保护合规体系建设

东航法律合规部课题组

作者

东航法律合规部课题组

企业简介

中国东方航空股份有限公司(以下简称东方航空)总部位于上海,作为中国国有控股三大航空公司之一,前身可追溯到1957年1月原民航上海管理处成立的第一支飞行中队。东方航空于1997年分别在纽约、香港、上海证券交易所成功挂牌上市,是中国民航首家三地上市的航空公司。截至2019年年末,公司运营着734架客运飞机(其中,包括托管公务机11架)组成的现代化机队,主力机型平均机龄约6.4年,在全球大型航空公司中拥有机龄最年轻的机队、技术最先进的机型。2019年旅客运输量超过1.3亿人次。“东方万里行”常旅客可享受天合联盟19家航空公司会员权益及全球750余间机场贵宾室优质服务。

内容摘要

个人信息保护正成为企业合规建设的热点问题，打造个人信息保护合规体系一方面是企业依法合规经营的要求，同时也是旅客日益增长的服务需要。东方航空积极打造“六个一”个人信息保护体系，着力为旅客提供安心、安宁的航空运输服务。但是，目前各国个人信息保护制度体系存在差异，给航空公司国际化经营带来了挑战，这需要民航业乃至国家间的协调配合。

关键词

个人信息保护　合规　体系建设

引 言

伴随着互联网技术向纵深发展，数据呈指数型爆炸生成，并借着网络加速流动，其经济价值的转化效率不断攀升，由此各行各业的运营模式和数据处理能力面临新的挑战，对存储大量个人信息的企业产生巨大冲击，保障个人信息安全成为当下企业转型与升级中不可忽视的关键环节。近几十年中国经济的腾飞，助推民航业实现了跨越式发展，2019 年中国民航完成旅客运输量 6.6 亿人次，航空公司在服务旅客的过程中不可避免需要收集使用旅客的个人信息，保护好旅客个人信息、防范个人信息泄露、遏制利用个人出行信息进行电信诈骗已经成为航空旅客的诉求和航空公司提升服务水平的必然要求。

一、民航业个人信息保护合规体系建设的必要性

民航业涉及海量旅客信息的采集、使用、存储和转移，开展个人信息保护合规工作、完善个人信息合规体系十分必要。

（一）保护个人信息是国内外法律法规的要求

从国内来看，《网络安全法》是当前我国法律中针对个人信息保护最权威、最全面的规定，自其生效以来，监管机关及企业对个人信息使用合规性的重视程度大幅提高。同时，《电信和互联网用户个人信息保护规定》《信息安全技术——个人信息安全规范》《互联网个人信息安全保护指南》《网络安全实践指南——移动互联网应用基本业务功能必要信息规范》《App 违法违规收集使用个人信息行为认定方法》《关于开展 App 违法违规手机使用个人信息专项治理的公告》《儿童个人信息网络保护规定》等一系列专项规定对个人信息保护提供了具体指导。除上述所提到的法律规定外，《数据安全法（草案）》《个人信息保护法（草案）》等专门性立法也在制定过程中。

《民法典》第四编人格权之第六章对个人信息保护进行了规定，肯定了公民对其个人信息的决定权，提出处理个人信息的主体应当遵循合法、正当、必要原则，清晰描述了信息处理者对保障个人信息安全的责任和义务。现行《侵权责任法》《消费者权益保护法》也对个人信息保护制定了相应的规则。

我国《刑法》第253条之一规定了侵犯公民个人信息罪，最高人民法院、最高人民检察院颁布的《关于办理侵犯公民个人信息刑事案件适用法律若干问题的解释》，对于侵犯公民个人信息的认定，以及侵犯公民个人信息构成犯罪的认定标准进行了更为细致的规定。

从境外来看，欧盟、美国、新加坡、日本、韩国、印度、巴西等国家和地区相继颁布实施了个人信息保护法律，尤其是欧盟《通用数据保护条例》的颁布实施被视为个人信息保护的里程碑事件，《通用数据保护条例》不仅规定了较为严苛的个人信息保护义务和高额的处罚金额，更因其域外适用效力对跨国企业的合规工作带来了挑战。

近年来，国际上一些公司发生了大规模个人信息泄露事件，导致了严重的法律责任。2018年英国航空旅客个人信息泄露事件影响了超过40万名旅客，英国个人信息保护监管机构最终向英国航空开出了2000万英镑的罚单。在行政处罚以外，英国航空还面临着规模庞大的集体诉讼，相关用户提出的索赔金额大大超过了行政处罚的金额。可以说，加强个人信息保护已经成为各个行业需要重点关注的工作。

（二）保护个人信息是维护国家安全的重要组成部分

2014年2月27日，习近平总书记主持召开中央网络安全和信息化领导小组第一次会议，亲自担任中央网络安全和信息化领导小组组长。在这次会上，习近平总书记强调，网络安全和信息化是事关国家安全和国家发展、事关广大人民群众工作生活的重大战略问题。2019年，习近平总书记对“国家网络安全宣传周”作出重要指示，强调国家网络安全工作要坚持“网络安全为人民、网络安全靠人民，保障个人信息安全，维护公民在网络空间的合法权益”。习近平总书记还指出，没有网络安全就没有国家安全。个人信息安全作为网络安全的一部分，与国家安全息息相关。

一方面，个人信息安全直接影响经济安全。由于个人信息的存储越来越集中，个人信息泄露所可能产生的社会影响也越来越广泛，其波及的范围也不再局限于特定行业，如在一些个人信息泄露事件中用户个人的信用卡、储蓄卡等金融信息也被泄露，直接影响了金融行业的安全。另一方面，个人信息安全是社会安全的组成部分。个人信息泄露后的扩散范围、用途和后果难以评估，给社会秩序造成了潜在危害，电信诈骗、骚扰电话屡禁不止严重影响了民众的安全感。

（三）保护个人信息是旅客的刚性要求

随着近年来国家普法教育与媒体宣传力度的加大，公民的个人信息保护意识不断觉醒与增强，层出不穷地侵害个人信息案件也引发公众对自身信息安全的担忧。公众普遍意识到数字经济的两面性，刷脸认证、指纹识别、密码自动保存、通信方式绑定等功能虽为生活提供了极大便利，但因个人信息泄露而遭受的电话营销，甚至密码被盗、电信诈骗事件也令人不堪其扰，人们逐步对出于商业目的而提供个人信息后，商家对其信息的使用和存储行为是否符合国家法律规定表示关切。尤其在欧盟《通用数据保护条例》生效后，个人信息相关权利的保护更为全面和完善，旅客对自身的个人信息权利是否可以得到保障更加关注。不少国内外旅客联系航空公司对自己的部分个人信息行使查询权或删除权,对收集其个人信息的合法性、必要性以及保存期限提出质疑,这对航空公司个人信息合规工作提出要求的同时也起到了有效的监督作用。

在当下的航空旅客运输服务中,旅客对航空服务的需求不再局限于安全稳妥的航班飞行,更追求舒适和安宁的乘机体验,这其中包含着为旅客带来的个人信息合规使用的安全感。若航空公司能够合法采集旅客信息,秉持“目的限制、数据最小必要”等原则,对旅客的个人信息进行使用和处理,充分尊重其对个人信息的知情权和决定权,自然会增强旅客的信任感。如此一来,完善的个人信息合规建设不仅达到了“合规”的目的,也会成为一个崭新的营销亮点,从侧面增强航空公司的市场竞争力。

(四)保护个人信息是企业自身合规发展的需要

现阶段培育健康的数据交易市场的政策正在全国范围内推进落实,依据目前的数字经济发展态势,在不远的将来“数据”势必成为一种流动资产并逐步参与交易活动,而企业健全完备的个人信息管理体系将对企业数据资产的来源途径、获取方式、存储和转移手段的合法合规性提供强有力的“背书”。更重要的是,保护好个人信息可以为企业带来实实在在的经济利益,通过合规工作给企业创造巨大的价值。面对数据资产纠纷时,个人信息合规体系完善的企业,能够更加便利有效地进行举证质证,高效应对争讼之累。

在个人信息逐步成为数字世界新能源的当下,其商业和经济价值随着收集、存储和转移的逐步数字化而愈加凸显。个人信息日益成为公共管理、社会服务和商业拓展的重要资源。海量的个人信息已经成为企业的竞争优势之一,同时个人信息由于隐私保护的需求而区别于一般的公共信息。保护好个人信息才能维护公众对企业的信任,愿意将个人信息继续存储在企业中,这将为企业的发展注入持续动力。

对于航空公司而言,旅客个人信息带来经济利益的一个典型案例就是“常旅客计划”,“常旅客计划”中每条里程信息都包含了旅客支付、乘机、受益人、购买偏好等信息,通过适当挖掘,这些信息的变现潜力巨大。国际上一些航空公司通过不断对“常旅客计划”进行拓展和创新,已经获得了丰厚的回报。美国主流航空公司“常旅客计划”的估值已经显著超过了航空公司自身的市场估值。在新冠肺炎疫情期间,达美航空、美联航等航空公司通过将“常旅客计划”进行抵押,获得了宝贵的现金流。航空公司“常旅客计划”由旅客自愿加入,通过“常旅客计划”,航空公司提高了“旅客黏度”,旅客也从“常旅客计划”中获得了更多优惠,但是所有这些都是以旅客放心地将个人信息存储在航空公司为前提的。

正是由于个人信息对于企业经营发展的重要价值,实践中,一些航空公司已经明确将旅客个人信息作为商业秘密进行保护。

二、解析东方航空个人信息保护合规体系

(一)领导层重视,顶层设计规划蓝图

东方航空集团党组深入贯彻习近平总书记关于网络安全和信息化工作重要讲话精神,高度重视旅客信息保护工作,将其作为法治东航建设重点任务持续推进。东方航空主要领导多次强调要高度重视信息风险,强化风险管控。

2018 年,东方航空正式任命总法律顾问为公司数据保护官,全面负责个人信息保护与合规运营工作,成为国内首家设立“数据保护官”的企业。在此基础上,东方航空积极打造“六个一”个人信息保护体系,着力为旅客提供安心、安宁的航空运输服务。在国际指数公司 MSCI(明晟)最新 ESG 评级报告中,东方航空被评为 A 级,关于隐私与数据安全在全球航空公司中拥有最佳实践。

(二)搭建“六个一”个人信息保护体系体现行业特色

1. 起草一项制度。发布《中国东方航空股份有限公司旅客信息保护管理办法》(以下简称《管理办法》),共 8 章 44 条,明确了旅客信息保护原则、旅客信息处理要求、旅客信息保护措施、响应旅客请求等内容,并对公司内部旅客信息保护相关机构、队伍及工作流程作出规定。

2. 成立一个机构。建立旅客信息保护委员会,主任由公司领导担任,涉及旅客个人信息相关部门副职以上领导为委员会成员。委员会主要负责如下内容:审批旅客信息保护相关工作计划、行动方案;决策和协调旅客信息保护工作中的重大事项;审批符合法律法规要求的长效旅客信息保护管理体系;建立定期会议制度,统筹领导谋划旅客信息保护工作。

3. 建立一支队伍。参考国际航空公司优秀经验,推动子公司任命数据保护官,分公司及相关部门设置数据保护专员,组建了一支总人数 32 人、覆盖分子公司及涉旅客信息重要部门的数据保护专业队伍,依据《管理办法》开展工作,切实加强旅客信息数据保护。

4. 制定一套流程。将旅客信息保护的要求嵌入日常经营,结合工作重点制定数据保护流程,涵盖数据存储限制、数据主体权利(删除权、限制处理权、反对权)、数据泄露报告、数据处理分包管理、数据保护影响评估、与监管机构的合作等六大方面,明确各业务部门职责分工,形成完整的管理闭环。

5. 拟定一份手册。全面梳理航线网络涉及的重点国家和地区对数据保护的有关要求,制定《中国东方航空股份有限公司个人信息保护手册》,指导下属企业根据当地国家和地区的法律法规,依法依规开展经营活动。手册内容包括“手册编制目的”“个人信息保护清单”“个人信息保护基本原则”“个人信息主体权利”“数据保护官制度”“个人信息保护影响评估”等十多个方面。

6. 举办一期培训班。2020 年 6 月举办第一期数据保护官培训,邀请网信办领导、知名院校教授、行业专家以及公司信息部和法律部负责人进行授课,东方航空主要领导出席结

业仪式并作讲话。培训内容涵盖监管执法动态、学术研究成果、国内外法律法规介绍、数据安全实践等多个方面,培训内容实用丰富,进一步提升了数据保护官的能力水平。(见图1)

图1 东方航空数据保护培训资料

资料来源:东方航空内部资料整理。

(三)个人信息保护体系建设中的工作进程与成长经历

东方航空早期个人信息保护工作较为分散,缺乏体系化和制度化,东方航空个人信息保护合规体系的建设是从欧盟《通用数据保护条例》合规建设工作开始的,东方航空以此为契机推动顶层设计、加强部门协同、完善体制机制,建立起了一套行之有效的个人信息保护合规体系。

1. 识别适用的法律法规

识别可能适用的法律法规是合规建设的起点,东方航空在欧盟境内设立了多个营业部,在日常经营中收集、处理欧盟居民个人信息,需要遵守欧盟《通用数据保护条例》的要求;此外,东方航空在北美、东南亚等地也拥有航点,同样需要遵守当地法律法规来处理个人信息。识别出适用的法律法规为后续确定合规差距提供了基础。

2. 成立专门机构推进合规建设

为加强组织领导和各部门协同,东方航空成立了推进欧盟《通用数据保护条例》合规建设领导小组和工作小组。领导小组由公司领导担任组长和副组长;工作小组由牵头部门正职领导担任组长。成立领导小组和工作小组搭建了跨部门协作的平台,通过自上而下的推动,有效地保证了合规建设工作的落地和开展。领导小组和工作小组也成为东方航空旅客信息保护委员会的前身。

3. 了解和分析东方航空个人信息管理现状

为有效开展合规整改，东方航空对内部涉及个人信息的流程进行了梳理，识别风险点。通过梳理法律法规的要求，从隐私战略、隐私政策、意识培训、风险管理、泄露管理等20个维度对自身个人信息保护工作的现状进行了快速评估，形成了一份东方航空个人信息保护工作成熟度模型。（见图2）

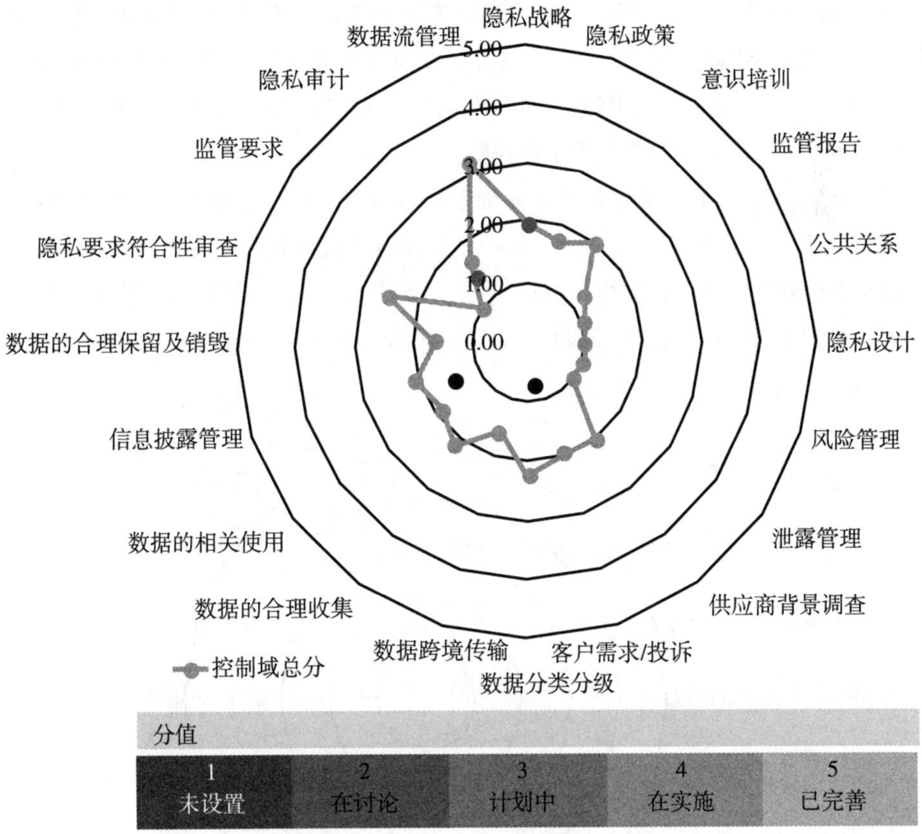

图2　东方航空个人信息保护工作成熟度模型

资料来源：东方航空内部资料。

在成熟度模型的基础上，东方航空完成了共计108人次与业务部门的面对面访谈，整理调研问卷66份，识别涉及旅客个人信息系统95个，分析业务流程23个，具体描绘了个人信息在东方航空内部流转的过程，明确了东方航空在日常经营中处理的个人敏感信息的种类。

4. 制定并落实东方航空个人信息保护合规整改计划表

结合成熟度模型和访谈结果，东方航空在内部总结出个人信息处理合法性、个人信息生命周期、个人信息主体的权利、个人信息安全、跨境信息传输、个人信息处理分包管理、个人信息保护影响评估、与监管机构的合作等八大类共44项待整改项，并进而形成了内部整改清单,清单中罗列了需整改事项、负责部门、负责人和预计整改完成时间并认真开展内部合规整改。

5. 制定和实施符合实际情况的隐私政策

东方航空制定并在官网、手机应用、M 站等渠道正式上线了隐私政策,在购票环节要求旅客主动勾选同意。隐私政策共有九大部分,分别告知旅客东方航空收集了哪些个人信息;收集个人信息的目的和依据;关于数码存根(Cookie)的使用;链接至第三方网站的情况;信息安全和存储情况;个人信息的披露和转移;营销类信息的推送;旅客的权利;旅客个人信息的收集者。通过隐私政策,向旅客全面告知了个人信息收集的情况,解释了收集个人信息的原因,向旅客公示了行使权利的渠道,并对东方航空处理旅客个人信息做出了承诺。

6. 开展个人信息保护合规建设工作评估

及时开展全面的自评,能够帮助企业确定通过合规整改工作在多大程度上解决了与法律法规要求的差距,梳理在个人信息保护设计和执行层面是否还存在遗漏项(见图 3)。东方航空在合规整改工作进行中,进行了一次中期自评,通过与初期成熟度的对比,可以看到通过整改工作的推进,已经取得了较为显著的进步,同时也查找出了合规工作的不足,为后续整改工作提供了具体指引。

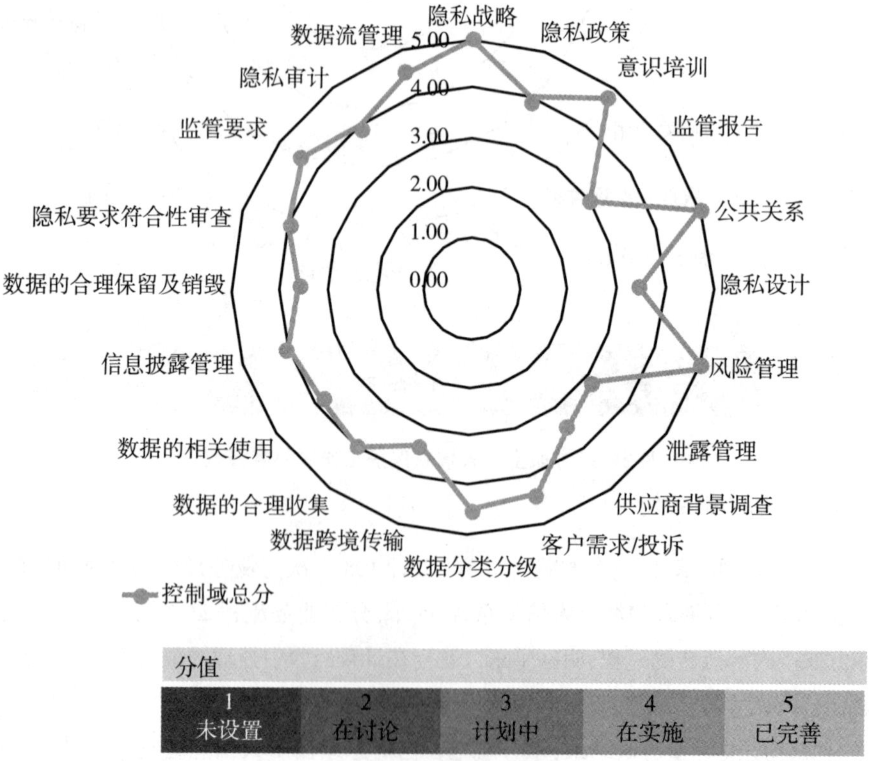

图 3　东方航空个人信息保护合规建设评估模型

资料来源:东方航空内部资料。

7. 搭建个人信息保护制度框架

为了固化个人信息保护合规建设工作的成果，启动了内部制度框架的搭建，除作为公司层面制度的《管理办法》和《中国东方航空股份有限公司个人信息保护手册》，还有旨在完善个人信息分级、加强信息系统安全的若干部门级规则，包括《东航信息系统个人信息保护管理要求（试行）》《东航信息系统个人信息保护细则（试行）》《东航信息系统个人信息保护技术指南（试行）》《东航信息系统个人信息保护技术验证手册（试行）》等文件。

此外，东方航空还制定了《中国东方航空股份有限公司数据管理办法》，规范公司整体数据管理流程、组织、角色和职责，全生命周期管理使用数据。《中国东方航空股份有限公司数据管理办法》与《管理办法》协调配合，形成了一般管理规定和特别规定的有效衔接。

8. 推进个人信息安全管理制度升级

在《管理办法》和《中国东方航空股份有限公司个人信息保护手册》的基础上，东方航空持续完善配套制度，建立个人信息保护制度体系。东方航空计划出台了《中国东方航空股份有限公司旅客信息安全事件处置实施细则》，确定旅客信息安全事件的上报流程、事件分级标准、事件处置和事件调查等具体要求。

9. 持续加强员工保护个人信息的意识

东方航空在第一期数据保护官培训之外，持续开展线上、线下多种形式的个人信息保护合规意识培训。一方面，邀请外部专家为公司相关部门、中高管人员进行现场授课，提升员工整体个人信息保护意识；另一方面，利用公司内部办公系统下发学习材料，要求各部门反馈学习情况，通过线上学习平台开展《网络安全法》培训和信息安全意识培训，实现了培训全员覆盖（见图 4）。

10. 有效管控与外部单位个人信息交互

随着数据要素市场的发展，数据资本化交易逐渐成为公司经营的一部分，诸如为构筑航空业务生态圈，与多家政企开展数据共享和数据开放合作，这其中不可避免涉及个人信息的交互。为肃清历史问题，规范外部数据交互，有效管控数据生命周期中的合规性和价值，东方航空积极开展外部数据合规性与价值评估活动，就此成立领导小组，负责数据开放的相关工作。针对个人信息交互，重点审核相对方信息安全管理的资质和水平，与交易相对方就个人信息流动事宜订立协议，针对个人信息交互清单，识别风险点并进行整改，使个人信息交互合规运作。

11. 建立健全个人信息保护风险评估机制

东方航空要求旅客信息处理的信息系统立项前或者对已有信息系统进行重大变更前，必须首先完成个人信息保护影响评估。该评估由信息部门牵头，业务部门、法律部门参与，各部门从不同维度对项目所涉个人信息处理操作进行合规性评估，完成个人信息保护影响评估。对于评估未通过的项目暂缓进行立项，需要首先开展整改或者对项目方案进行完善。通过评估后，才能进行项目立项。

图4 东方航空个人信息保护合规意识培训

资料来源：东方航空内部资料。

12. 采用“统一采集、汇聚整合、共享开放”原则管理个人信息

公司各部门应当按照一数一源、一源多用的原则，实现个人信息的一次采集、合规使用，不得通过其他方式重复采集。对于汇入公司的外部个人信息，公司各部门需向信息部数据管理中心汇报登记，信息部数据管理中心盘点从外部单位获取的个人信息，开展个人信息登记管理工作。

个人信息使用单位可根据业务场景向数据管理工作小组提出需求。使用单位需明确个人信息的使用场景和处理逻辑，保障个人信息在使用过程中的安全。严格依照公司内部管理规定开展个人信息在公司内部的使用。未经个人信息主体同意及公司内部批准，不得开放个人信息。涉及旅客个人信息数据的，应事先征得旅客同意。

13. 持续跟踪国内外个人信息保护相关动态

个人信息保护正成为国内外立法和执法的热点，东方航空建立了定期跟踪国内外相关动态的制度，每周收集、汇总国内外立法和执法动态，将信息提供给东方航空各数据保护官、数据保护专员。东方航空密切关注行业内个人信息安全事件的发生情况，对国泰航空、英国航空个人信息安全事件持续进行跟踪，形成具体事件报告，吸取相关经验教训，推动内部信息安全能力提升。

三、展望民航业个人信息保护合规工作的规划

(一)航空公司个人信息保护工作需要协调不同法域保护标准的差异

不同国家都试图在个人信息保护与数字经济发展之间取得良性平衡,但是由于数字经济发展的程度不同,这种平衡也存在一定的侧重。欧盟实施了迄今最严格的个人信息保护法规,但是美国至今尚未在联邦层面制定统一的个人信息保护法律。对于国际化运营的航空公司而言,处理来往于世界各地旅客的个人信息面临不同保护标准之间的差异。

实践中企业的应对方式有两种:一种是在整个企业内部执行可能适用的最高个人信息保护标准,这样做的好处在于公司内部标准统一,便于管理,公司无须担心某个地区的个人信息处理方式是否能够满足另一地区的监管要求,但缺点也比较明显,即合规的成本较高,有可能影响在特定地区的业务开展。另一种是针对不同国家或地区,制定针对性的个人信息策略,这样做可以更好地满足当地法律法规的要求,同时不会对当地业务的开展造成潜在的影响,但该方案的执行难度较高,企业内部需要组建针对不同地区的合规团队,这将增加企业的合规成本,同时在全球化的今天如何正确地确定某位用户的归属地也十分困难。

(二)航空公司个人信息保护合规工作面临法律冲突的挑战

民航业天然具有国际属性,国际航空旅客运输中不可避免地会发生个人信息跨境传输,伴随着旅客权利意识的觉醒和各国对于数据主权的日益重视,关于个人信息保护的国内立法层出不穷,但在国际层面又缺乏足够的统筹和协调,各国法律的不一致使航空公司在开展日常业务中面临较为突出的法律冲突问题,如对个人信息本地化存储、跨境传输等方面的要求。针对个人信息有序流动,建立起一套国际监管框架,不仅是开展跨国业务的需求,也是刺激全球数字经济发展的需要。同时,对个人信息的监管需要考虑民航业的特殊性,制定有针对性的全球规则。建议在国际民航组织和国际航空运输协会层面,推动各国就民航领域个人信息监管制定统一规则,减少对正常业务开展所必需的个人信息处理活动的限制。

在全球民航业就个人信息保护形成统一规则之前,航空企业需要解决当前法律冲突带来的难题,可考虑通过向监管机构申请法律冲突豁免的方式来解决经营困境。

(三)航空公司内部合规体系落地需要建立跨部门协作机制

个人信息会在航空企业多个业务场景中进行流转,要实现个人信息保护合规体系落地,需要整个公司内部的协同。跨部门协作机制的建立和良好运行,首先要有管理层尤其是领导层的推动与合规承诺;其次需要公司内部流程的优化,通过将合规评估纳入业务流程,才能实现合规的全流程管控;最后需要员工的合规意识。

面对一个新的业务模式,在初始阶段就将“合规”纳入考量范畴,可以避免浪费前期投入资源,同时确保合规要素嵌入流程中而不是浮在业务流程之上。

（四）航空公司个人信息保护合规工作需要以良好的数据治理为基础

航空企业收集、存储了海量的旅客个人信息，加强对这些个人信息的保护，需要以数据治理作为支撑。以国泰航空旅客个人信息泄露事件为例，其违规行为包括未对所有旅客个人信息进行集中化存储、个人信息存储时间过长等。航空公司存储的旅客个人信息来源渠道多、标准不唯一、信息质量参差不齐，这就使对个人信息统一管控非常困难，这不仅导致旅客个人信息管理混乱，更使旅客删除权、知情权等权利无法得到保障。

规范个人信息采集、适用统一的个人信息管理标准、对个人信息进行集中化存储、加强个人信息管理、明确个人信息生命周期等数据治理工作，应是航空公司做好旅客个人信息保护工作的重要保障。

（五）航空公司个人信息保护工作应将个人信息安全作为基石

个人信息保护合规工作包含了非常多的方面，但个人信息安全应当是合规工作的前提和基石，对于存储海量个人信息的企业而言更是如此。信息量越多，确保信息安全的压力越大，国泰航空、英国航空、万豪集团等企业均是由于发生了个人信息泄露事件而受到处罚。导致个人信息泄露的原因很多，包括黑客攻击、内部人员违规操作、个人随意提供自身信息、企业保护措施不足导致意外泄露等。对于企业来说，应当建立健全网络安全防护体系，优化个人信息安全策略，定期开展有效的漏洞扫描，严格管理信息系统访问权限，对于个人敏感信息采取集中化、存储端加密、显示端遮掩等策略。同时，企业应当加强对行业内个人信息安全事件的跟踪和了解，吸取同行的经验、教训，及时调整内部安全保障措施。

（六）航空公司个人信息保护合规工作需要加强与第三方合作伙伴的协作

第三方合作伙伴是航空旅客运输服务的重要参与者，包括销售代理人、中航信、海外分销系统、机场等，第三方合作伙伴为了完成诸如客票销售、安检等环节，不可避免需要使用旅客个人信息，任何一个环节失守都会造成旅客个人信息泄露，由于航空旅客运输服务参与方较多，往往很难追溯个人信息泄露发生在具体哪个环节，因此要保护好旅客个人信息需要整个行业的共同参与。一方面，需要航空公司与合作伙伴完善信息系统功能，利用技术手段对旅客个人信息流动进行全流程监控，实现对泄露环节的精准识别；另一方面，需要在合作中厘清责任，航空公司开展国际业务直面各国监管机构，如果由于供应商原因导致航空公司受损，需要有足够的法律手段对供应商进行追责。

（七）航空公司应推动建立完善行业个人信息保护最佳实践

当今世界信息技术日新月异，新技术层出不穷，给企业合规工作带来了新的挑战，如区块链技术的发展使得个人信息分布式存储成为可能，这对用户行使个人信息相关权利和个人信息出境管控带来了新的难题。法律由于其自身滞后性，无法对新技术发展带来的新课题给出答案，同时法律的制定也无法完全顾及每个行业的特点。因此，在行业中建立完善个人信息保护最佳实践显得很有必要。建议航空公司推动行业内相关方共同建立完善个人信息保护最佳实践标准:一方面可以提升旅客对民航企业个人信息保护的信心;另一方面可以带动全球民航业提升个人信息保护水平,为民航业个人信息保护工作树立可供参考的标杆。

结　语

保护个人信息安全已经成为互联网服务行业行稳致远的关键因素,对于航空企业而言更是如此,可以预见未来旅客选择航空运输服务时,个人信息保护的水平将成为一个重要的考量因素,为旅客提供安心、安宁的航空运输服务将成为航空公司的一个重要竞争优势。

合规篇

构建"1+2+3+4+N"央企大合规智慧管理体系

李 辉 卢 箫 曾令国

作者简介

李 辉 中国联通集团企业发展部/法律部法律管理处经理

卢 箫 曾令国 企业发展部/法律部法律管理处

企业简介

中国联合网络通信集团有限公司(以下简称中国联通)于2009年1月6日在原中国网通和原中国联通的基础上合并组建而成,是中国唯一一家在纽约、香港、上海三地同时上市的电信运营企业,连续多年入选"世界500强企业"。合规守法经营是维护企业持续良性发展的不可或缺的因素,中国联通始终以合规管理作为发展基石,提升企业合规管理水平,强化合规经营责任,健全合规管理体系,形成企业全员参与、职责清晰的合规管理格局和重视合规经营的企业氛围。

内容摘要

党的十九届四中全会要求坚持全面依法治国的背景下,中央企业必须强调依法治企,要贯彻以人民为中心的思想,公司各项规章制度和经营行为要依法合规、公平正义。在此背景下,本文从央企视角出发,以顶层制度体系设计出发,提出建立"1 +2 +3 +4 + N"的大合规智慧管理体系,包括一个中心,两个融合,三个协同,四个基座以及九个管理手段。一个中心指建立一个大合规管理体系;两个融合指将企业和员工组成合规管理的两个维度;三个协同是指各业务部门(专业部门)、合规管理牵头部门、合规管理监督部门(如审计部门、纪检监察部门)共同发力;四个基座指坚持党建统领、设置合规机构、建立合规制度、培育合规文化,夯实基础,支撑大合规管理体系行稳致远,同时配合九项合规专业管理手段实现全面合规管理,在企业合规管理方面提出了完整的规划和有益的探索。

关键词

中央企业　大合规格局　智慧管理　本土化特色　实操举措

一、开展合规工作是时代主旋律的要求

(一)国内监管环境变化催生央企合规管理

随着政府职能转变加快推进,央企必须加速调整适应政府监管。党的十八大以来,党中央、国务院把转变政府职能作为深化经济体制改革和行政体制改革的关键,政府更加注重营造公平透明的市场环境,注重监督各类法律政策落地执行,打击市场主体违反法律法规、监管规定、商业惯例、行业准则等不合规行为。政府简政放权,逐步向整治市场环境、监管市场运营的角色转变,合规监管成为政府监管的重要内容,合规处罚也成为政府加强监管的重要手段,各市场主体必须在法规及监管政策范围内开展经营、参与竞争,对于违反法律规定和监管政策的行为,监管部门将加大处罚力度。

在此背景下,央企与其他市场主体一样,都需要接受政府的严格监管,遵守各类监管要求。央企参与市场竞争,要逐步适应格局变化、遵守市场规则、承担社会责任,加强依法合规经营、追求合规价值,尽快适应经济新常态。结合我国推进合规进程的实际,适应政府监管,是央企当前合规管理最迫切的需要。

(二)合规管理的内核

1. 合规管理的核心和价值

第一,诚信是合规的核心,底线是合规的基石。企业经营要诚实信用,信守承诺,不踩线、不越界,守牢底线。合规应融入企业的管理体系、业务体系,保障改革创新发展。员工在工作中要时刻绷紧"底线思维"这根弦,筑就诚信正直的个人品行以及良好的职业操守和行为规范,勤勉敬业。

第二,合规创造价值,合规守护价值。合规管理有助于企业形成一整套具有较强执行力、程序化的管控制度和流程,降低企业运营成本;能够帮助企业化解合规风险,避免因法

律制裁或监管处罚带来的声誉及财务损失,在服务客户的同时更好地保护企业自身利益。企业的发展战略和生产经营都要依靠合规管理提供稳定、安全、有效的内部生态。

2. 合规管理的内涵逐渐发展和丰富

合规管理源于企业的自律精神,是企业价值观的体现。合规强调遵守"外法内规"、遵守商业规则和道德伦理。"外法"包含但不限于国际、国内的法律、法规,行政规章,还包括行业规范、商业规则;"内规"是指公司内部章程、规章制度、自愿性承诺、员工道德规范、员工行为准则等。

在合规体系的建设过程中,企业往往注重遵守外规而忽视了内部规章制度、商业伦理的作用。合规管理的本质是企业对自身行为的管理,尤其是企业本身的对外承诺,如诚实信用、社会责任等。国务院国资委、发改委在"合规指引"中指出,合规管理由组织、运行、保障三大子体系组成,企业的价值观及其指导下形成的商业伦理和企业文化应该成为整个体系的统领,这就为合规管理注入灵魂,成为合规管理体系的思想内核。合规管理已经从非正式、被动反应式向正式、积极踊跃式演化,从最初问题导向型发展为规范建设型。

(三)本土化合规特色

1. 大合规管理,落实全面性原则

全面性原则体现在管理要求的全面延展,管理环节的全面贯彻,管理范围的全面覆盖,以及管理模式的全面创新。

全面延展要求企业和员工行为要遵从外部的法律法规和商业惯例、内部的规章制度和内心的道德规范;全面贯彻要求合规贯穿企业决策、运营、监督等生产经营管理的各个环节;全面覆盖要求合规覆盖各业务领域、各部门、各级分支机构、各级子企业和全体员工。在推进合规管理工作与企业经营管理工作紧密融合过程中,发挥合规管理主动权优势,服务大局,牵头业务、管理、监督多维度开展工作。通过变革和提升企业治理体系和治理能力,争当行业变革的参与者、推动者、实践者和主导者。

建立央企本土化大合规管理新模式,要从企业的经营实际和管理特点出发,将合规理论与工作实践结合,提高合规工作的科学性。顺应营商环境的变化,制度体系的搭建,采用业务流程重构和规章制度立改废双轮驱动,加强合规管控,抓住业务关键点,固化执行动作,提高工作规范性。采用信息化手段进行数字化管理转型,利用 IT 系统做合规,保障合规管理自身的标准化及公开透明化。以授权为抓手,保障简政放权合规性。

2. 通过规章制度将外法内化,固化改革成果

党的十九届四中全会明确提出要树立制度意识、维护制度权威、提高制度质量、强化制度执行。企业的规章制度是企业管理的重要抓手,是外部法治监管要求和商业习惯在企业内部的延伸和具体化。企业合规本土化的关键就是建立内部清晰完善的规章制度体系,发挥制度指引方向、规范行为、提高效率、维护稳定、防范化解风险的重要作用。规章制度不仅是员工的行为规范,也是企业经营活动的体制保障。企业必须建立和营造出有

利于合规理念和价值观形成的制度和文化环境,发挥制度的合规效能,约束、规范员工行为,树立公司良好形象。在改革创新中,及时总结、提炼成功实践,创造出行之有效的理念、方式、手段,并将成熟的经验和做法推动上升为制度,在有规可依的基础上推动依规治企。

3. 流程重构与制度迭代循环,合规管理嵌入经营活动

企业各项业务发展要满足客户需求、提升客户感知;流程要符合业务实际,促进业务发展;规章制度应及时跟进业务和流程的更新变化,与业务和流程保持一致,进行管理固化,保障业务发展可持续。将企业经营建立在业务合规、流程合规、制度合规的基础上。建立差异化、专业化的业务流程体系,保证重点业务和产品都有相应流程,做到“重点业务、一套制度、一个流程”。制度与流程在企业生产经营中各有侧重又相互关联。通过梳理优化业务流程,进行现行制度的迭代更新,可以增加制度的真实性和有效性;根据更新后的制度去规范后续流程的执行,可以有效避免流程漏洞。流程和制度的匹配推进,可避免制度和流程“两张皮”。

4. 法治央企,合规护航

依法治企是治企之道、强企之基。全面提升依法治企能力,加强合规管理,要求企业内部具有清晰的合规理念、完备的规章制度、贯通的业务流程,以及深厚的合规文化。建立中国特色的央企大合规管理体系,要深入推进合规管理与企业经营管理紧密融合,进行合规体系、合规能力、合规文化一体化建设,围绕中心、服务大局。切实增强合规管理的前瞻性、针对性、协同性,是新形势下央企实现稳健发展的保障。央企要致力于开拓新时代合规体系的宏阔格局,开创合规新常态、新局面,将合规管理真正变为企业的内生性需求。

二、大合规体系整体布局

(一)做好顶层设计,打造“1 +2 +3 +4 + N”的大合规管理体系

1. 建立“1 +2 +3 +4”的管理智库

“1 +2 +3 +4”指大合规管理体系的管理思想核心,即一个中心、两个融合、三个协同、四个基座。一个中心指建立一个大合规管理体系;两个融合指将企业和员工组成合规管理的两个维度;三个协同是指各业务部门(专业部门)、合规管理牵头部门、合规管理监督部门(如审计部门、纪检监察部门)共同发力,从自身职责出发,明确合规责任,形成多层次、全方位的合规管控网;四个基座指坚持党建统领、设置合规机构、建立合规制度、培育合规文化,夯实基础,支撑大合规管理体系行稳致远。

2. 采取 N 个举措实施合规智慧管理要求

一是做好合规规划,保障一张蓝图干到底;二是加强合规理念培养,培育有激情的合规文化;三是采取矩阵式工作方式,搭建立体架构的合规管理模式;四是建立合规监督评价机制,全方位提升合规管理质量;五是以规章制度管理为抓手,合规管理服务改革创新;六是以

流程管理为抓手,合规管理融入业务发展;七是设立行政处罚风险库,实现风险防范联动机制;八是建立合规审核机制,促进合规审核规范化;九是采用信息化手段,提高合规管理效能。

(二)一个大合规体系

发挥合规管理拥有主动权的优势,牵头并组织业务、职能、监督多部门开展工作,扭转法务工作主要由法律人员承担的被动态势,将合规注入法治建设的整体布局。在依法治国、依法治企的时代背景下,将治理层面的法治央企建设落实到管理层面,将合规管理与法律管理作为法治央企建设的“双翼”,统领合规工作实务与法律工作实务,建立完整的法治建设工作机制,提升法治建设活力。

将合规管理全面性原则一贯到底,形成“一站式”管理架构。从组织设置上,建立企业合规管理委员会领导下的一体化合规管理组织,各司其职,协调配合,有效参与,形成合规管理的合力;从工作机制上,建立由法律、纪检监察、审计、风险管理、考核等内部监督体系工作负责人组成的合规监督管理机制;从工作推进层面,业务部门对其分管职责范围内的合规管理负有直接和第一责任,应当主动进行日常的合规管控,定期进行合规自查,及时发现并上报合规风险点。法律部门作为合规牵头管理部门,在总法律顾问的领导下,负责以下工作:组织建立企业合规管理体系,组织制定合规管理基本制度;审批各单位的合规管理实施方案;组织合规管理检查、开展合规评价工作;组织完成年度合规管理报告并提交董事会下设专门委员会;与监管机构进行联系沟通。

(三)两个融合

大合规管理需要企业和员工两方面同步推动,缺一不可。

1. 企业守责任,诚信合规经营

第一,提高政治站位,强化政治担当。企业全体干部员工必须增强政治意识,提高政治站位。必须从讲政治的高度,贯彻落实党中央决策部署,承担央企社会责任。抓住当今世界面临“百年未有之大变局”的历史契机,将合规理念植入企业的价值观,防范并化解根本性、系统性风险,打造具有全球竞争力的世界一流企业。央企作为国家队、大国重器,必须在法治的框架内,在合规管理上持续发力,以更强的政治担当、更高的工作标准、更实的工作举措,推进改革向深处走、向实处走。

第二,企业合规,结合业务做合规。坚持合规化运营,要结合国务院国资委的各项管理要求,抓住核心业务,梳理优化业务流程和管理流程,通过线上线下一体化协同,利用互联网技术(以下简称 IT)系统实现数字化、自动化和智能化流转。对部分审批权限进行破、改、立,以满足业务发展需要,持续推进简政放权,科学、系统、全面构建以客户为中心、以业务发展为目标的互联网化运营体系,配套优化相关流程、制度和管理机制。

第三,主动合规,为企业高质量发展把方向。因时势而勃发的合规管理,已经从非正式、被动反应式向正式、积极踊跃式演化。主动的合规管理可有效提升企业治理的适应力、掌控力、驾驭力,以“智治”促“善治”,助力企业形成稳中求进、进中向好的良好态势。

在新冠肺炎后疫情阶段,国家和地方政府出台了大量的援企惠企政策,应用好这些政策新规,帮助企业节约成本,争取新发展空间,从而变危为机推动公司合规运营,实现价值创造。

2. 员工守规范,行动践行合规

第一,员工合规,结合行为做合规。为员工正向行为画像,提供员工具体行为标准,方便员工身体力行。打破惯性思维,促进全体员工认真执行公司的各项规章制度和生产经营工作要求,将合规工作落实到岗位职责和具体行动中,提升个人合规能力。

第二,领导带头,发挥关键少数作用。习近平总书记强调,全面依法治国,必须抓住领导干部这个“关键少数”。领导干部要强化责任意识和担当精神,“决策先问法、违规不决策”,牢固树立合规意识,坚持以身作则、以上率下,真正成为合规的引领者和示范者,带动全体员工依法合规履职。

第三,员工认同,变被动为主动。员工是合规实践中最重要、最广泛的能动性因素,要树立起依规做事的观念,“心存合规,守土有责”,从“要我合规”转变为“我要合规”,合规风险防范从我做起,从小事做起。

第四,强化职业精神,合规内化为行动自觉。行动自觉是将企业的合规要求与自身的职业道德和行为操守合为一体,依赖内心的职业精神、诚信正直的个人品质和敏锐的风险意识,养成合规行为习惯,在没有规章制度约束的情况下也能自觉做出合规判断和行为,凭借良好的职业操守和道德规范做出正确选择,让合规成为本能。

(四)三个协同

1. 第一协同组:业务部门(专业部门)

按照“业务谁主管,合规谁负责”的原则,业务部门(专业部门)作为合规管理的第一道防线,负责本部门本专业的日常合规管理工作,将合规要求落实到具体业务、关键环节和具体岗位。根据业务发生的实际情况和合规要求,梳理完善业务流程、及时推进相关规章制度的立改废,提高合规管理质量,实现合规管理的价值创造。

2. 第二协同组:合规牵头管理部门

合规牵头管理部门主要负责合规管理工作的统筹组织、协调与规划,为专业部门提供合规支持。新冠肺炎疫情期间,各大央企的合规牵头管理部门,推出多项合规管理举措,举办声势浩大的合规宣传活动,切实提供合规支持,传递正向合规力量,变危为机推进公司合规运营,通过抓合规来蓄势提能,促进“两手抓、两战赢”早日实现胜利。

3. 第三协同组:合规管理监督部门

合规管理监督部门(审计部门、纪检监察部门)应发挥审计与纪检部门工作优势,进行独立审计,做好违规监督、惩戒和处罚工作。

(五)四个基座

1. 党建统领

第一,坚持党建统领。提高政治站位,强化红色领航,将合规管理纳入党建工作的整体规划中,围绕党的中心工作开展合规管理。合规管理紧跟“党建新阵地”,用基层合规工作成果丰富支部学习内容,促进合规管理与党建工作同频共振。

第二,将合规纳入企业文化。企业文化是企业现代化治理的精神所在,合规强调诚信经营的理念,正是现代化企业追求的价值观,因此,提升企业现代化、法治化管理水平,应将合规融入企业文化,让合规成为企业文化的重要组成部分。通过建立大合规管理智慧运营新生态,提升合规文化“软实力”。

2. 组织机构设置

第一,设立完备的合规组织体系。尝试设立首席合规官,明确职责,牵头大合规管理体系的顶层设计和体制机制建设。央企要勇于改革创新合规管理机制,将首席合规官与总法律顾问职责进行区隔,将合规管理与法务工作进行区分。设立合规委员会,提高合规管理在企业组织机构中的重要性,让合规管理工作显性化。

第二,厘清职责分工。法律部门为合规管理牵头部门,统筹组织、协同合规管理工作;业务部门为本业务领域合规管理专业部门,负责本业务领域的合规管理工作;绩效考核管理、人力资源管理以及企业文化建设牵头部门为合规管理专项部门,负责本领域合规管理工作;审计部门、纪检监察部门为合规管理监督部门,负责职权范围内的合规管理职责。

3. 制度建设保障

建立“1+N+N”制度体系,推进阶梯状系统型制度建设。

“1”制定《合规管理办法》,作为合规管理的基石。建立行之有效的制度是合规管理的有效手段,它可以规范员工的行为、保证良好的秩序、使企业的经营有序进行。利用《合规管理办法》来明确合规管理的概念、原则、工作范畴、职责划分,同时规范合规正向管理和合规风险反向控制,勾勒出企业的合规管理框架和管控重点,明确重要的管控举措。

第一个“N”,制定合规管理专业配套制度。利用合规专业管理手段,形成全面覆盖的合规专业管理体系。一是发表“合规倡议书”。“合规倡议书”内容明确简洁,直观地体现企业特点和文化特色,是营造企业合规文化氛围的良好手段,有利于推动企业树立正确的合规价值观,提升企业员工合规意识,增强合规工作的影响力。二是发布“合规诚信手册”。将“合规诚信手册”定位于展示企业合规形象的载体,既是企业的内部文件,也是对外宣传的工具,结合企业文化的特点和核心价值观,解读企业独有的合规理念,宣传突出企业特色的合规文化,全面展示企业合规管理工作的风貌。三是编写“合规指南”。“合规指南”定位于企业内部管理规范,旨在揭示企业重点领域的违规风险,规范细化合规做法。要结合企业的行业特点、经营特点、发展阶段,对企业经营的重点领域、关键流程进行详细的合规指导,通过合规分析并确定行为准则,将合规管理落实到企业生产经营的各方面,保障企业真正做到合规运营。四是制定合规专业管理规范。在合规审核、合规风险筛查和评估、合规管理质量评价、合规工作流程的闭环控制等多个方面,开展多维度的合规管理专业管控,搭建管理网格,让合规管理的实际举措真正嵌入企业生产经营中。对应的工作举措形成合规专业规范，保障合规管理体系的严紧细实。

第二个“N”，以合规为管理枢纽，搭建一站式的合规管理模型。企业生产经营中涉及合规管理的工作巨大庞杂。在公平交易方面，可根据自身情况制定《反商业贿赂合规指引》《反垄断合规管理指引》《公平竞争合规指引》等；在产品、安全、劳动等方面，可制定《产品质量合规管理办法》《安全生产合规指南》《劳动用工合规管理办法》等；在数据与隐私保护、环境保护、知识保护等方面，可制定《互联网数据合规管理指引》《用户数据使用合规指南》《企业知识产权合规管理办法》等；在商业合作伙伴方面，可制定《商业伙伴合规管理办法》《商业伙伴合规手册》，或作为合同的附件制定《商业伙伴廉洁合作协议》。这些不同领域的管理要求都可以合规为主线进行汇集，抓住一点牵引全局，提高合规管理效能。

4. 合规文化培育

企业在建设完善合规体制机制硬实力的同时，还要积极培育合规文化，提高合规软实力。合规文化培育是一个系统性工程，需要循序渐进、驰而不息。合规价值观是合规文化的核心，要体现时代精神，践行企业战略。在企业内部营造“人人合规”的良好氛围，使全体干部员工成为合规管理的忠实崇尚者、自觉践行者、坚定捍卫者，这在企业合规文化的培育过程中十分必要。

在合规文化的培育中，有三大要素需要重点关注。要素一是抓住关键少数，管理层率先垂范，带头倡导合规理念、遵守合规制度、重视合规文化建设，主动惩戒违规行为。要素二是抓住基本面，即员工认同，主动参与。要使员工理解和接受企业的合规价值观，从根本上提升企业员工的合规素养。通过举办主题活动、开展合规学习培训、进行合规知识竞赛等多种手段加强宣贯，用身边人身边事进行正向引导和反向警示，促进员工对企业合规文化的理解、认同。要素三是描绘愿景：让合规成为全体干部员工心中的美好，外化为自觉的行动。合规行为由被动变主动，让合规成为干部员工本能，最后达到内化于心外化于行的理想状态。

三、N 个合规专业管理手段

(一) 做好规划，保障一张蓝图干到底

1. 开局破冰

全面启动合规管理体系建设工作，搭建合规管理工作框架，做好合规管理体系的顶层设计。以“合规护航法治央企”为主旨，推广普及合规知识，树立合规理念，培育合规文化，宣贯解读大合规智慧管理体系。

2. 全面发展

着手建设完整的合规智慧管理体系，推动合规管理工作实现规范化、标准化、系统化。聚焦先进单位和重点领域提炼适合企业特点的典型经验，开展合规工作经验成果转换，以点带面，全面铺开合规工作，夯实与丰富大合规智慧管理体系。

3. 精细化管理

建立完备的中国特色的本土化的大合规智慧管理体系,力求实现合规管理与企业经营管理的深度融合,切实做到合规管理有计划、有制度、有载体、有活动、出实效,真正发挥合规管理“免疫系统”和“自愈体系”作用,持续提升央企法治能力。

(二)培育有激情的合规文化

1. 突出红色引擎能动性

与党群、工会多部门携手,让合规文化扎根基层、彰显生机。利用多种手段进行合规知识培训,组织合规文化宣贯主题活动,采用生动活泼的形式弘扬合规文化。

2. 利用新媒体打造指尖上的合规文化窗口

探索开展“微”合规管理新模式,强化互联网思维,不断开发合规管理新阵地。打通合规工作的“毛线血管”,让合规工作“活”起来、“新”起来。例如,中国联通积极探索适合自身新媒体宣传形式,打造掌上文化宣传新阵地。

一是开启知识微学堂,实现合规教育“全”覆盖。

二是展播微视频,推出活色生鲜的文化产品。

三是创建资讯微广播,实现合规活动快传递。

四是丰富“微”信息,实现宣传内容新颖吸睛。

五是举办“合规讲堂”,发挥网课优势以学代训。

通过对指尖上的“微合规”进行探索与实践,有效促进了合规工作全覆盖、强基础、增活力。指尖上的“微合规”在中国联通合规工作中已无“微”不至并得以见“微”显著。

3. 尊重基层单位首创精神、扎根中国土壤

立足于挖掘基层单位先进典型,以推动合规管理顶层设计和基层探索良性互动。鼓励改革创新,最大限度激发基层单位蕴藏的改革动力和治理智慧,积极引导基层单位强化自身“造血”功能,紧密结合自身生产工作实际,探索创新适合企业自身特点的合规管理做法,凝聚有内容、接地气的合规文化,增强合规文化的厚重感。

(三)采取矩阵式工作方式,合规管理多维化

建立横向到边、纵向到底的双链条矩阵工作结构,合规管理重点和环节各有侧重。横向到边指以业务发展为导向,业务部门为牵头管理者,工作开展以业务流程再造,制度规范固化流程为重点,提高业务合规发展能力。纵向到底是指以发挥管理效能为导向,职能管理和专业管理为牵头管理者,立足于打破部门墙,提高工作协同性,促进业务流程“端到端”的全流程合规。矩阵结构汇聚多部门参与,发挥不同工作阶段、不同工作性质的不同优势,形成管理合力,防范合规风险。

(四)建立合规监督评价机制,全方位提升合规管理质量

对合规管理工作进行监督评价,可保障合规管理工作质量。监督评价工作可采用常态化监督与专项监督相结合的方式。常规工作侧重采用常态化监督方式,法律、审计和纪

检部门发现违规事项都可依据职责进行检查、问责，形成工作联动，协同惩戒违规行为。重点业务领域和关键业务环节的工作侧重采用专项监督方式，建立项目组统一监督工作。建立年度重点合规事项监督检查清单，做好阶段性评价工作，做到“监督有方向，检查有反馈”。

(五)以规章制度管理为抓手，合规管理服务改革创新

企业内部规章制度是外部法治监管要求和商业习惯在企业内部的延伸和具体化。规章制度作为公司的内部文件，能够落实公司管理要求、规范管理流程，具有持续性、长期性和普遍约束力，是全体干部员工共同遵守的行为准则。完善规章制度有利于规范企业经营管理，保障企业运作有序化、规范化；有利于降低企业经营风险和管理成本，增强核心竞争力和“软实力”；有利于企业的正确决策，促进和保障企业的改革和发展；有利于保护职工的合法权益，防止管理任意性。

改革创新已成为企业发展的常态化要求，企业管理处于不断动态升级中。聚焦规章制度的废改立，建立规章制度的动态管理机制是重要的合规管控手段。加强规章制度的体系搭建，保持上下位制度统一顺承。重点抓好规章制度的合规审核工作，通过合规审核解决不同部门发布的规章制度之间可能存在的“打架”“盲区”问题。采用数字化方式对规章制度进行全景化展示，动态展示规章制度废改立的更新状态，保障能够看到制度、学习制度、落实制度。定期开展规章制度的专项清理工作，从不同维度核查规章制度的合规性。

(六)以流程管理为抓手，合规管理融入业务发展

业务发展满足客户需求、提升客户感知；流程要符合业务实际，促进业务发展；规章制度应及时跟进业务和流程的更新变化，与业务和流程保持一致，进行管理固化，保障业务发展可持续。以业务推进为利刃打破部门墙，贯通业务流程、清除烦琐环节、疏通流程堵点，提炼出符合业务实际的新流程，强化合规过程控制。及时进行规章制度的立改废，固化新业务流程，保障新流程从业务合规到管理合规。在业务合规管理中要注意采用标准化、信息化方式推进。业务流程制定标准化规程，步骤清晰连贯可操作；业务流程全面IT化，在线进行节点和环节控制，业务推进无断点；利用中台盘活公司内部系统的支撑能力，通过系统互通保障业务流程贯通，保障线上线下一体化运营。

(七)设立行政处罚风险库，实现合规风险控制关口前移

行政处罚是企业经营中最显性化的违规风险，明确且可量化。通过收集企业行政处罚事项，进行历史数据稽核和风险分析，建立行政处罚风险清单，同步建立行政处罚风险数据库。通过行政处罚风险数据库在企业内部开放共享，将行政处罚风险事前防范工作关口前移，全面提高企业行政处罚风险防控能力。

(八)建立合规审核机制，促进合规审核规范化

建立健全合规审查机制，将合规审查作为规章制度制定、重大事项决策、重大项目运

营、合同签订等经营管理行为的必经程序,是国务院国资委对央企提出的明确要求。以合规审核作为合规管理的重要举措,能够提高合规管理的科学性、规范性、完整性。

1. 明确通用性合规审核标准

第一,通用性合规审核的依据。涉及合规审核时,合规包含遵守法规和遵守规制。遵守法规要求企业要遵守经营活动所在地的法律法规,明确企业经营活动符合"公共利益";遵守规制要求企业要遵守内部的规章制度。涉及国际业务或美国长臂管辖范围内的商业行为,其合规审核侧重以国际条约、规则、经营活动涉及国的法律法规、监管规定、行业准则,公司章程、公司规章制度等为依据,集团层面组织的跨国项目和国际公司进行国际业务拓展属于这个范畴。涉及国内业务及持续经营的企业行为,其合规审核侧重以国内法律法规、监管规定、行业规定和准则,公司章程、公司规章制度、员工职业操守等为依据,公司在国内开展的经营活动属于这个范畴。合规审核应与合法性审核有所区别,合法性审核依据宪法法律、行政法规、部门规章等。

第二,通用性合规审核标准的应用。合规审核标准是开展合规审核工作的基石,全面适用于对规章制度、经济合同、重要决策等进行合规性审核,是业务部门、法律部门开展合规工作的基准,是衡量合规与否的标尺。

第三,确定通用性合规审核标准。从审核对象合规管理角度。合规审核的对象包括规章制度、经济合同、重要决策。对象明确清晰,可提供统一的合规审核标准,具体包括:国际条约、国际商业规则;国家政治政策、监管政策和规定;国际行业准则、国家行业要求;公司章程;公司各项规章制度的规定和限制;合规重点领域的要求,如反垄断、反商业贿赂、维护用户信息安全、保障员工权益等。从业务部门工作角度。各业务部门工作性质不同,工作内容差异较大,可提供统一的合规审核原则,通过原则统领、映射具体审核依据。审核原则如下:(1)符合外部政策、法律法规、监管政策的要求,无行政处罚风险;符合公司内部管理要求,包括公司章程、规章制度等要求。(2)工作开展应属于本部门职能,不能越权。(3)跨部门的工作应按照部门职责进行拆解,整体工作中的局部工作应由对应的职能部门提供意见;整体工作应统一各部门意见,不能存在部门意见相冲突的情形。(4)符合"权力清单"和"三重一大"的专项管理规定。(5)符合各项规章制度的要求,遵从规范的工作流程。

2. 开展规章制度合规性审核工作

第一,单部门的制度合规审核,应依据部门职能和职责制定规章制度;遵守企业的专项管理规定,如"权力清单"和"三重一大"方面内容;同一专项制度在总部、省份、地市不同层级的管理机构应保持一致性;同一专业制度在总公司、子公司保持一致性;在集团总部机关的部门职责范围内的各层级管理规章制度之间保持顺承关系,保障下位层级规章制度符合上位层级规章制度的要求。

第二,多部门之间的制度对接合规审核,应保障各部门之间的规章制度一致性,无冲突性规定;在各部门的规章制度中,对涉及职能部门职责的对应专业内容由对口部门负责审核把关。

第三,在规章制度中增加合规内容。一方面,可将合规规定列为必备条款。应将合规管理列为规章制度的必备内容,有明确条款;在规章制度中,必须加入合规审核流程的要求,明确合规审核关键节点。另一方面,可将合规风险内容列为兜底条款。将合规风险作为合规审核的一项选择性内容;合规风险披露、预判、评估等工作可以选择性纳入合规风险条款。

如广东联通公司举办了“创立标准,打造一体化合规审核机制”活动,法律部门主动工作,积极发挥综合管理作用,为企业各部门提供统一的审核标准,重点做好规章制度的合规审核工作,抓住关键,夯实合规管理的基石。在为规章制度、经济合同、重要决策提供统一合规审核标准的基础上,结合规章制度特殊管理属性,提供规章制度特有的合规性审核标准。合规审核兼顾普适化与精准化。多部门合规审核工作同频共振,形成工作合力,树立起先进标杆。

(九)采用信息化手段,提高合规管理效能

信息技术手段的采用有助于全面提升合规管理水平。建设合规管理中台,利用系统对接,落实大合规管理要求,实现合规管理的全面覆盖,实现不同业务领域、不同部门、不同生产经营环节的信息共享,做到流程对接、工作联动,进而提高合规管理效能。信息化手段可以完整准确记录、保存相关合规工作信息,实现经营管理行为在线监控。运用大数据分析工具,可以进行合规风险分析,做出合规风险预警。

合规管理系统的顶层设计,需要考虑三个因素:一是要考虑以合规为专业管理学科形成核心需求,提供合规知识传播、新闻速递、经验分享、信息报送、工作报告收集、学习培训、在线咨询、合规制度查询、违规风险数据库等必要的工作支撑。二是要考虑业务部门(专业部门)、合规管理牵头部门、合规管理监督部门(审计部门、纪检监察部门)协同工作支撑。在规章制度合规审核、合规风险预警和处理、合规监督与评价等合规工作中形成流程贯通的全线上运行,做到合规管理自身规范。三是要考虑破除信息壁垒,将不同业务领域、不同部门、不同生产经营环节的合规、违规信息进行集成,集中展示,工作进程和结果可视化,方便合规统一管理。

四、结语

行法治之道、筑发展之基。合规管理作为依法治企的重要手段,致力于推动诚信基因在法治建设过程中“生根发芽”。合规管理必须高标准谋划、高质量推进,既要谋篇布局、做好顶层设计,又要打造工作体系,谋划管理举措。现阶段中央企业的合规管理仍处于探索中,处于循序渐进不断攀升的发展过程中。建立大合规智慧管理体系,应成为央企合规管理的“风向标”。扎根中国土壤,探索本土化的合规管理,是合规管理焕发生机和活力的基础。

合规篇

试点先行萃取经验，推广升华做好融合式大合规管理

顾德军　丁国振

作者简介

顾德军　江苏交通控股有限公司总经理、党委副书记

丁国振　江苏交通控股有限公司总法律顾问、企管法务部部长

企业简介

江苏交通控股有限公司(以下简称江苏交控)成立于2000年，是江苏重点交通基础设施建设项目省级投融资平台。公司主要承担四项职责：一是负责江苏全省高速公路、铁路、机场、港口等重点交通基础设施建设项目的投融资。二是负责江苏省铁路集团、港口集团、机场集团的出资任务。三是负责江苏省88%的高速公路、过江桥梁的运营和管理，管辖里程4263千米，其中跨江大桥6座。四是依托交通主业，负责相关竞争性企业的资产和市场经营管理，涉及金融投资、电力能源、智慧交通、文化传媒等领域。公司下辖33家企事业单位，员工2.8万余名，拥有江苏宁沪高速公路股份有限公司、江苏金融租赁股份有限公司2户主板上市企业。

内容摘要

在江苏省首批10户合规管理试点国企当中，江苏交控所属江苏宁沪高速公路股份有限公司和江苏金融租赁股份有限公司独占两席，两户不同类型的国企在合规管理试点当中探索实践，形成了阶段性成果和经验。在此基础上，江苏交控立足全系统，从集团层面积极思考加快整合企业内控体系、风控体系、法治体系等众多管理体系的方法，研究提出构建国企"大合规"管理体系的基本思路，以及综合运用各项管控方式和管理机制，形成保障企业依法合规发展合力的关键路径。

关键词

融合式　大合规　基本思路　关键路径

引　言

"十三五"以来，江苏交控紧紧围绕建设"交通强国先行示范区"，充分发挥江苏重点交通项目投融资主渠道作用，形成了交通基础设施投融资、金融投资和"交通+"（交通关联产业）三大主业的发展格局。截至2019年，公司全口径总资产、净资产分别为5725亿元和2463亿元，全口径实现营业收入562亿元，实现利润总额166亿元，上缴各项税费56亿元。资产总额、利润总额和纳税总额连年在江苏省属企业中位居第一，是国内省级交通集团中唯一一家年利润持续过百亿的企业。

迈入"十四五"，江苏交控聚焦高质量打造国际影响、国内领先的万亿综合交通产业集团，立足于江苏重点交通基础设施建设领域有带动力的投资商、全国综合交通产业领域有竞争力的运营商和全球高速公路领域有影响力的服务商三大定位，坚持内外兼修、精益管控，力求成为治理完善、经营合规、管理规范、守法诚信的地方法治国企示范标杆。

一、从国际到国内、再到省内，合规管理势不可当

近年来，江苏交控以法治国企建设为引领，深入推进依法治企，以总法律顾问为核心的企业法律组织体系日益完善，以"三项法律审核""双重法律审核"和全面法律风险识别防范为支撑的依法经营管理机制不断健全，以法治国企建设分类评价指标体系为核心的目标考核机制逐步实施，为企业改革发展提供了有力支撑。

但随着国内外经营环境的变化，仅仅"合法"已然不够，全面实施合规管理成为当前国有企业强化风险防控、推进高质量发展的重要支撑。

（一）应对国际国内形势变化

从美国《萨班斯—奥克斯利法案》，到2014年国际标准化组织（International Organization for Standardization，ISO）推出《合规管理体系指南》（ISO19600），企业合规管理已经率先在发达国家走向成熟。国际形势的日趋复杂、不确定性不稳定性显著增加，新冠肺炎疫情、瑞幸造假等"黑天鹅""灰犀牛"事件频发，防范风险越来越成为企业生存和发展的重要保障。

（二）各级国资管理部署要求

2018 年 11 月，国务院国资委颁布实施《中央企业合规管理指引（试行）》，要求中央企业按照全面覆盖、强化责任、协同联动、客观独立的原则加快建立健全合规管理体系。同年由国家发改委牵头，与全国工商联、外交部、商务部、国资委等 7 部委联合发布了《企业境外经营合规管理指引》，2019 年 11 月江苏省国资委印发《省属企业合规管理指引（试行）》（以下简称省属企业指引），标志着江苏成为与上海、北京、四川并肩推动合规管理的先行省份，也预示江苏省属国企合规管理建设拉开帷幕。按照江苏省国资委的部署要求，江苏省属企业将从 2020 年开始，按照三年行动路线图，分成“试点先行、全面推广、巩固提高”三个阶段开展合规管理建设。

（三）江苏交控自身发展需求

江苏交控作为江苏省属企业的“领头羊”和“排头兵”，已经发展成为具有国际视野、国内一流的省级交通集团。迈入“十四五”时期，江苏交控围绕积极创建“世界一流示范企业”，提出了更加高远的战略目标和更具内涵的发展定位。在推进治理体系和治理能力现代化，以及加快落实国企全面深化改革进程中，完善国有企业合规管理都是不可或缺的关键一环。尤其是江苏交控在“十四五”期间将进一步拓展国际化产业布局，海外平台和境外资产都将大幅增加，必须依靠完善的合规管理体系，才能尽量防范和避免境外合规风险，为公司持续高质量平稳发展保驾护航。

二、试点中勇于改革创新，提炼工作经验，萃取合规智慧

江苏省国资委从 2020 年开始启动省属企业合规建设三年行动，第一年作为“试点先行阶段”，选取了 10 户企业作为试点。在江苏省首批 10 户合规管理试点省属国企当中，江苏交控所属企业占了两席，一是作为路桥上市公司标杆的江苏宁沪高速公路股份有限公司（以下简称宁沪公司），二是目前国内唯一登陆 A 股的融资租赁企业江苏金融租赁股份有限公司（以下简称江苏租赁），被江苏省国资委选入试点。两户不同类型的国有企业，分别选取了不同企业对标，结合自身业务实际，在合规管理试点过程中摸索出一些阶段性成果和典型经验。

（一）宁沪公司抓住“四个关键”

宁沪公司是江苏交控的核心子企业，主要负责宁沪高速公路等收费高速路桥的投资、建设、营运和管理。截至 2019 年年底，宁沪公司总资产 556.3 亿元，直接参与经营和投资的路桥项目达 17 个，直接或间接拥有的已开通公路里程超过 840 千米，包括与国内联合体共同收购位于土耳其的境外路桥资产。

宁沪公司合规试点主要对标中国交通建设股份有限公司。在试点过程中，宁沪公司成立了由董事长任组长的工作领导小组，先后召开了 6 次专题会议，邀请合规管理资深律师团队和一流高校法学院提供专业指导和支持，组织多层次专项培训，制订了三年合规建设计划，组织了 2020 年反舞弊专项合规方案，重点抓住“四个关键”：

1. 抓住组织领导这个“关键前提”

为确保合规管理体系建设能够顺利推进，宁沪公司成立了由董事长任组长，企管法务部、董事会秘书室、人力资源部、财务会计部、监察室等部门负责人为成员的领导小组。同时构建以合规为牵头的“综合监督”工作体系，把党内监督、纪律监督、法务监督、审计监督等监督结合起来，建立了一套统筹计划、统一行动、分工负责的监督管理体系，形成立体式、网格式、全维度的风险防控格局。

2. 抓住风险导向这个“关键方向”

合规管理体系的建设必须以风险识别为基础，以合规管理为工具，推动风险治理前移，推进合规规则与具体业务的深度融合。宁沪公司以权力运行为主线，重点查找个人岗位、部门职权、单位职责三个层次和领导干部岗位、中层管理岗位、一般管理岗位、操作技能岗位四个层面合规风险。针对反舞弊领域专项合规建设，重点关注 8 类 35 个风险点（见表 1），为反舞弊领域专项合规管理打下了坚实基础。

表 1　宁沪公司反舞弊领域重点关注合规风险点

岗位名称	舞弊名称
高级管理人员类	侵犯商业秘密、知识产权舞弊
	内幕交易舞弊
	重大人事任免舞弊
	上市公司信息披露舞弊
	控参股企业利润增量上报滞后导致信息披露不实
	上市公司高管审慎度不足导致股价敏感信息提前公开舞弊
	合同条文违反商业贿赂新规舞弊
	管理人员交易型及投资型受贿舞弊
	为亲友非法牟利及非法同业经营舞弊
	单位非法经营舞弊
	管理人员斡旋受贿及利用影响力受贿舞弊
	高级管理人员贪污舞弊
	其他工作人员窃取、职务侵占舞弊
招标采购类	介绍有利益输送的队伍分包工程舞弊
	虚假招标舞弊
	不进行比价采购质次价高产品舞弊
	串标和违规投标舞弊
	招标采购过程标的分拆舞弊

续表

岗位名称	舞弊名称
招标采购类	单一来源采购和直接采购缺乏明确性指引规范
	供应商选择和履约评估管理舞弊
	招标采购计划泄露舞弊
纪检监察类	违规启动纪律监督调查舞弊
	故意不履行纪检职责舞弊
收费稽查类	通行卡收缴、通行费征收审核核查舞弊
	运营考核数据管理舞弊
路产经营类	降低服务区基础设施验收标准舞弊
	加油站运行检查和监督舞弊
	服务区运营监督舞弊
安全应急类	安全宣传教育或安全设施设备更新维护经费支出舞弊
	安全检查与隐患排查舞弊
工程养护类	工程养护采购合同定价舞弊
	工程养护敞口合同舞弊
	虚报、假报计量资料舞弊
验收交付类	工程验收审核标准舞弊
	工程验收审核进度舞弊

资料来源:江苏交控内部资料整理。

3. 抓住制度建设这个“关键环节”

宁沪公司坚持动态梳理修订规章制度,2020 年以来已废除制度 9 项,已修订或正在修订制度 60 项,新立制度 10 项,包括《江苏宁沪高速公路股份有限公司合规管理办法(草案)》《合规诚信手册(草案)》等合规管理专项制度,精准把握法律法规和上级文件对公司经营发展的影响。

4. 抓住合规文化这个“关键动作”

宁沪公司不断探索合规文化的新思路、丰富新载体、搭建新平台,通过在走廊、宿舍、收费亭、地下通道等公共区域,建立相关普法、合规宣传教育栏和警示案例宣传报,建立微信、钉钉等法治宣传群,及时传递相关法制、合规信息,这些定期和实时的合规“微学习”,不断强化全体员工依法合规的工作思路。

(二)江苏租赁深耕五个领域

江苏租赁是江苏交控旗下头部子企业,是经中国银行保险监督管理委员会批准从事融资租赁业务的国有控股非银行金融机构,是目前国内唯一登陆 A 股的金融租赁公司。

江苏租赁聚焦绿色能源、高端装备、幸福民生、智慧互联等领域,与美国通用电气公司、索尼、飞利浦、思科、海德堡、凯斯纽荷兰等数十家世界五百强企业和国际一流厂商建立了长期合作关系,是国内设备融资租赁标杆企业。

江苏租赁合规管理工作主要对标国有大型银行、股份制银行控股的金融租赁龙头企业,研究学习了工银金融租赁有限公司、招银金融租赁有限公司等基于其母公司商业银行建立的合规管理体系,以及国外一流金融租赁企业法国巴黎银行租赁集团在合规管理方面的先进经验,从五个重点领域加强合规提升:

1. 以“搭框架”提升组织领导

江苏租赁成立了党委书记、董事长任组长,总经理和分管合规、法务工作的副总经理为副组长,风险管理部、法律事务部负责人为主要组员的合规管理试点工作小组,其中公司风险管理部为合规试点工作日常办事机构,协调公司合规试点工作各相关事项的落实。同时,对照江苏《省属企业指引》,对合规管理基本规范以及党委会、风险管理委员会等相关职责主体的议事规则进行了修订,进一步明确了风险管理委员会承担合规委员会职责、风险管理部为合规管理职能部门的原则,搭建起公司合规管理的主体框架。

2. 以“补短板”强化制度管控

江苏租赁在开展合规管理试点工作中,高度重视制度体系的完善:一是继续完善合规制度体系,发布了《风险管理委员会工作规则》、《合规风险管理办法》以及《合规风险应急预案》等制度;二是完善制度合规审查工作,根据综合日常合规管理情况与各领域发展需求,进一步强化制度决策前的审查和留痕工作;三是根据外部制度变化情况,修订颁布了《金融租赁主要法律法规汇编(2020)》。及时补足合规管理的制度短板,有效健全合规经营长效机制。

3. 以“建机制”支持合规运行

一是建立强制合规咨询及审查机制,要求合规管理部门对申请决策委员会、运营委员会上会的相关议案出具合规审查意见;各业务部门流程优化、产品升级等过程中涉及合规性时,还需出具合规咨询建议。二是建立了基于决策委员会的合规联席会议机制,并于每季度的第一个月定期召开会议。三是完善合规风险要点,根据外部监管规定和内部规章制度变化情况,梳理汇总了公司治理、信息披露、财会税务、金融同业等11个领域的合规风险要点,形成了较为全面的监测规范(详见图1)。四是发布合规风险预警,2020年以来先后发布了关于App信息管理、业务资金投向、客户信息安全等相关的合规风险提示及合规观察内容。

4. 以“数字化”赋能合规保障

江苏租赁持续基于核心业务系统、自动化(OA)办公系统、专项管理系统等实现了大部分业务和管理事项的线上操作和自动合规管控,并结合消费、零售金融科技发展趋势,健全支撑小单设备租赁发展需要的业务合规管控系统,实现更多业务和管理流程线上操作,通过信息化倒逼合规管理,切实增强工作保障能力。

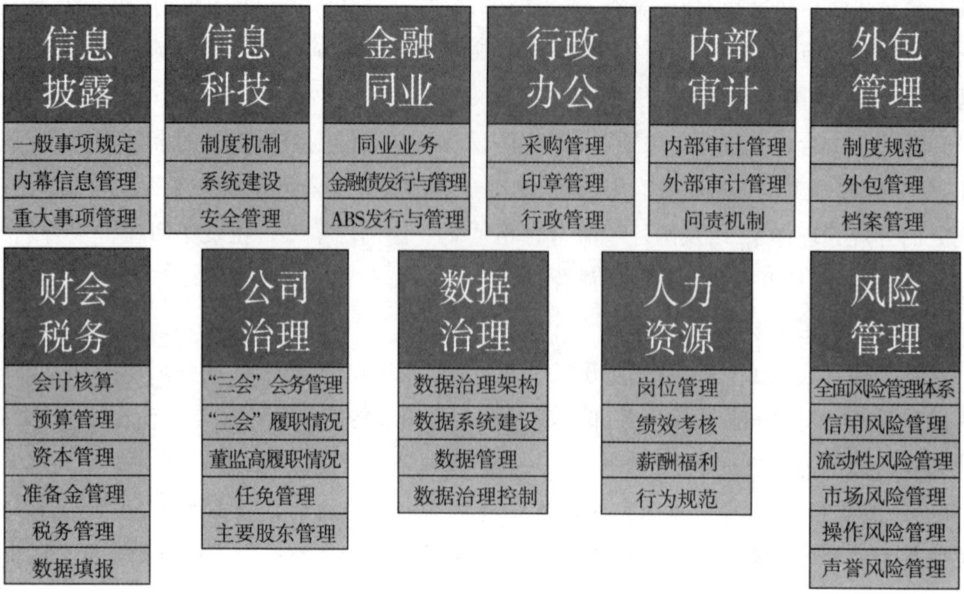

图1　江苏租赁合规风险要点

资料来源:江苏交控内部资料整理。

5. 以“厚文化”夯实合规基础

加大“主动合规、全面合规、持续合规”的合规文化以及“合规创造价值”经营理念的培育力度,制订2020年度新员工合规培训课程计划,对新员工培训体系做了全新梳理和优化,其中合规管理与风险防控是培训重点之一。广泛拓展合规文化传播渠道,灵活运用公司公众号、内刊、展板、展示屏、“微课堂”等方式传递合规信息。同时丰富培训层次,开展面向重点领域、重点人员的专题合规培训。

(三)各具特色的合规经验

宁沪公司和江苏租赁作为江苏交控所属国有控股上市公司,在公司治理、制度建设、财务管理方面都具备一定的合规基础。宁沪公司作为非金融类企业与江苏租赁作为非银行金融机构相比,两者因所处行业、主营业务、员工结构等方面存在很多不同,全面推进合规管理的路径、方法以及侧重点不同,各具特色(见表2)。

表2　宁沪公司与江苏租赁合规试点中的差异

序号	类别	宁沪公司	江苏租赁
1	组织体系	专门成立企业合规建设领导小组(委员会),以强化监督为导向,建立以合规牵头的综合监督管理体系,由法务部门牵头合规管理	由董事会风险管理委员会承担合规委员会职责,以风险防控为导向,风险管理部为合规管理职能部门

续表

序号	类别	宁沪公司	江苏租赁
2	制度建设	强调及时性，适应法律法规和上级规定的新要求，及时转化为内部规章制度，专项制定《合规管理办法》及合规手册	强调计划性，订立年度规章制度制定修订计划，汇编发布金融租赁业务相关主要法律法规，形成合规管理制度体系
3	管控重点	以岗位管控为重点，从领导干部、中层管理岗位、一般管理岗位、操作技能岗位四个层面分级排查风险并制定防控措施	以业务流程管控为重点，加强三道防线建设，建立合规风险事项双线汇报和合规专员机制，建立全流程合规管理模式
4	工作机制	以“全覆盖”建立大监督工作体系，形成统筹计划、统一行动、分工负责的监督管理体系，形成立体式、网格式、全维度的风险防控格局	以“补短板”加强合规管控，建立强制合规咨询及审查机制、合规联席会议机制，完善合规监测、合规预警、合规专项检查等工作机制

资料来源：江苏交控内部资料整理。

通过比较不难发现，宁沪公司与江苏租赁在合规试点中形成了各有特点的推进方案。但两者共同之处在于，两家企业的合规管理都不是一张白纸从头开始，在完善合规体系的过程中，不约而同地选择与企业现有管理体系、管控模式的协同联动。

显然，国有企业合规管理不是将企业的管控模式和风险防范机制推倒重来，而是一种新的融入和提升，力求建立健全融合式大合规管理体系，为企业全面防控风险和依法合规经营提供更为有效的保障。

三、推广试点经验，推进全系统合规管理迈上新台阶

迈入“十四五”时期，江苏交控将在全系统推进合规管理建设。公司在持续创造一流业绩的同时，也在不断树立企业治理的标杆。在合规管理领域，江苏交控依然致力于成为江苏省属企业以及地方省级交通产业集团中的领军者。按照江苏《省属企业指引》要求，结合所属两家企业的试点经验，江苏交控紧紧围绕合规示范企业的总目标，形成了合规管理的体系框架和主要内容。

(一) 主要思路

1. 完整的组织架构搭建

构建党委会、董事会、监事会、总经理办公会、合规管理负责人以及合规管理(牵头)部门、职能部门整体联动、协调配合的合规管理组织架构，将合规管理要求有效嵌入企业经营管理各环节、全流程。一是认真对照《省属企业指引》，进一步明确党委会、董事会、监事会、经理层的合规管理职责，特别是紧紧把握中国特色现代国有企业制度建设要求，突出党委会全面领导、统筹推进合规管理的重要职责。二是基于企业法治建设领导小组一直由董事长担任组长，在优化人员配置的基础上，成立企业合规委员会与领导小组合署，明确由公司总法律顾问担任合规管理负责人。三是明确江苏交控企管法务部为合规管理牵

头部门,负责全面组织、协调和监督合规管理工作。明确业务部门的合规管理职责,形成分工负责、覆盖全面的合规管理工作格局。

2. 点面结合的制度设计

突出重点领域、关键环节、重要人员的合规管理,加强现有管理制度梳理,建立健全符合法律法规、监管规定、行业准则等合规要求的制度体系,切实防范重大风险。一是修订和完善合规制度体系,制定《江苏交控合规管理办法》,制定或修订投资管理、招标采购、市场交易、商业伙伴、知识产权、安全环保、社会捐赠与赞助等特定领域的制度规范,实现对相关领域内的重点环节和重点人员的制度覆盖。二是做好制度完善与审查工作,结合日常合规管理情况与各领域发展需要,形成年度规章制度建设方案,做好制度决策前的审查和留痕工作。三是及时更新制度汇编。根据外部制度变化情况,修订颁布《企业规章制度汇编》。

3. 协调管理模式设计

按照"谁做业务,谁负责合规"的原则,明确业务部门承担日常合规管理工作职责。一是建立双线有效的合规管理汇报制度,遇重大合规风险及事项,子公司的合规管理部门除及时向本级合规负责人报告外,还须向江苏交控企管法务部报告,确保企业最高管理层及时掌控合规风险情况。二是科学有效确立合规风险控制的三道防线,业务部门是防范合规风险的第一道防线,业务人员及其负责人应当承担首要合规责任;企管法务部是防范合规风险的第二道防线,同时也是合规管理体系建设的责任主体;内部审计和纪检监察部门是防范合规风险的第三道防线,负责合规审计和监督企业整体风险防控。三是建立合规联络员机制,制定合规联络员工作规范,确定工作职责和程序,在职能部门设立合规联络员,面向各部门专员开展履职培训,全面参与合规管理。

4. 有效保障机制运行

在公司现有风控、内控等工作机制的基础上,进一步将合规要求嵌入其中,推进合规管理有效运行。一是建立合规联席会议机制,将合规管理与现有管理体系相衔接,打破条块分割,实现互联互通、信息共享。联席会议由总法律顾问召集和主持,每季度召开定期会议指导、协调、研究、解决合规管理中存在的问题。联席会议日常工作由企管法务部承担。二是建立合规前置审查机制,将合规审查作为规章制度制定和重大事项决策、重要合同签订、重大项目运营、重大采购销售、重大资金管理等经营管理行为和相关财务、信息技术等专业事项的必经程序。三是建立强制合规咨询机制,涉及重大合规风险领域的业务部门,要及时将有关业务提交企管法务部进行事前咨询,主要领域包括但不限于重要合同、海外业务、财务税收、政府事务、采购销售等。重大疑难复杂风险事项可以委托外部合规专家、第三方机构开展论证。四是建立违规举报和调查问责机制,畅通举报渠道,保障企业员工有权利和途径举报违法违规行为。建立完善违规行为处罚制度,确立合规调查基本方式和程序,实现合规举报调查与纪检监察部门举报调查相结合,根据侧重点不同进行分工协调。经调查核实确有重大违规行为的,根据违规处罚办法进行相应处理,涉及违法犯罪的,移交司法机关处理。

(二)关键路径(见图2)

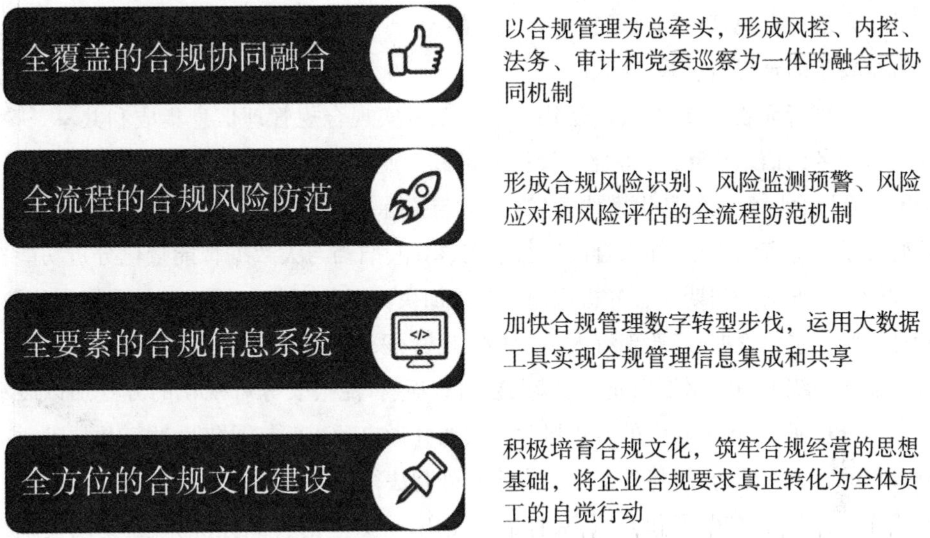

图2　关键路径展示

资料来源:江苏交控内部资料整理。

1. 全覆盖的合规协同融合

以合规管理为总牵头,形成风控、内控、法务、审计和党委巡察为一体的融合式协同机制。一是充分发挥合规管理委员会的牵头职能和联席会议制度优势,在公司党委会的统一领导下,统筹规划大合规战略目标和年度计划,江苏交控企管法务、审计风控、党委巡察等部门近期重点工作互相通报,力求形成合力。二是全面梳理各管理体系之间的制度要求,确保管控流程相互衔接,管理要求协调一致。梳理各项审批事项清单,规范事前审查、事中监控和事后评估具体要求,必要时可联合组建工作组全程监督。三是对于各项管理体系中发现和识别的风险,构建共享共用的信息库,形成全覆盖、最广泛的风险防范机制。相关职能部门共同建立联络员制度,工作中发现的风险和问题在及时上报的同时,抄报相关协同部门,形成全方位预警和有效应对。

2. 全流程的合规风险防范

形成合规风险识别、风险监测预警、风险应对和风险评估的全流程防范机制。一是全面系统识别和梳理经营管理活动中存在的合规风险,建立企业合规风险库,对于典型性、普遍性和可能产生较严重后果的风险持续监测并及时发布预警。二是针对发现的风险制定预案,采取有效措施,及时应对处置。对于重大合规风险事件,由合规委员会统筹领导,总法律顾问牵头,相关部门协同配合,最大限度化解风险、降低损失。三是定期对重大或反复出现的合规风险和问题,深入查找根源,完善相关制度,堵塞管理漏洞,强化过程管控,持续改进提升。必要时,可以聘请第三方中介机构参与评估。内部审计部门定期对企业合规管理体系的有效性、适当性和充分性进行合规审计,并及时将合规审计结果以及合规审计中发现的合规管理问题通报企管法务部。

3. 全要素的合规信息系统建设

加快合规管理数字转型步伐,运用大数据工具实现合规管理信息集成和共享。一是加快现有业务的信息化管控,将合规管控要求嵌入业务管理流程并成为刚性约束。继续完善 OA 系统合同管理信息化模块开发,完成与招标采购系统、财务支付结算系统、电子印章管理系统等有效连通,加入合同履行监控、用印、归档与大数据智能量化分析功能,建立合同管理情况的全周期动态分析机制。二是加快实现各个业务部门中与合规相关的经营管理行为信息化管控,连通现有人事、财务、投资、采购、合同等核心系统,推动实现分散在各个业务系统中的数据汇聚整合,以大数据看板、智能报表等可视化的方式加以展示,通过综合分析研判,找出其中的合规风险和问题并做出预警。三是借助数字化技术,打通合规管理的线上线下边界,将外部行业专家和外聘法律顾问的能力加以整合,以标准组件的形式集成,在不断的学习和验证中,打造可复用、可共享的智能分析算法,主动发现、管控企业经营管理中的各种合规风险。

4. 全方位的合规文化培育

积极培育合规文化,筑牢合规经营的思想基础,将企业合规要求真正转化为全体员工的自觉行动。

一是提高"关键少数"的合规意识,抓好领导干部特别是子企业主要负责人的教育培训,将履行推进合规建设第一责任人职责情况列入年终述职内容,推动子企业主要负责人切实抓好合规管理。二是发挥典型模范引领带动作用。树典型立标杆,开展优秀合规建设实践案例、合规工作先进单位、合规文化建设示范基地等评选表彰,充分发挥实践案例的指导性作用和先进典型的引领性作用。组织开展合规文化建设经验交流推广活动,实现合规文化的共享和传播。三是加大全员合规诚信教育,进一步整合普法资源,引导和规范全体员工严格执行国家法律法规,强化法律至上、合规诚信的意识,依法处理好与竞争者、投资者、消费者和合作伙伴的法律关系。建立分层分类的合规培训体系,将入职培训、全员培训、专业培训紧密结合,区分不同层级、不同领域,突出重点岗位、重点人群,有针对性地开展常态化合规管理培训。四是编制全员诚信合规行为手册,以反商业贿赂和反利益输送为重点,明确规定广大员工对外交往、处理内部关系、维护公司利益、承担社会责任等方面的基本要求、行为准则和禁止性规定,形成覆盖公司全体员工的合规管理指引,促进全员诚信合规。

合规篇

合规管理打造企业运营亮丽名片

范　辉　吴明晓

作者简介

范　辉　中国石油化工股份有限公司企改和法律部制度合规室经理

吴明晓　中国石油化工股份有限公司企改和法律部制度合规室主管

企业简介

中国石油化工股份有限公司(以下简称中国石化)成立于1983年,是集上、中、下游一体化的特大型国有能源化工公司,资产规模达2.21万亿元,拥有员工55.8万人,营业收入约3万亿元,经营范围遍布全球76个国家和地区,是全球第一大炼油公司、第三大化工公司,中国最大的化工产品生产商和供应商。

公司积极践行"为美好生活加油"的企业使命,秉承"人本、责任、诚信、精细、创新、共赢"的企业价值观,努力打造世界领先洁净能源化工公司。2020年《财富》杂志评选的世界"500强"企业中,中国石化排名第二,在上榜中国企业中排名第一。

内容摘要

诚信是立企之本,合规是治企之基,依法合规、诚信经营方能行稳致远。中国石化作为具有全球影响力的上中下游一体化能源化工公司,坚持贯彻习近平法治思想,积极践行全面依法治国基本方略,认真落实国资委法治央企建设与合规管理工作部署,围绕打造世界领先洁净能源化工公司的愿景目标,实践推进组织体系健全、制度体系完善、业务流程规范、工作机制运转有效并充分体现中国石化特色的合规管理体系建设,积极打造依法合规亮丽名片。

关键词

中央企业　合规管理　世界领先企业　依法合规亮丽名片

引　言

"十三五"期间,中国石化积极践行全面依法治国基本方略,深入贯彻国资委法治央企建设与合规管理工作部署,坚持依法依规治企、诚信合规经营,全面推进合规管理体系建设,积极打造依法合规亮丽名片,为打造世界领先洁净能源化工公司提供了坚强的法治支撑和保障。

一、提高政治站位,发扬重视合规管理的企业传统

(一)企业拥有合规管理的基因

诚信是立企之本,合规是治企之基,依法合规、诚信经营方能行稳致远。长期以来,中国石化作为具有全球影响力的上中下游一体化能源化工公司,在党中央、国务院的统一部署下,积极参与中国特色社会主义市场经济建设,全面开展全球能源化工领域市场竞争,为推动国民经济高质量发展、保障国家能源安全、服务人民美好生活做出了积极贡献。随着我国社会主义市场经济制度的不断完善,以及国际政治经济局势的复杂变化,依法合规、诚信经营越来越成为影响企业健康发展的关键因素,全面推进合规管理、构建完备健全的合规管理组织体系,成为企业的当务之急和重点工作。

(二)将贯彻党中央、国务院决策部署落实到行动中

2017 年 5 月 23 日,习近平总书记在中央全面深化改革领导小组第 35 次会议讲话时,强调要"规范企业海外经营行为……加强企业海外经营行为合规制度建设";党的十九届四中全会也专题研究部署了坚持完善中国特色社会主义制度、推进国家治理体系和治理能力现代化等有关决策。中央《法治中国建设规划(2020—2025 年)》《法治社会建设实施纲要(2020—2025 年)》分别明确,要"引导对外经贸合作企业加强合规管理,提高法律风险防范意识""引导企业树立合规意识,切实增强企业管理者和职工的法治观念"。2021 年 3 月 11 日,十三届全国人大四次会议表决通过《中华人民共和国国民经济和社会发展第十四个五年规划和 2035 年远景目标纲要》,明确提出要"引导企业加强合规管理,防范

化解境外政治、经济、安全等各类风险”。

近年来，随着社会主义市场经济体制不断完善，社会信用体系建设不断强化，国家在打击不正当竞争、垄断、滥用市场支配地位等行为，以及保护人民生命财产安全、生态环境、消费者权益、知识产权和国有资产安全等方面的立法更严、监管更严、处罚更严，依法合规越来越成为企业生产经营乃至永续发展的重要前提和基础。在此基础上，国资委及发改委、外交部、商务部等国家监管部门先后发布《GB/T 35770—2017 合规管理体系指南》《中央企业违规经营投资责任追究实施办法（试行）》《中央企业合规管理指引（试行）》《企业境外经营合规管理指引》《中央企业合规管理系列指南》等一系列指导文件，要求中央企业加快推进合规管理体系建设、提升企业依法合规经营水平。

以中国石化为代表的大型国有骨干企业，积极贯彻党中央、国务院及有关部委的部署要求，带头开展合规管理体系建设，系职责所在。

（三）参与国际竞争的重要保障

在经济全球化深入发展的背景下，国际市场竞争准入条件及合规要求越来越高，全球合规监管日趋严格。企业间除了进行技术、产品、服务竞争，还要进行以公司责任理念与文化价值为内核的合规管理能力竞争，合规管理已经成为企业参与国际竞争的通用道德标准与核心竞争力。

在我国企业加快“走出去”的大背景下，需要企业抓紧建立健全完备的合规管理体系，强化合规管理能力，熟悉并遵守国际规则与东道国法律。特别是当前国际政治局势日趋紧张，民粹主义夹持下逆全球化思潮开始逐步付诸行动，美国证监会、司法部持续加大海外反腐败执法力度，大额罚单屡创新高，并将追究个人刑事责任作为执法重点，利用海外反腐败执法打击美国企业竞争对手，国内多家央企、民企受到美国“长臂管辖”与合规处罚。推进合规管理体系建设，建立健全境外合规风险排查与应对机制，积极开展境外法律合规风险防控，是我国企业响应党中央“走出去”号召，应对国际风险挑战的必然要求。

（四）打造世界一流企业的题中之义

合规管理是有效应对外部风险的重要举措，同时也是强化企业内部管理的有效方式。通过加强合规管理，可以促进企业内部形成一整套具有较强执行力、程序化的管理制度和流程，清晰界定企业运营过程中的尽职、问责和免责标准，进而提升管理效率、降低运营成本。世界一流企业大都建立了自上而下较为完整的合规管理体系。相对而言，国内企业在合规管理方面的研究起步较晚，合规管理体系尚不完善，合规风险应对缺乏统一有效的制度规范，一定程度上制约了打造世界一流企业的步伐。

中国石化响应国资委号召，提出“打造世界领先洁净能源化工公司”的愿景目标，对标世界一流企业全方位提升公司治理和管理方式，就要求公司必须将合规管理作为企业发展基石，制定出台覆盖完善的合规管理办法，持续推进合规管理体系建设，强化完善综合合规管理、国际化经营等重点领域的合规管理制度，培育在法律法规框架下进行风险防范和内部控制的管理思路,以此为基础推动企业持续健康发展。

二、中国石化合规管理的整体布局

中国石化坚持以国家法律规定和国资委监管要求为根本,结合企业经营管理发展实际需要推进合规管理体系建设、开展合规管理工作。

(一)总体目标

建立健全组织体系与制度体系完善、业务流程规范、工作机制运转有效并充分体现中国石化特色的合规管理体系,各部门各层级合规管理责任全面落实,违规风险发生概率明显降低,人人、事事、时时、处处重信守诺、依法合规的企业文化氛围更加浓厚,依法依规治企成为企业核心竞争力的重要体现,依法合规、诚信经营成为企业对外展示的亮丽名片。

(二)基本原则

为保障上述目标的顺利实施,中国石化明确合规管理体系建设要坚持全面覆盖与突出重点相结合、坚持重信守诺与依法合规相结合、坚持管业务与管合规相结合、坚持强化责任与客观独立相结合。“四个坚持”既是中国石化合规管理体系建设的基本原则,也是确保合规管理体系建设契合企业实际、融入现有管理体系的根本保证。

1. 全面覆盖与突出重点相结合

将合规要求覆盖各业务领域、各部门、各直属单位和全体员工,贯穿决策、执行、监督全流程,通过强化重点领域、重点环节、重点岗位的合规管理,带动和促进全员主动合规。

2. 重信守诺与依法合规相结合

坚持诚信是立企之本、合规是治企之基,把公司的核心价值观、企业治理的基本原则和方法融入合规管理中,坚守对法律法规和纪律规矩的敬畏之心,决不逾越合规底线。

3. 管业务与管合规相结合

坚持“强内控、防风险、促合规”,落实“业务工作谁主管,合规责任谁承担”要求,推动合规管理与组织人事、纪检监察(监督)、内部审计、内控、风险管理等工作统筹衔接、协同联动,合规管理与业务开展同安排、同检查、同考核。

4. 强化责任与客观独立相结合

把加强合规管理作为企业主要负责人履行法治建设第一责任人职责的重要内容,自上而下层层明确合规管理职责,建立全员参加、全员遵守、全员监督的合规管理责任制。另外,还要保持合规管理部门独立性,自主行使合规管理监督职责,不受其他部门和人员干涉,依法依规评价、约束企业和员工行为,客观公正考核奖惩。

(三)实施路径

要建成行之有效的合规管理体系,不能仅仅依靠合规管理部门单打独斗,需要全员全部门的共同努力。要明确合规管理是一项全局性工作,只有建立与公司治理体系相匹配、与公司岗位职责相结合、与内控风控等现有管理体系相融合的合规管理组织体系,统分结合，上下联动，才能使合规管理行之有效，真正成为广大干部员工的行动自觉。

1. 要构建完善的合规管理组织体系

按照公司法人治理结构，分别明确治理层、管理层、执行层的合规管理职责要求，充分发挥各个管理层级在合规管理中的能动作用。

在治理层，充分发挥党组(党委)的领导作用，把方向、管大局、保落实，统筹把握合规管理工作的原则和方向。推动完善董事会的合规管理职能，根据公司章程赋予的职责，明确专门委员会统筹协调合规管理体系建设工作。

在管理层，层层抓好国资委《中央企业主要负责人履行推进法治建设第一责任人职责规定》的宣贯落实，持续推进各级企业主要负责人在合规管理中落实第一责任人职责。

在执行层，按照"管业务必须管合规"的原则，明确各板块、各部门、各单位的合规管理职责，构建合规管理的"三道防线"，即由业务部门抓好合规管理的第一道防线，职能管理部门和合规管理部门盯紧合规风险应对的第二道防线，纪检监察、内部审计等合规管理监督部门强化合规管理监督评价的第三道防线，共同推动合规管理有序运行。

2. 要抓实抓牢合规管理制度建设

企业应当根据自身经营范围、业务规模，以及所适用的法律法规和规范标准等外部监管要求，强化合规管理工作的制度性、规范化安排，形成严密完善的合规管理制度体系，并随着内外部环境变化定期评估、持续调整和改进完善。

一是制定合规管理的基本制度，明确企业合规管理的办法和体系方案，同时配套制定诚信合规管理手册、合规管理风险清单与工作指引等工作要求，作为引导合规管理工作的基本要求。

二是建立外规内化流程规范，建立完善的法律法规识别转化机制，密切跟踪法律法规和监管动态变化，及时将外部合规要求转化为企业内部制度规定。

三是明确恰当的合规评价标准，建立健全合规档案制度，及时评估评价合规管理体系运行的有效性，强化合规管理结果的存档、分析、评价与综合运用，不断推进合规管理流程改进提升。

3. 要落实落细合规管理重点工作

以推进全面合规为主线，以抓实抓好高风险业务领域、高风险岗位和重点人员"两高一重"的合规管理为发力点，聚焦与人、财、物密切相关，权力集中、资金密集、资源富集、资产聚集的业务领域和业务环节，完善内部控制措施，强化合规风险防控。

一是加强"两高一重"合规管理。全面落实公司防范化解重大风险部署安排，重视和加强高风险业务、高风险岗位及重点人员合规管理。

二是突出重点环节合规管理。聚焦制度制定、经营决策、生产运营等重点环节，保证制度制定符合法律法规、监管规定等要求，保障决策事项依法合规，促进生产经营全过程照章办事、按章操作。

三是聚焦境外经营合规管理。针对境外法律合规风险挑战严峻的实际情况，重点强化国际化经营领域的合规管理，加强对外贸易、境外投资、对外承包工程等领域的合规风险防范，夯实筑牢境外经营合规防线，建立健全境外经营合规风险防控机制。

4. 要建立健全与企业管理相适应的合规管理运行保障机制

合规管理是企业经营管理的内在需要，是与企业现有管理体系相辅相成、相得益彰的，不是什么"舶来品"，更不能"另起炉灶""叠床架屋"。只有融入企业现有制度管理体系，推进合规管理工作才能有力有效。

一是结合企业现有内控、风控、企业管理等管理体系和管理手段，明确合规风险识别预警、分析应对、检查审查工作流程。企业推行各类管理体系，实施各项管理制度，目的都是提高内部管理的科学性、有效性。要正确认识合规管理与现有管理体系和管理手段的关系，建立有效联动机制，将合规管理融入现有管理体系，推动各项管理工作同向发力、同步推进、同频共振，才能发挥各自的管理优势，提升企业综合管理效能。

二是结合纪检监察（监督）、内部审计、信访举报等现有监督体系，推进合规管理咨询举报、违规问题调查处理、违规责任追究问责、制度体系评估改进等工作。通过企业现有的多种监督主体，多种渠道获取违规信息，合力加大责任追究和处罚力度，更有利于发挥合规管理监督检查、从严管控、警示教育的作用，强化合规管理的适用性、实用性和影响力。

三、实践经验

遵循上述合规管理的总体思路和实施路径，中国石化自 2018 年全面启动合规管理实践以来，按照"总体规划，分步推进；重点突出，紧扣实际"的基本思路，逐步推进建立适应企业发展需要并兼具中国石化特色的合规管理体系。

（一）坚持统筹规划，自上而下统一推动

做好顶层设计、统一规划，做到有谋划的合规管理。发挥关键少数作用，企业主要负责人将合规管理体系建设作为法治建设第一责任人职责落实的重要内容，多次在重要会议、重大场合强调合规管理的重大意义、发起依法合规经营倡议，多次批示合规管理建设工作，动态听取合规管理进展报告。公司依法治企领导小组具体承担合规管理体系建设领导职责，总体规划合规管理体系建设的任务目标与工作愿景，统一思想、明确思路、规划方案，保障了合规管理体系建设工作的快速推进。公司法律事务机构牵头各机关部门按照公司党组工作要求，贯彻落实依法治企领导小组具体部署，共同推进合规管理方案的编制与合规管理体系建设工作，确保合规管理制度体系与企业管理体系相融合，合规管理工作与公司业务板块划分相适应，合规管理流程与企业运行机制相适配。

按照国资委《中央企业合规管理指引（试行）》有关要求，结合公司前期制定的《中国石化全面依法依规治企强化管理的意见》，自 2018 年年底开始合规研究，率先于 2019 年 8

月发布《中国石化诚信合规管理手册》，对外做出依法合规、诚信经营的郑重宣誓，并于2019年年底召开合规管理工作推进会，正式部署启动合规管理工作；在新冠肺炎疫情不利影响下，仅用半年时间就完成了合规管理的总体规划，制定出台了《中国石化合规管理办法》《中国石化合规管理体系建设方案》，全面指导并快速推进公司合规管理体系建设。

（二）坚持统分结合，合规管理兼具统一性与灵活性

1. “谋定而后动”

合规管理体系建设作为企业的一项系统性管理工程，关键在“谋”，但核心在“动”。制定了合规管理办法、明确了体系建设方案，如何快速有效推进实施也是一篇大文章。中国石化企业规模体量巨大，业务范围涵盖油气和新能源、炼油和销售、化工和新材料、资本金融和其他支持业务等诸多领域，不可能全部推行同一套实施方案，必须坚持统分结合，在统一框架方案下，根据不同板块的不同特点，因地制宜，分类施策，才能确保合规管理体系符合实际、行之有效。

2. 试点先行

采取分步推进、统分结合的方式，科学有序推进工作落实。首先，根据直属企业的板块分布和法治建设情况，选取15家法律基础较好的重要子企业及主要国际化经营单位开展合规试点，范围涵盖各个业务板块和领域，在公司合规管理办法和体系建设方案基础上，根据各自业务领域和企业特点编制具体工作方案和实施细则。在试点基础上，发现问题，提出建议，归纳提炼不同板块不同类型企业的合规管理体系建设方案，再在全系统予以推广应用。

3. 兼顾效率和效果

在开展试点工作的同时，为保证合规管理工作的整体推进，始终保持高频次的合规管理宣传教育，确保非试点单位合规管理工作不被淡化。自合规管理工作启动近两年的时间里，充分利用“报网端微屏”开展合规文化建设，《中国石化报》开设法治建设与合规管理专版，“法治石化”官方微信定期推送合规理念文章，利用“网络学院”远程教育推送合规管理专题课程，组织全系统20万余名干部职工参与合规学习并签署合规承诺，实现主管以上领导干部全员参与；坚持把合规教育培训作为干部学习的重点内容，公司党组理论学习中心组邀请国资委政策法规局领导专题讲授依法合规课程，组织人事部门将法律合规学习纳入各级领导干部培训必修课程；同步推进总部层面合规管理建设，启动合规管理与内控风控一体化研究，针对境外合规风险突出领域编制出台反海外腐败反商业贿赂、反垄断反经营者集中、涉外业务经济制裁、出口管制等4套合规风险清单和工作指引，对标世界一流公司统一规范合规调查和论证、合规调查归口管理、合规条款制定、合规事件报告与应对等合规管理工作流程，保障合规管理工作的连续统一。

（三）坚持重点突出，聚焦境外合规紧抓风险防范

合规管理源于境外，合规风险防范的关键也在境外。近年来，随着国际形势的复杂多

变，境外合规风险越来越突出，针对我国企业的合规事件也越来越频繁。特别是部分发达国家为保护其国内产业，频繁使用国家安全审查、反海外腐败、出口管制与国际制裁、经济间谍活动调查、"301"调查、"337"调查等手段打压竞争对手。中国石化作为位列"世界500强"前列的中国企业，一直以来坚持依法合规诚信经营，在近几年国际业务开展过程中，也先后接到过部分合作伙伴的合规问询和某些国家的合规调查。我们深刻体会到，境外合规风险是企业"走出去"面临的首要问题，如不能妥善应对，不仅会造成重大经济损失，甚至会影响公司乃至中国企业的良好形象。

在具体实践中，中国石化一直将境外法律合规风险防范作为重点工作持续抓紧抓实。通过建立健全境外法律合规风险防控机制，组织主要涉外单位、专业公司建立法律合规风险排查联席会议机制，实施境外合规风险"零报告"，及时跟踪、排查、分析、处置法律合规风险，先后妥善应对美国证监会、世界银行、壳牌公司等对公司下属单位的合规调查，5年内未发生重大涉外法律合规事件。重点加强涉美合规风险研究与预警，持续关注美国"中国专项行动"、涉伊制裁、海外反腐败、出口管制、知识产权等重点、敏感合规领域，安排专人动态跟踪FCPA（美国《海外反腐败法》）、OFAC（美国财政部海外资产控制办公室）、CFIUS（美国外资投资委员会）和出口、知识产权管制动向，专题研究珠海振戎、中远海运等国内企业合规事件，专题编发《美国对伊朗制裁合规风险防控指南》《因公赴美有关事宜法律风险提示》等政策分析、预警信息，打好风险应对"先手牌"。坚持依法维护公司合法权益，坚决通过法律手段回应境外企业恶意诉讼，第一时间成立工作组应对境外合规实践，通过科学统筹谋划，开展针对性专业化应对。妥善应对系统内首例在美"337"调查，通过积极检索全球专利文献破除对方专利独占权、紧急启动新产品设计规避专利技术封锁等手段，迫使原告方在胜诉无望的情况下选择和解结案，成功应对境外企业企图通过高额法律费用、复杂诉讼体系、陌生诉讼文化阻碍公司参与国际竞争的恶意诉讼。

（四）坚持紧跟时代要求，快速应对疫情打好战"疫"

2019年年底，突如其来的新冠肺炎疫情席卷全球，对全球政治经济产生深远影响。合规管理的目的是及时防范化解重大法律合规风险，根据实际情况快速响应、有效应对新冠肺炎疫情影响既是企业平稳发展的迫切需要，也是一场合规管理实战演练。

为了切实打好这场战"疫"，中国石化在疫情预警发布之初，就迅速组建以公司主要领导兼任组长的疫情防控工作领导小组，统筹集团疫情防控全局工作。总部层面由公司总法律顾问牵头成立疫情防控法律工作组，开展新冠肺炎法律合规风险专题研究应对，通过线上办公系统指导直属单位依法依规开展防控工作，先后针对可能受疫情影响的合同履行、劳动用工、诉讼争议等情况进行排查，梳理明确了14项问题并逐一制定应对措施；组织系统内法律专家开展疫情防治法律问题专题研究，围绕传染病防治、突发公共卫生事件应对、商事活动、劳动用工、个人信息保护等领域突出问题，编印发布《新冠肺炎疫情防控法律合规工作指引》；通过公司官方微信开设并发布依法战"疫"宣传专刊6期，解读政策、提示风险，防范可能发生的法律合规事件；高度重视中国石化临危受命建设熔喷布料、防粘布生产线的紧急任务，迅速启动经营范围增项与商标补充注册，积极协助各地执法机关打击假冒中国石化品牌生产、销售伪劣熔喷布干扰市场秩序、妨害疫情防控等行为。

通过周密的部署、细致的安排、有效的应对，中国石化顺利实现疫情防控和生产经营的双战双胜，企业内部未发生重大疫情传播事件，生产经营快速平稳恢复并紧追效益目标进度，顺利推进“双百行动”、分离移交、驻京办专项清理、厂办大集体改革、退休人员社会化管理等改革工作任务，诠释了企业合规管理工作的科学性、有效性、实用性、管用性。

四、结合实践做好反思

在推进法治建设、开展合规管理取得一定成绩的同时，我们也深刻认识到，当今世界处于百年未有之大变局，国际经营环境复杂多变，中美战略博弈直接对抗冲突更加激烈，能源市场多方博弈导致国际油价持续低位震荡，新冠肺炎疫情影响叠加、全球经济下行压力为全球经济带来更多不确定性，企业发展面临前所未有的严峻挑战，对依法合规经营提出更多要求与更高标准。

与此同时，企业合规管理刚刚起步，与打造世界领先洁净能源化工公司愿景目标的需要相比，还存在较大差距，需要在后续工作中改进和提升。有三方面问题尤为突出：

一是部分领导干部法治意识、法治思维、法治能力还需继续提高，国际化视野与合规管理手段都有待提高，对法律合规管理的重要性认识不足。

二是合规管理体制机制尚不健全，反不正当竞争、反垄断、消费权益保护、知识产权、数据和隐私保护等重点领域的合规管理存在欠缺。

三是法律合规队伍整体业务能力不能满足企业改革发展需要，高精尖法律人才缺口较大。一方面知识层面存在差距，国际化经营法律知识储备不足，不熟悉东道国法律环境和国际规则惯例；另一方面合规管理实践历练不足，合规案件、合规调查等新型案件的处置应对经验少，合规管理专业能力有待提升。

五、推动合规管理再上新台阶

（一）坚持党对合规管理工作的统一领导

“党政军民学，东西南北中，党是领导一切的。”国有企业推进合规管理体系建设，必须坚持党的领导，以党建为统领，作为推进合规管理、建设合规体系的强大动力。要围绕国有企业党组织把方向、管大局、保落实作用的发挥来推进合规管理体系建设，发挥各级党组织在合规管理中的决定作用。要依托纪委的监督体系构建完善的合规管理监督评价、追责问责机制，融入“大监督”体系格局，与党规党纪同频共振。要充分调动和发挥各级党组织和广大党员领导干部的能动作用，作为推进合规管理的支柱力量，带头示范推进，综合协调引领，确保合规管理要求真正自上而下全面落实。

（二）稳步推进合规管理体系建设

坚持按照总体规划、分步推进、常态化运行的顺序，循序渐进推进企业合规管理。在总体规划阶段，要坚持顶层设计，主要领导牵头，结合企业实际自上而下系统谋划，动员各部门各线条工作积极性，全面梳理工作脉络，细化对标工作流程，确保总体规划切合实际、切实管用。在分步推进阶段，要确保试点工作的全面性、针对性、有效性，选取各领域具有一定法治建设基础的单位进行先行先试，同时及时跟进工作动态，动态完善实施方案，明确不同领域不同板块不同部门合规管理体系建设的重点、难点和要点，在此基础上全面推进合规管理体系建设。在常态化运行阶段，要基于全系统普遍建立合规管理体系的情况下，对标企业发展的愿景目标和规划蓝图，做细做实合规管理体系、制度规定、工作流程、队伍配备等具体工作，不断促进合规管理工作改进提升，逐步对标并达到世界一流水平。

（三）重点防控化解法律合规风险

结合合规管理体系建设，推进合规管理与内控风控一体化融合，全面构筑业务部门和职能管理部门、合规管理部门、合规监督部门"三道防线"。强化涉外法律合规风险排查，持续关注中美关系与国际形势，做好敏感国家、海外投资、国际贸易等领域合规风险的动态跟进、分析研判、预警提醒。持续开展"后疫情时代"风险应对，关注重点国家（地区）防疫政策，强化项目审查、履约分析，及时提供法律服务。深化重大历史遗留案件化解处置，落实"一案一策"、挂牌督办、发案单位负责制，建立全过程案件管理体系，强化环保、公益诉讼等新型案件处置能力，推动存量案件数量和金额逐年下降。

（四）深化完善法治合规文化建设

结合国家"八五"普法规划，深入开展法治合规文化建设，培育"外讲诚信、依法经营，内讲制度、依法管理"的法治合规文化，倡导"尊法守法光荣、违法违规可耻"荣辱观。要将合规管理有关要求纳入企业的"十四五"规划和"八五"普法规划同步编制、同步实施、同步督促。要持续推进"大普法"格局建设，进一步落实"谁的业务谁普法"工作责任制，多种形式推进日常学法、专项普法、业务领域专家讲法，营造全员学法懂法守法用法浓厚氛围。要充分用好"报网端微屏"多种媒介宣传手段，以职工群众喜闻乐见的形式宣传合规知识，开展合规培训；持续开展新员工入职合规教育与全员合规承诺活动，推动依法合规意识成为行动自觉。要重点加强企地联系互动，积极参加合规领域立法与政策研究，联合开展社会普法合规教育，助力社会主义法治文化建设。

（五）持续夯实法律合规管理工作基础

聚焦专业人才队伍建设与基础管理提升两方面，夯实法律合规管理工作基础。要加强法律合规队伍建设与岗位配备，严格按照国资委工作要求设置岗位，保证法律合规人员比例，并着力提升人才队伍的专业化、专职率。要重点加强国际化经营单位合规管理队伍建设，明确重要驻外机构、重大境外项目设置合规管理机构，配备合规管理人员，开展合规工作。深化法律合规管理作用发挥，按照"源头预防、过程控制、末端治理"的工作原则，开展企业境外项目全流程的法律合规服务，及时有效开展法律分析、提示合规风险、应对合规事件、处置诉讼纠纷。要综合运用信息化、智能化手段，开展信息系统建设与提升，加强法律合规标准化管理，推动法律资源“云共享”、法律文档“云管理”、电子证据“云存证”，以信息化手段助推合规管理工作迈上新台阶。

合规篇

企业合规管理的来源与发展

刘红霞

作者简介

刘红霞　联合国全球契约组织中国网络副秘书长、中国投资协会品牌投资促进中心执行主任、《合规管理体系指南》国家标准起草人，担任西门子全球“合规联合行动”第一、二、三期（2011 年至今）项目执行人

任职机构简介

中国投资协会是2000 年原国家发展计划委员会决定，将1980 年成立的中国固定资产投资建设研究会和1995 年成立的中国投资协会合并重组后，于2001 年2 月17 日召开会员大会正式成立并经民政部登记注册的具有社团法人资格的全国性社会团体，是中国投资建设领域权威性、综合性社团组织。中国投资协会现有会员1000 余家，既有国有、民营和外资企业，也有专家学者，几乎涵盖了各个行业。中国投资协会下设14 个专业委员会、6 个中心、4 个职能部门和1 个组织工作委员会。

内容摘要

本文通过企业合规管理概念的界定、理论的提出、企业合规管理的初级形态及发展,论述了现代企业的合规管理由公共监管逐渐转化为企业内部管理体系,并逐渐强化其有效性的过程。

关键词

合规理论　企业合规管理　合规管理体系　有效性

前　言

“合规”是一个跨学科的综合概念,业界谈及的“企业合规”实质是“现代企业合规管理”,多数人认为,企业之所以需要建立合规管理体系,是为了避免监管部门的处罚。而实质上“合规理论”的提出并非基于处罚,现代企业合规管理实务领域从业人员也鲜有从“合规理论”的本源出发设计本公司的合规管理体系、发挥合规管理最本质的价值作用。合规管理的发展是不同时期社会经济环境、法治环境、人文环境综合变化的结果,了解现代企业合规管理背后的渊源及演化过程有助于企业监管部门更好地理解自己与企业之间的关系,有助于企业自身更好地定位合规管理职能,有助于合规从业人员增强对企业合规管理环境的理解,通过内外协同,将符合国际惯例、国家标准及企业自身特点的合规管理体系落到实处。

一、合规

企业合规管理从不同的管理目标出发有不同的管理要素,形成不同的管理方案。20世纪60年代以来,企业合规管理由公共监管逐渐演变为复杂的公司内部制度体系及相应的合规文化,以适应商业经营环境的各种变化。目前,企业按照国际规则、法律法规规定、政府监管要求并基于自己的企业文化建立或强化合规管理体系,已经成为全球企业普遍通行的做法。

在阐述企业合规管理体系之前,理解什么是合规及合规管理是很重要。“合规”一词是由英文“Compliance”翻译而来。在英文释义中,韦氏词典对 Compliance 的解释是:(1)行为或过程合乎愿望、要求、建议、规则、强制性规定或行政要求;(2)压力下的弹性能力。而法律领域权威的专业词典《布莱克法律词典》并未收录 Compliance 或 Comply 关于法律意义的解释。

理论上,学者从不同角度对合规管理有不同定义。有学者认为,合规管理是企业组织为使其行为符合公共制度的要求而建立的自我治理体系,是公司将其道德价值观转化为更具体的道德行为的手段①。有学者认为,合规管理是指企业使其行为适应法律、监管和

① [美]卡罗尔·巴斯里、欧文·卡根:《公司法律部》,本书译委会译,法律出版社2010年版,第3页。

社会规范的手段①,是按照法律法规、道德、文化规范进行的整体业务行为②。

实践中,“合规”有狭义和广义两种含义:狭义的“合规”主要指强化合规经营、反对商业腐败。广义的“合规”泛指组织机构及个人在行为上要遵守:(1)法规:遵守公司总部所在国和经营所在国的法律法规及监管规定;(2)规制:遵守企业内部规章,包括企业价值观、商业行为准则及行业性规定、职业操守等;(3)规范:遵守社会公序良俗、道德规范等。

合规管理适用于企业、政府、个人等不同组织,本文阐述的合规管理特指适用于企业的合规管理。

二、合规理论

正式用“合规理论”(Compliance Theory)一词描述组织管理形态的是美国社会经济学家阿米特·埃奇奥尼(Amitai Etzioni)③。20世纪五六十年代,美国的经济发展促进了现代管理文化和组织结构的发展,当时,阿米特·埃奇奥尼等社会经济学家开始研究和确定组织合规管控的管理结构和权力来源。阿米特·埃奇奥尼基于权变理论的基本假设,界定了影响组织及员工的三种权力类型:强制型(Coercive)、酬劳型(Remunerative)和规范型(Normative)。认为一个组织如果使用不同的权力类型,会影响其组织要素相应的参与程度,员工在组织关系中的表现也相应分为三种类型:疏远型(Alienative)、功利型(Calculative)和道德型(Moral)。权变理论的基本假设表明,组织要么改变使用的权力类型,要么改变涉及组织关系的要素,以实现组织的权力和参与要素之间的一致性。20世纪70年代中期,阿米特·埃奇奥尼将这种组织管理的结构方法命名为“合规理论”(Compliance Theory)。

为了不与传统的法律理论相混淆,阿米特·埃奇奥尼的合规理论强调关注的是组织内的行动者之间的关系,包含了组织的代表(责任人)和与该组织有关的较低层次的参与者。更具体地说,该理论旨在帮助研究组织中掌握权力的人与遵守该权力的人之间的动态关系。同时,阿米特·埃奇奥尼还认为,评价任何组织类型下的合规管理的有效性,很大程度上取决于组织中较低层次的参与者的参与度,因为在合规理论框架内,较低层次的参与者所处的层级差异最大,管理与控制较低层次参与者所产生的风险就更加困难。

随着合规管理的发展实践,合规监管及对不合规事件的处理方式有不同偏重,合规理论衍生出“新公司治理说”“行为规范说”“违规责任说”等。“新公司治理说”通常被描述为一种监管理论,认为合规管理并不符合传统的公司治理模式,因为合规管理要素并不直

① [美]肖恩·J.格里菲斯(Sean J. Griffith),福特翰姆大学(Fordham University)法学院教授、欧洲公司治理研究院(European Corporate Governance Institute)研究员。

② [美]肖恩·J.格里菲斯:《合规时代的公司治理》,载《威廉和玛丽法律评论》2016年第6期。

③ [美]阿米特·埃奇奥尼:《复杂组织的一种比较分析:关于权力、参与与它们之间的关联》,格伦科自由出版社1961年版。

接来自公司董事会、公司法或相关专项领域的法律；相反，这些在公司内部运行的公司治理结构，直接或很大程度上来源于外部监管机构对企业提出的监管要求，其特征是监管机构和被监管实体之间的信息共享、协作，对预期结果和实施过程的持续评估和修订以及机构间的合作。“行为规范说”认为，合规管理最终管理的是人的行为。基于心理学的“行为计划论”（Theory of Planned Behavior），从一个人的“态度”“主观规范”“对感知的控制”三个方面测评管理者的决策及员工的行为是否合乎道德。“违规责任说”认为，“让组织对其员工的错误行为负责，这些组织就会采取必要的措施以预防不合规行为发生”。随着对个人追责的执法发展实践，“违规责任说”从积极与消极、绝对与相对的角度丰富了其内涵，认为合规管理不应仅从消极方面对“违规”行为进行处罚、要求违规者承担责任，更重要的应从积极方面，鼓励行为人承担积极义务，避免不作为，减少不合规事件的发生。

三、合规管理

现代企业合规管理是由公共机构对企业集中监管转变为企业自身的合规管理，并在专业组织推动下发展形成国际统一标准体系的过程。

（一）合规管理的初级形态

现代合规管理可以追溯到19世纪末20世纪初，当时，美国由农业社会向工业社会转变，由传统社会进入到现代社会的大转折时期。这种深刻而全面的变动带来了诸多严重的社会问题，社会各阶层都不满现状，寻求变革。民间团体和公共机构如全国劳工立法委员会、全国消费者联盟及联邦各级政府针对不同社会问题展开大规模调查，进而开始通过大规模的立法来推进改革的进行。1887年，国会通过《州际商务法》（Interstate Commerce Act），设立州际商务委员会以管理铁路运价、禁止在铁路运输中支付回扣，开启了联邦政府干预私人经济事务的先河。

在对纽约市政厅的一项调查中发现了大量的政治腐败，为限制竞选支出与对竞选的捐款，防止金钱对政治的操纵，1890年，纽约州率先通过了美国第一部关于反腐败行为的《腐败行为法案》（Corrupt-practices Act）。随后的几年内，马萨诸塞州、科罗拉多州、密歇根州、加利福尼亚州等15个州都先后通过反腐败行为的系列法案①。1892年，伊利诺伊州推动了童工法、公司法、劳工仲裁法、城市政府法、新税收法以及集体谈判法、城市文官法、女工法等系列法律的制定。随着调查反映出来的问题越来越多，腐败问题严重，各种安全事故也不断增加，政府开始设立专门机构进行集中统一监管。

1906年，农业部对肉类加工企业进行调查，发现了许多不卫生、不安全的生产环境、生产环节和加工过程，舆论哗然。针对企业诚信缺失、食品安全问题严重、无视消费者权利的状况，美国众议院以240票对17票通过了一项里程碑式的法律——《纯净食品与药品

---

① 《美国参议院文件资料》（第37卷），华盛顿政府印刷办公室，1912年。

法》(Pure Food and Drug Act),它首次全面规定了联邦政府在美国食品医药规制中所应承担的责任,以阻止“生产、销售或运输掺假或假冒、有毒有害的食品、药品或烈酒”,既保护了生产者权利,又前所未有地维护了消费者利益,并直接促成了联邦食品和药物管理局(U. S. Food and Drug Administration,FDA)的成立,以加强对食品医药行业的持续监管。此后,在反垄断等多个领域,都颁布了监管立法和成立了相应的联邦监管执法机构。1914年,《联邦贸易委员会法》(Federal Trade Commission Act)生效,美国政府对企业正式开始实行全面的监督与管理。

之后,社会生产、流通、消费等各个环节增多并复杂化,为适应发展需要,逐步增加专业性、引入监管标准、认证体系,采用现代化的检测手段等推动监管体系逐步成型。

这种以公共利益为中心,对公共安全的倡议和关注,就是早期的合规管理形态。与现代企业合规管理相比,早期合规管理形态的特点是:管理主体上,是政府基于权力基础施行的外部监管;管理对象上,是政府对个人或企业商业行为的监管;管理内容上,是以社会公共利益为中心,对公共安全、生命健康安全的倡议和关注;管理模式上,是以政府集中监管的方式进行;管理机制上,采用了一定的监管标准和认证体系;管理工具上,采用了现代化的检测手段等。但初级形态的合规管理受到政府资源、商业形态、社会结构的影响和限制,同时,这种基于公共安全目标而进行的执法机构对私人企业的监管模式具有一定对抗性,在一定程度上加剧了二者之间的摩擦,并没有催生企业自觉的合规管理行为。尽管在后续发展中有组织的劳工增长削弱了集中监督的作用,但直到20世纪70年代,由政府集中进行合规监管执法的公共模式一直占据主导地位。合规管理机制、合规管理工具的运用,也因当时的商业形态、社会结构影响而并未充分发挥其作用。

(二)合规管理的争议及转型

20世纪50年代和60年代,现代资本进一步增长,此时,现代管理和组织文化开始出现。也正是这个时候,出现了关于是否应该在企业内部建立合规管理制度的争议。

该争议的一个典型案例是发生在1963年美国特拉华州最高法院(Delaware Supreme Court)审理的“格雷厄姆诉艾莉森-查尔默斯制造公司一案”(Graham v. Allis-Chalmers Manufacturing Company)。案件原告约翰·P. 格雷厄姆(John P. Graham)和伊冯·M. 格雷厄姆(Yvonne M. Graham)代表他们自己和在此纠纷中具备法律主体资格的被告公司的其他股东。被告查尔默斯公司是一家年销售额超过5亿美元的设备制造商,该公司的一贯做法是将商业决定权下放给尽可能低的管理层,避免因层层决策及领导层缺乏专业技术背景而影响生产效率。董事会每月开会决定公司主要政策,但不解决公司下属部门的具体问题;董事们每年也都开年会审查公司预算,但不介入下属管理层对产品进行价格设定。原告起诉称,从1956年开始,公司部门员工与其他制造商一起操纵产品价格、参与价格垄断,违反了《反垄断法》,应就因此造成的损失对股东进行补偿。

当时,美国法院系统在司法实践中一直沿袭1829年由路易斯安那州最高法院首次确立的关于董事注意义务及忠实义务的判例法规则——《商业判断规则》(Business Judgment Rule)。该规则给定一种假设,即公司董事在做出商业决策时,是基于知情、诚信和诚实的信念,认为所采取的行动最符合公司的利益。对此有异议者,按照“谁主张,谁举证”的原则,由异议方承担举证责任,提供证据进行证明。

依据《商业判断规则》,特拉华州法院发现原告并无证据显示任何董事对公司有关的反垄断活动有任何实际认识,或有任何实际认识足以令董事们注意到公司的部分员工正在进行反垄断活动。就此,原告在抗辩中将案件的理论转移到这样一个观点,即尽管事件发生时董事们缺乏《反垄断法》的实际知识,但联邦贸易委员会(Federal Trade Commission)于1937年已经发布两项法令,对公司潜在的反垄断活动发出过警告,董事们及公司高管都知道这些法令,但他们却一味相信公司下属管理层及员工不会违反这些法令。据此,原告提出,董事们没有采取行动来了解并阻止公司员工的价格操纵活动及反垄断行为,违反了对股东或公司的责任。原告主张,董事们应该承担监督法律合规的积极责任,在公司内设置一种管理架构,以确保公司拥有有效的合规程序、始终遵守法律。这一抗辩将案件争议焦点转变为公司董事责任的认定标准问题。这是一个法律问题,但不再仅仅是一个法律问题。

特拉华州最高法院最终驳回了原告格雷厄姆的诉求,认为被告公司董事们对员工的价格操纵、反垄断活动并没有实际的了解,而且联邦贸易委员会之前的两项关于违反《反垄断法》的警告法令也并没有告知董事们未来可能的价格变动。公司董事有权依赖其下属的诚实和正直,直到有事情发生,使他们怀疑出了问题。从当时法律上讲,除非董事忽略了明显的不当行为,否则他们对公司的违规行为造成的损失不承担责任。这一判决在当时与《商业判断规则》所表达的董事对公司内部事务不干涉的总体态度是一致的。因此,在当时情况下,尽管案件充满了争议,但董事们与高层管理在此判决结果下也不再担心为了确保公司遵守法律而必须设置和运行一个企业内部监控系统。

公司是投资者所有权与经营权二权分离的典型经济组织形态,两种权力的纠葛反映了公司股东和董事之间既有共同的经济利益又有利益均衡的诉求,这种客观的诉求不会因为法律的一次裁决而就此消弭。33年后,关于对公司是否应该设立内部监管系统及董事的责任等问题的审理标准发生了截然不同的转变,这在本章后面内容会有叙述。

1972年,轰动整个美国的“水门事件”爆发,这虽然是一件政治丑闻,却给美国甚至整个世界关于监督模式、监督范围以及权力运行系统带来深远的影响。

在水门事件的听证会上,公众了解到有些企业为获得业务而向外国政府官员行贿。事件发生后,社会要求加强对政府官员和企业行为的监督。传媒界借机掀起黑幕运动,各种官方调查也随之展开。美国证券交易委员会(United States Securities and Exchange Commission,SEC)在一份报告中披露,400多家公司在海外存在非法的或有问题的交易。这些公司承认,自己曾经向外国政府官员、政客和政治团体支付了高达30亿美元的巨款。

在这种背景下,美国国会于 1977 年以绝对优势通过合规管理发展历史上一部重要的法律——《反海外腐败法》(Foreign Corrupt Practices Act)[①],该法案的核心目标是遏止对外国官员行贿及公司腐败问题,重建公众对于美国商业系统的信心。法案除了对贿赂外国官员以换取业务的个人实施刑事处罚外,还要求上市公司设计一套账簿和记录系统,记录其员工对公司资产的处置。

上述事件的发生,让很多企业认识到需要对自己的销售实践、制造过程和行业的整体业务行为有更多的了解,企业的合规责任有必要从对公共利益的关注转移到企业自身。同时,以阿米特·埃奇奥尼等经济社会学家为代表提出的"合规理论"已经开始研究社会结构中组织的合规性,带给企业一定启发。与初期形态相比,此时合规环境已经发生了相当大的变化。人们开始意识到在组织内部建立合规管理的必要性。

在此阶段,管理主体由初期阶段的政府监管逐渐转为政府的外部监管和企业内部自主管理相结合;管理对象上,在政府对个人或企业商业行为监管的基础上,开始更多关注企业自身治理,探讨董事会的职能职责;管理内容上,在以社会公共利益为中心,对公共安全的倡议和关注基础上开始关注导致违背社会公共利益背后的原因,即企业管理的合规性问题。在此阶段,组织的合规义务也逐渐发生转移,由于初期阶段以政府公共执法为主,个人及企业的商业行为主要是履行外部合规要求,而在此阶段,由于要求公司内部设立一定程序以保障公司遵守法律,以合规要求为主的合规义务也逐渐增加了组织的内部合规承诺。另外,由于此阶段很多企业认识到需要对自己的销售实践、制造过程和行业的整体业务行为有更系统的了解,也进一步丰富了合规管理理论,合规管理不仅仅是政府的外部监管、企业的内部治理,也是一个系统性工程,奠定了合规管理体系诞生的基础。

四、现代企业合规管理制度

20 世纪 80 年代,经济增长的下滑、惊人的通货膨胀率、迅速增长的税负等引发了社会民众的强烈不满和集体关注,社会大众开始对一些问题进行聚焦和讨论,这些问题主要集中在环保、税收、政府开支、政府管制等方面。

1986 年,美国国会和公众愤怒地发现,国防部(Department of Defense)为五角大楼的"零部件"支付了荒谬的付款,包括一台价值 7622 美元的咖啡机、一把价值 435 美元的锤子和一个价值 600 美元的马桶座圈,这些以极高的价格购买的零部件共高达 370 亿美元。更重要的是,人们无法定义这是一个违规问题,没有人因此被判有罪[②]。然而,无论是卖方的哄抬价格,还是国防部不负责任的荒谬支付,都被公众广泛认为是不道德的。这场采购

---

① 期间经 1988 年、1994 年和 1998 年三次修改。截至 2020 年 3 月,《反海外腐败法》通过的 40 项最大的反海外腐败案件,总计已被处以超过 171 亿美元的罚款。

② 由于这一丑闻,国会对国防部的预算进行了一年的冻结。

丑闻促使了美国总统的国防管理蓝带委员会(Blue Ribbon Commission on Defense Management)①的成立。国防管理蓝带委员会重申并扩大了1977年《反海外腐败法》的规定,呼吁进行内部控制,以防止非法和不道德的行为。他们还认为,国防承包商应制定并实施道德行为准则,通过加强自我管理自愿改善其采购流程。作为回应,在国防管理蓝带委员会成立后的几个月,通用电气(General Electric)的杰克·韦尔奇(Jack Welch)与国防部其他17家承包商的高级管理人员共同自愿创建了"国防工业关于商业道德和行为的倡议"组织(Defense Industry Initiative on Business Ethics and Conduct)并起草了五项核心准则(以下简称DII准则)②。到1986年7月,32家主要国防承包商已承诺采用DII原则。

1988年,美国司法部非正式规定,当检察官决定是否在刑事调查中对国防承包商提起诉讼时,应考虑他们是否制定且实施道德合规政策。

受经济大萧条影响,投资者对美国证券市场的信心当时正处于历史低点。到1989年,超过一半的储蓄和贷款已经失败,内幕交易行为让一部分人一夜暴富,让更多的人流落街头。自1934年发布《证券交易法》以来,美国证券交易委员会处理内幕交易违法行为时使用的救济措施一直仅限于向受监管个人或机构发出责令其遵守禁止性规定的强制令和行政命令。随着一系列内幕交易丑闻在社会上造成恶劣影响,国会认为传统的强制令和行政命令已无法对企业及操纵内幕交易的个人起到威慑作用。因此,国会通过《内幕交易制裁法》(Insider Trading Sanctions Act)并由里根总统于1984年8月签署通过。1988年9月,里根总统再次签署通过了《内幕交易与证券欺诈执法法案》(Insider Trading And Securities Fraud Enforcement Act),强化了对内部交易行为的制裁力度,并要求公司制定旨在防止和发现内幕交易的书面合规政策和流程。这两个法案通过后,由SEC官方网站资料可知,在1990年和1991年两个会计年度里,SEC分别处理了38起、36起内幕交易案件。

在此影响下,美国联邦量刑委员会于1991年向国会提交了《联邦量刑指南》修正案,要求公司具备"合理设计、实施和执行的良好的合规计划,以使该项目在预防和侦查犯罪行为方面普遍有效"。同时规定,这样的合规计划应具备以下七类要素:(1)建立预防和侦查犯罪行为的标准和流程;(2)主管部门应当了解合规管理的内容和运作,并对合规管理的实施和有效性进行合理监督;指派责任人全面负责合规管理;指派合规经理负责合规管

① 也被称为"帕卡德委员会"(Packard Commission),以其曾任主席戴维·帕卡德(David Packard)名字命名。

② 五项准则是:(1)在与美国政府的所有业务往来中,我们都应诚实守信,保护纳税人的资源,为美国军人提供高质量的产品和服务;(2)我们应推广商业行为的书面准则所表达的最高道德价值观,通过沟通、培训和其他方式培育道德文化、遵守和尊重所有相关的法律法规;(3)我们应当建立和维持有效的商业道德与合规计划,以反映我们对公司治理的承诺,鼓励员工报告可疑的不当行为,禁止对报告人打击报复,并确保有流程能够对违法违规行为进行强制和自愿披露;(4)我们将分享商业道德和合规方面的最佳实践,并参与年度DII最佳实践论坛;(5)我们将通过公共论坛,包括DII官方网站(www. dii. org)定期分享和报告我们的活动、对公众负责。我们的报告会描述DII成员为建立和维持强大的商业道德和合规文化所做的努力。

理的运营且该业务负责人应定期向上级报告合规管理运营的有效性;企业应向这些个人提供足够的资源、适当的权力,并使他们能够接触相关部门或最高管理层;(3)管理层与有效道德和合规计划一致;(4)组织全员教育与培训;(5)审查、监控与定期评价;(6)具备激励与纪律处分机制;(7)具备违规应对、预防及合规管理的改进机制。

《联邦量刑指南》修正案体现了政府不仅为企业的合规制度提供法律效力保障,还概述了合规项目应包含的基本内容,构建了未来评价有效的合规管理体系的一般标准。为了满足设计、管理和监督合规管理体系的需要,首席合规官的职位就此诞生了。

1991 年,来自德雷福德集团(Dreiford Group)的克雷格·德雷林格(Craig Dreilinger)和迈克(Mike)一起为一些公司提供咨询服务。两人都很快意识到,如果能号召当地不同的大公司的道德合规官就各自在公司里所做的工作一起进行交流,必将信息互补、彼此受益。他们集合了 15 名道德合规官在当地的雷神(Raytheon)公司举行了第一次会议交流。这是一次非常成功的会议,合规官们非常感谢彼此的了解和交流,克雷格和迈克决定继续这些讨论,就此,道德与合规官协会(Ethics and Compliance Officer Association,EOA)①成立了。也是在这次会议上,雷神公司名誉董事长汤姆·菲利普斯(Tom Phillips)将这一时刻称为"美国工业界一种新职业"的开端,他坚信,道德合规官的职位对公司的道德健康及合规管理建设至关重要。

而扭转合规管理的被动局面,在企业内部开始设置合规管理制度的,是再次发生在特拉华州的一件案件纠纷,该纠纷被称为合规界的开创性案例和合规发展的重要节点,使合规管理以法律判决的形式开始走进企业内部制度建设。

案件被告为凯马克公司(Caremark International,Inc.),是美国领先的医疗保健产品和服务提供商。该公司的主要产品是输液治疗,患者通过导管接受药物或液体治疗,通过全国 93 家输液治疗机构治疗癌症、血友病和其他血液疾病,同时有器械设施提供物理治疗和康复。凯马克公司也是美国最大的私营艾滋病护理服务提供商,运营着一个由 12 个门诊护理中心组成的网络,为患者提供治疗。其分支护理中心还为妇女提供各种专门的保健服务,尤其是那些高危妊娠妇女。同时也是第一家在患者家中为他们提供治疗的公司。基于这些主营业务特点,凯马克公司非常依赖客户推荐,并对使用其产品的客户医生进行补偿。当医生将病人转到凯马克公司进行家庭护理时,凯马克会向医生支付 12 美元到 150 美元不等的费用,用于检查病人的家庭治疗。如果病人有医疗保险,那么医疗保险会补偿凯马克公司的这笔费用。凯马克公司自成立以来,与医院、医生和医疗服务提供商签订了各种咨询和服务协议,并与药品制造商签订了分销协议。1989 年,凯马克公司曾发布一份内部的《合同关系指南》(Guide to Contract Relationships),以指导其员工与医生和医院如何签订合同。纠纷发生之前,凯马克公司的大部分收入来自第三方支付、保险公司、

① 原名"道德官协会"(the Ethics Officer Association)。

医疗保险和医疗补助计划。这种盈利模式引起了政府的注意,1991 年,美国卫生与公众服务部(Department of Health and Human Services)开始对凯马克公司的医疗保险费用进行调查。调查关注的是,该笔费用是一种合法的服务费用支出,还是对医生将病人转介给凯马克公司的一种鼓励或"回扣",是否违反了联邦关于对医生《反转诊付款法》(Anti-Referral Payments Law)禁止卫生保健提供者支付任何形式的报酬,以诱导医疗保险或医疗补助病人转诊的规定。1992 年,美国司法部及另外几个联邦和州机构也都分别对此展开了调查。

在政府调查期间,凯马克公司制订了公司内部审计计划,以确保遵守国际及美国商业和道德准则。此外,还聘请外部审计机构对其公司内控系统进行审计。1993 年,尽管审计报告称其内部控制没有重大缺陷,凯马克公司依然制定了一项新的内部审计章程,要求对公司政策进行全面审查,并编写关于这些政策的员工行为手册。

1994 年,明尼苏达州、俄亥俄州等州联邦大陪审团先后对凯马克公司提出诉讼,指出凯马克公司多笔付款都跟其《咨询协议》服务内容不相吻合,且这类付款自 1986 年开始一直持续到 1993 年。随后,凯马克公司 5 名股东也提出诉讼,称其公司董事们没有建立足够的内部控制系统,也没有尽到充分的注意义务及时阻止公司员工违法行为的发生,导致公司面临巨额罚款。上述诉讼在特拉华州法院(Delaware Chancery Court)合并审理。

1995 年,凯马克公司开始与联邦和各州政府进行和解谈判并于 1996 年就提议的公平性举行了听证会。根据特拉华州法律的要求,双方向审理此案的大法官威廉·T. 艾伦(William T. Allen)提交议案,以"公平合理"的方式批准和解协议。凯马克公司股东的"底线要求"是,"董事会必须做出善意的努力——试着建立合理的董事会层面的监督和报告制度"。大法官威廉·艾伦(William Allen)在审查凯马克公司股东与董事之间拟议达成的和解协议时指出,与特拉华州最高法院(Delaware Supreme Court)1963 年"格雷厄姆诉艾莉森－查尔默斯制造公司一案"相比,社会经济法律环境已经发生了很大变化。联邦政府利用刑法和程序来规范公司合规行为,这让公司董事处于不同于以往的地位。董事们谨慎起见最好能确保他们自己的公司至少建立一套合规制度以规范员工行为、确保公司守法合规,否则,他们的公司及个人都将面临严重的风险。艾伦法官裁定:董事们有义务采纳并监督公司合规计划,即使在没有接到任何实际违规通知的情况下也是如此。最终,凯马克公司支付罚金 2.5 亿美元,制定合规制度进一步审查公司政策及流程,以确保重要信息从管理层及时、充分地报告董事会,包括公司面临的主要风险的监测和监督状况。1996 年,和解协议得到了批准。

凯马克公司案例在合规管理上代表了一个实质性的进步,见证了公司董事职能、责任的演进。它将公司如何遵守外部法律的问题转变为公司的内部治理问题。对企业合规管理的认识,在之后的几年里也深入人心。

尽管有上述努力和变化,但很多企业对量刑委员会关于良好合规计划的定义的理解仍然不尽一致甚至含混不清。企业内每个链条都可能存在的不法行为也不会仅仅因为

“书面上良好的合规计划”和一份法律判决而自然消失，如果公司仅为了使其公司政策符合法律监管、商业规范而制定合规制度，并不能保障其实际做法上真正合规；公司合规管理负责人（包括合规官、律师、审计师和其他监督公司的专业人员）是否在企业文化、价值方面取得了与合规成本相称的进步，也都还是一个悬而未决的问题。企业还停留在表面应对阶段，对违规后果的认识也不足，没有谁真正愿意拿出一大笔合规管理预算，在风险没有发生前去一一满足《联邦量刑指南》七要素要求。

19 世纪末 20 世纪初，施乐（Xerox）、安然（Enron）、世通（WorldCom）、阿德菲亚（Adelphia）、美林（Merrill Lynch）、摩根斯坦利（Morgan Stanley）、高盛（Goldman Sachs）等公司重大违规事件的发生更加表明道德与合规规范在企业文化的渗透还不够充分。这些案件从政治风暴到财务造假，上市公司联合欺诈，极大地撼动了美国资本市场监管体系，也成为美国加强对上市公司监管的分水岭，导致美国国会于 2002 年加速通过了《萨班斯－奥克斯利法案》（Sarbanes-Oxley Act，又称《上市公司会计改革与投资者保护法案》）。法案对企业的内部控制提出了非常严格的要求，以应对企业合规管理的漏洞。对公司治理、会计职业监管、证券市场监管等多个方面做出了许多新的规定，被视为自 1930 年以来美国证券法最重要的修改。2004 年，《联邦量刑指南》再次修订，对一个有效的合规管理体系的定义比 1991 年的七个步骤更加详细和严格。这些修订包括：风险评估、明确董事会和高级管理层对合规管理体系的期望、培育合规文化、强化合规机制、培训与沟通。

在上述背景下，历经跌宕的金融领域率先构架合规管理体系，2005 年 4 月，巴塞尔银行监管委员会发布了《合规与银行内部合规部门》高级文件。文件中提出“合规”和“合规风险”的定义，成为指导各国银行乃至金融机构合规风险管理的代表性文件，标志着银行业合规风险现代管理框架基本形成。至此，在企业内部建立合规管理体系，成为全球不予争辩的趋势和事实。

从初期阶段的合规管理到当前企业合规管理体系的建立，导致最初对公共利益的损害的直接原因是个人或企业商业行为中的逐利行为，政府涉足对商业行为的监管后，由于公司的一般特质是投资者所有权与经营权二权分离，这种经济组织形态是两种权力的纠葛，公司股东和董事之间既有共同的经济利益又有利益均衡的诉求，必然要求公司从治理、职能管理及业务行为层面规制利益的流动与分配。这种个人及企业商业行为中的逐利及不可克服的商业组织形态，反映到政府对企业的监管也就首先体现在对财务及金融的监管。这也是业界大多认为现代概念下的企业合规管理是从金融行业开始的原因。此时，企业是其内部合规管理体系的主体，政府监管成为企业遵守的外部合规要求之一；管理对象上，不再局限于对法律条文或制度文件的遵守，而是更加注重商业活动中人的行为；管理内容上，由维护公共利益、遵守法律制度，转化为搭建企业组织架构体系、制度构成体系、强化运营流程管理及更加灵活多变的合规管理工具的应用。由于合规义务的转换,企业及个人的商业行为不仅要符合外部合规要求,还要同时重视实现自己的合规承诺,由组织或个人分别承担相应的合规责任。

五、企业合规管理体系

从合规管理的初级形态到确立现代企业合规管理制度,贯穿始终的是围绕商业形态、社会结构变化而产生的合规管理有效性问题。本质上,一个真正有效的合规管理体系必须将合规文化及理念嵌入到组织中,而不是表面的遵从。合规管理的发展历程显示,政府集中监管的初期阶段,为避免刑事和准刑事调查和起诉,公司尽力遵循和模仿法律要求的合规程序,利用立法、实施法律、执法和裁决的原则来推进其合规目标,这种合规目标的结果也很明显——它未能有效地减轻企业的不当行为。政府外部监管及企业内部合规制度的并行,使立法机构可以对不合规行为积极跟进,但这种立竿见影式的合规监管只是实现了法律监管层面的目标,却未能结合企业的自身文化,仍然爆发了政企丑闻并导致市场失灵。总之,合规管理功能的设计目的应超越历史上狭隘法律义务的行为规范,通过改善企业文化来完善公司治理,反过来,文化上合规的治理将促进更多的行为合规、降低不合规事件的发生。合规管理的有效运行,重点在于合规文化的培育。

1999 年,为了进一步规范对企业的有效监管,美国司法部发布了第一部公司刑事诉讼“最佳实践”的内部指南——《司法部关于起诉和量刑的政策指南》[Department Policy on Charging and Sentencing,又称《霍尔德备忘录》(Holder Memorandum)]。指南最初是为基层检察官和他们的地方监管人员准备的,要求检察官权衡其他因素推迟对公司的起诉,从而使公司能够避免潜在的毁灭性的刑事处罚。如权衡“公司合规计划的存在和充分性”:公司已经采取了适当的措施、在特定的不当行为之前通过制定合规计划来防止该不当行为的发生,且现在正采取措施,自愿披露、配合政府的调查与合作,加强其合规管理的薄弱环节,纠正其不当行为。这种通过保留检察官自由裁量权以决定一个合规项目是否设计良好和有效的方式虽然并没有明确合规管理有效性的要素,但为后来的政策奠定了基础,这些政策允许在追究公司责任时有更大的回旋余地。

2003 年,时任美国司法部副部长的拉里·汤普森(Larry Thompson)发布了一份题为《联邦起诉商业组织原则》(Principles of Federal Prosecution of Business Organizations)的备忘录(the Thompson Memorandum,又称《汤普森备忘录》),与之前的《霍尔德备忘录》不同,这份备忘录明确要求所有检察官考虑对那些因员工违法行为而成为调查对象的公司,提供公司相关资料,严格追究其实体范围内的刑事责任。2006 年,时任美国司法部副部长的保罗·麦克纳迪(Paul McNulty)先生在毕马威(KMPG)一案中修订了汤普森起草的《联邦起诉商业组织原则》(McNulty Memorandum,又称《麦克纳迪备忘录》),修订后保留了《霍尔德备忘录》主张的公司的合规义务,并宣布《麦克纳迪备忘录》原则将取代汤普森起草的原《联邦起诉商业组织原则》。2008 年,时任美国司法部副部长的马克·菲利普

(Mark Filip)对麦克纳迪《联邦起诉商业组织原则》进行了再次更新,要求检察官根据政府调查过程中公司提供的相关事实(真正的事实)而不仅仅是表象资料来判断公司的合作度。根据美国司法部官方资料,联邦检察官[①]对暂缓起诉协议(Deferred Prosecution Agreement,DPA)和不起诉协议(Non-prosecution Agreement,NPA)的使用急剧增加,从1999年至2001年的11起,到2002年至2005年的23起,再到2006年至2008年间增加到66起。

2011年和2014年,《联邦量刑指南》进一步修订,对合规官的独立性做出了更多阐述。

世界银行集团(the World Bank Group)长期以来颁布了一系列与其提供贷款的国际投资项目相关的采购指南以及对企业不合规行为的制裁制度。受到制裁的企业将被列入世界银行集团"黑名单"(每3个小时更新一次,包括企业名单及个人名单),在一定期限内被禁止参与由其提供资金的项目,并在一定条件下(如被制裁时限达12个月之上),根据世界银行集团、亚洲发展银行、非洲发展银行集团、欧洲复兴开发银行、美洲开发银行集团共同签订的《共同实施制裁决议的协议》规定,由上述五大机构进行联合或交叉制裁。

2010年,世界银行集团颁布《诚信合规指南》(Integrity Compliance Guidelines),发布企业良好治理和反欺诈与腐败的良好实践。并在此良好实践的标准、原则和内容基础上梳理出一个有效的合规管理体系需具备的11项要素,包括:明令禁止不当行为、明确合规职责、进行风险评估、制定合规政策、业务伙伴的合规管理、内控制度、培训制度、奖惩激励机制、举报制度、补救措施及企业联合行动。

2015年,美国蓝铃乳品公司(Blue Bell CreameriesUSA,Inc.)一案使对企业合规管理有效性的确认体现在法院判例中。美国蓝铃乳品公司于2015年暴发的李斯特菌疫情导致3人死亡,并导致该公司召回所有产品,关闭所有工厂,并解雇了1/3的员工。一位公司股东对两名关键高管和公司董事提起诉讼,诉称公司高管和董事在知情的情况下忽视了污染风险,未能监督公司食品制造的安全,违反了他们的谨慎和忠诚义务。特拉华衡平法院对原告诉求予以认定,认为原告真正试图挑战的不是公司存在的监测和报告控制系统,而是在特定情况下这套监测和报告系统的有效性。

2017年,美国司法部发布第一版《企业合规管理体系评估指南》[Evaluation of Corporate Compliance Programs(the Guidance)],《企业合规管理体系评估指南》着重于三个主要领域:公司合规文化、合规管理体系的结构和资源,以及公司合规政策和程序的有效性。2019年及2020年,司法部先后对《企业合规管理体系评估指南》又进行了更新。2019年《企业合规管理体系评估指南》定义了建设公司合规管理体系应经过"能够在预防和发现不当行为中发挥最大效力"的充分设计。2020年版对2019年版进一步作了澄清和补充,更强调对企业合规管理的持续性、有效性和实时性的关注,更重视该合规管理是否

① 这种由检察官自由裁量进行的监管限于州级检察官,如纽约州总检察长办公室。其他DPAs中的外部监察员约有一半是特别指定的。

能在企业日常运营中真正发挥其作用。

结 语

合规管理有效性的提出,以及对合规管理体系完整性的关注,体现了现代企业合规管理的实践要求。企业合规管理是动态的,企业合规管理体系的组织架构及制度构成是静态的,现代企业合规管理体系的有效性、完整性是在静态和动态的融合推动中发展的。在越来越多的中国企业“走出去”,国有重点企业对标世界一流,提升合规经营能力、落实国有企业改革三年行动方案,切实增强国有经济竞争力、创新力、控制力、影响力、抗风险能力的背景要求下,只有认识现代企业合规管理的来源及发展过程,才能更好地审视当前商业形态及社会结构下中国企业面对的合规要求及做出的合规承诺,进而有效地识别合规风险、更加理性地理解合规管理主体职责、合规管理内容的复杂及合规管理机制工具的运用,通过有效的合规管理实践支持企业合规管理目标的实现、净化商业环境、维护社会商业秩序的良性运行。

混 改 篇

混改篇

混合所有制改革 法律尽职调查法律合规风险及应对措施

中国建材集团有限公司

作者

中国建材集团有限公司

内容摘要

随着混合所有制改革的推进,法律合规风险及其应对对于积极稳妥推进混合所有制改革,实现国有资产保值增值具有较强的实践意义。本文以中央企业混合所有制改革中的法律尽职调查为出发点,分析了混改过程中需要重点把握的关键要素和主要风险防控要点,助力企业及时识别法律合规风险并有效应对,以推动中央企业稳妥有序发展混合所有制经济。

关键词

混改　尽职调查　目标公司　投资者

引 言

尽职调查是为了深入了解目标公司及交易相关各方情况的总体过程,是对目标公司的资产和负债状况、经营和财务情况、法律关系以及目标企业所面临的机会与潜在的风险进行的一系列调查,一般包括业务尽职调查、财务尽职调查、法律尽职调查及其他尽职调查。尽职调查的主要目的是全面了解目标公司的情况,并且根据尽职调查的结果,协助进行交易的可行性分析,判断企业是否达到相关条件,是否存在法律风险,为交易方案的制定和实施提供参考意见和建议。因此尽职调查是交易的基础和前提。

一、混改法律尽职调查综述

(一)法律尽职调查的定义

法律尽职调查是指目标公司在进行交易行为时,由拟参与交易的主体自行或者聘请专业中介机构(通常是律师事务所),根据交易意愿和目的,有针对性地对目标公司的出资人、主体合法存续、企业资质、资产和负债、对外担保、重大合同、关联关系、纳税、环保、劳动关系、诚信情况等一系列法律问题进行调查,从而判断交易的法律风险,并由中介机构向交易决策者等委托主体提示风险、评估风险和判断风险、排除风险的一系列法律活动。

混改项目涉及多个交易主体,不同的交易主体存在不同的尽职调查需求。混改项目的法律尽职调查通常分为对目标公司的尽职调查和对投资方的尽职调查,实践中针对投资方的尽职调查又称为“反向尽职调查”。一方面,根据国务院“宜改则改”的指导意见,国有企业通过对自身情况的尽职调查,对企业发展战略、经营现状、资源要素、优势劣势进行分析、研究,掌握企业未来发展的脉络;另一方面,国有企业对投资方进行全面调查,对其合作后能够提供的真实资源、历史经营情况、潜在经营风险等关键信息,通过调查进行落实、分析,有效排除实力不强、管理薄弱、技术不高、业绩信誉较差的投资者,最大限度降低目标公司混改后的经营管理风险。

(二)法律尽职调查的必要性

1. 了解目标公司的基本情况。法律尽职调查可以使调查一方尽可能地发现交易对方及交易标的情况,协助委托人更加充分地了解被调查对象的组织结构、资产和业务的产权状况和法律状态。

2. 发现法律问题并进行风险评估。尽职调查目的之一是发现法律问题并对法律风险进行评估,判断法律风险的性质、程度以及对交易活动的影响和后果,了解法律风险可能给交易相关方带来的责任或负担。

3. 提出解决法律问题和防范风险的方案。寻找法律问题的解决方案是尽职调查最核心的目的。在发现和分析法律问题和风险后,结合法律问题的性质、程度以及交易各方的利益诉求,制定解决问题的方案和防范风险的措施,以消除问题、规避风险。

二、目标公司的法律尽职调查要点及风险防控

(一)尽职调查要点

1. 公司设立及存续

《企业国有资产交易监督管理办法》第 5 条第 1 款规定:"企业国有资产交易标的应当权属清晰,不存在法律法规禁止或限制交易的情形。"对目标公司的历史沿革进行调查是展开法律尽职调查工作的第一步。它重点关注的是目标公司历史上的变更内容与过程的合法合规性,并挖掘股权结构等变更事项中反映出的其他问题。国有企业通常设立时间较长,历史沿革较为复杂,需关注其从设立至今的股权结构、企业管理层或实际控制人的历次变化,包括但不限于企业设立及历次增减资、改制、合并或收购、资产出售、企业名称、经营场所、经营期限、股权比例的变更,每一次股权结构调整是否经过审批、经过审计评估及备案、股权增资或转让的价款是否支付,是否履行必要的公告、登记、备案及进场交易程序,股东持有的股权是否存在质押、冻结、查封等权利受限情况以及是否存在委托持股情形等。简言之,就是要关注出资的真实性和股权的清晰性,否则,对于投资主体来说,可能因为股权不清晰而导致交易失败。

2. 股东出资情况

根据《公司法》的相关要求,股东有按期足额缴纳出资的义务,且不得抽逃出资。因此,在尽职调查过程中需关注公司股本的形成过程及其合规性,包括但不限于:用于出资的资产是否具备财产属性及可转让性;对于货币出资,各股东是否已按期足额缴纳及其资金来源;对于非货币资产出资,需关注股东在出资之前是否对该财产拥有合法的所有权和处分权;是否就非现金出资履行相应的评估及备案程序;非货币出资涉及的资产是否已完成登记或交付等产权转移手续;非货币出资与目标公司生产经营的关联性,避免股东将低效或无用资产投入公司,但实际并不能为公司创造价值。此外,在尽职调查过程中,建议关注股东是否存在通过非公允、虚假的关联交易或其他未经法定程序将资金从公司抽回的情形。

3. 公司独立性和财产完整性

国有企业的独立性主要是指其是否具备完整的业务体系和直接面向市场独立经营的

能力。缺乏独立性,可能会带来许多问题,包括关联交易频繁,经营业绩失真,业务不稳定,股东资金占用等,也为日后的经营带来重大不确定性。

国有企业在长期经营的过程中,资产形成较为复杂,除自有资产外,可能包含的非自有资产包括地方政策补贴资金、上级企业资产、已经做坏账核销的大额应收账款等。对于原国有股东来说,需要考虑的是国有资产产权的清晰界定以及非国有资本进入后资产的使用问题,未来应收账款回收后权益享有主体的确定问题,以确保国有资产不流失。对于投资方来说,需要考虑的是资产的完整性是否影响目标公司后续的持续经营,以及净资产的范围及定价问题。

除产权完整之外,需关注国有企业是否建立了独立的业务体系,其业务经营是否存在严重依赖于股东或关联方的情形。例如,生产企业是否具备与生产经营有关的生产系统、辅助生产系统和配套设施,合法拥有与生产经营有关的土地、厂房、机器设备以及商标、专利、非专利技术的所有权或者使用权,是否具有独立的原料采购和产品销售系统。

此外,建议关注目标公司是否已建立独立的财务核算体系并能够独立作出财务决策,企业的财务决策和资金使用是否受到股东的不当干预。典型的财务不独立情形包括但不限于:股东与公司共用银行账户;股东将公司资金以任何方式存入控股股东、实际控制人及其关联人控制的账户;占用公司资金;要求公司违法违规提供担保。

4. 主要资产及其权属

对目标公司进行尽职调查时,需要查清重大和关键资产的权属情况,包括银行存款、土地使用权、房产、租赁物业、知识产权、主要生产经营设备、在建工程等重要资产,并对目标公司财产及财产权利的合法有效以及是否存在第三方权利限制、潜在的法律纠纷进行充分调查。

(1)不动产的尽职调查

对于自有房产,建议关注该等房产是否取得相关的权属证书,是否存在抵押、担保、查封、冻结等权利受限情形,是否存在产权纠纷或潜在争议,是否存在“房地不一”情形,房产对应的土地是否已取得相应的权属证书,是否属于违法违规建筑及是否存在受到行政处罚的风险。如该等房产为继受取得,则还需关注是否已足额支付相关的转让价款。

对于在建工程,建议关注是否取得相应的土地权属证书及用地、工程规划许可文件,是否已完成必要的环境影响评价并取得主管部门的批复,是否存在抵押、担保、查封、冻结等权利受限情形,在建工程的工程款是否及时支付,在建工程是否毗邻生态保护区,公司实际建设工程是否超过规划面积。

对于自有土地,建议关注是否已取得相关的不动产权属证书以及土地的性质,实际占用的土地与土地使用权证记载内容是否相符,土地的实际用途与规划用途是否一致,是否存在土地闲置情况,是否存在占用基本农田的情况。如涉及划拨土地,还需关注划拨用地是否取得必要的用地批准手续。若将划拨用地出租的,建议关注是否取得有权主管部门的批准。此外，划拨用地在混改时往往需要变更为出让土地，那么就需要考虑土地性质变更的可行性，以及土地性质变更所需要支出的成本，避免混改后因该问题不能解决引起股东之间的争议或纠纷。如涉及出让用地，还需关注是否已足额缴纳土地出让金、契税等相关税费，是否存在违反土地出让合同相关投资条款的情况。对于目标公司承租的房产及土地，建议关注出租方是否拥有合法的出租权，承租的土地或房产是否已取得相关权属证书，相关租赁合同是否已办理租赁备案登记。

(2)动产及知识产权的尽职调查

对于车辆、经营设备，建议关注其是否取得权属证书(如需)，并审查该等不动产的取得过程是否合法(是否已支付相关价款)，是否存在被查封、抵押等限制流转的情形。

对于知识产权，建议关注是否取得权属证书(如需)，是否涉及共有、许可他人使用等第三方权利情形，是否及时缴纳年费，知识产权的保护期限是否存在届满未续期情形，是否存在潜在知识产权侵权纠纷。若系受让取得，建议关注是否已签署合法有效的转让协议，是否已足额支付价款，是否办理相应的变更登记。若使用他人知识产权，建议关注是否签署合法有效的许可使用协议，是否办理登记、备案手续，是否已支付许可费用，许可方是否有权许可公司使用。

5. 债权债务

目标公司的债权债务是决定混改交易对价的重要因素，且因混改交易通常无法实现债务与目标企业的切割，混改完成后目标公司仍应对外承担债务清偿责任，因此债权债务的核查无疑是应当关注的重点，该项调查的目的是使交易方对目标公司的负债全面了解，并判断债务及担保情况对目标公司估值的影响以及对交易安全的影响。

关于目标公司的重大债权，建议关注公司重大债权的形成原因，是否合法有效，是否在诉讼时效内，债务人是否提供相应的担保及是否办理必要的抵押、质押登记；是否涉及股东对公司的非经营性资金占用；公司重大债权的债务人是否具备偿还能力或其他无法收回的情况。

对于公司的重大债务，建议关注目标公司所涉及的重大债务及偿还情况，是否涉及民间借贷，是否存在向不特定对象借款的情况，并关注其债务数额、偿还期限、附随义务及债权人对其是否有特别限制等。例如，有的融资合同中会对债务人的股权变动进行限制性约定。此外，还应关注或有债务(比如担保、诉讼、尚未计提的税收滞纳金或罚款等)，通过对相关材料的审查，尽可能对或有债务是否存在或有债务转变为实际债务的可能性及或有债务对混改的影响等作出判断。

6. 业务及合同情况

公司业务直接决定公司是否具备持续经营的基础。因此，建议对公司的核心业务及重大交易合同进行审查。

对于公司的业务，建议关注公司取得的经营资质与营业执照的经营范围是否一致，是否超范围经营;公司是否已取得其经营应当取得的经营资质,该等资质是否尚在有效期内;业务资质的证载权利人与公司名称是否一致;公司实际情况是否符合应取得经营资质的情况,是否存在被吊销、撤销、无法续展的风险;公司的客户、供应商是否已取得必要的资质;公司是否因无业务存在被吊销营业执照的风险;公司的业务模式是否符合法律法规的规定(如涉及违法分包、转包等);公司所处行业现状、未来经营模式是否会发生重大不利变化,是否存在法律、政策风险或持续经营障碍;相关交易是否需取得行业监管部门的审批。

对于公司的重大业务合同,建议关注公司签订的重大合同是否合法有效,是否履行了必要的招投标程序,是否存在无法履行的法律风险;公司是否对某一客户或供应商存在严重依赖,以及是否存在对拟议交易的特别限制条款(例如,在一方公司控制权或股权结构发生变化时,合同另一方是否有权终止合同);合同中的重要条款(交货安排、验收安排、支付安排、违约责任、争议解决等)是否符合市场条件或存在显著不对等情况;是否存在可能影响今后自由经营的限制性条款。

7. 关联交易

大部分目标公司是中央企业的某个下属公司,在业务体系当中,目标公司可能与其母公司或者上下游的兄弟单位之间存在或多或少的关联交易。在混改之前,关联交易的必要性、公允性可能不是一个受关注的问题,但在混改之后,关联交易就需要遵循市场化的公允原则进行。鉴于关联交易会影响目标公司经营发展的独立性,也会直接影响企业的财务报表数据,进而对目标公司未来的业务布局和资本运作产生重要作用,所以,对于关联交易的尽职调查,也是尽职调查中的核心问题。

8. 劳动用工

企业混合所有制改革方案必须提交企业职工代表大会或职工大会审议,充分听取职工意见。很多目标公司存续时间长,劳动人员多,用工情况会相对比较复杂。因此应当通过尽职调查详细了解目标公司的用工制度和用工情况,以及劳动用工存在的不规范之处,以协助企业制定完善的职工安置方案。此外,很多企业在进行混改时,会一并制定员工持股方案。因此应对劳动用工情况进行全面的尽职调查,这是制定国企员工持股方案的重要基础。具体而言,建议关注公司员工专业结构、教育程度、年龄构成等基本情况;公司是否与所有员工均签订了书面劳动合同;公司与员工签订劳动合同的期限及内容是否符合法律要求[是否应签署无固定期限合同、试用期是否符合法律规定;公司是否与员工签署了竞业禁止协议、保密协议等类似合同;公司是否采用劳务派遣方式用工,是否符合规定;公司为员工缴纳社会保险的险种、基数及缴费比例是否符合国家及地方规定;公司是否为员工缴纳住房公积金,缴费基数及比例是否符合地方规定;公司是否存在欠缴社会保险费用及住房公积金情形;公司具体劳动用工制度(劳动时间、劳动报酬、代扣代缴个人所得税情况)是否符合法律规定;公司是否存在劳动争议及纠纷;公司是否存在重大劳动违法行为,是否受到主管机关行政处罚]。

9.税务风险

对于目标公司的税务合规性,建议关注公司是否已办理税务登记;是否按照规定进行税务申报;公司适用的税种税率是否符合法律法规及规范性文件的规定;公司是否存在需补缴或被追缴税款的情形;公司取得的税收优惠、财政补贴是否有合法依据,是否对税收优惠、财政补贴有重大依赖;公司纳税申报地址与实际经营场所是否一致;公司的税收优惠待遇和政府补贴是否面临重大不利变化;公司向股东分红、以未分配利润/盈余公积转增注册资本是否已履行代扣代缴义务;公司的关联交易是否存在转移税负安排;公司是否存在税务行政处罚,是否存在税务争议。

对于国有企业原特定资产或项目所享有的优惠政策是否可持续或是否因相关交易产生重大不利变化,需要作出特定分析。特别是在混改完成后,是否仍满足优惠政策的适用条件,需要作出预判。如果无法持续享受优惠政策,需要事先对可能带来的影响进行评估并制定对应的解决方案。

10.重大法律纠纷、行政处罚

重大法律纠纷和行政处罚,不但会使目标公司面临经济损失的风险,还会影响其声誉,甚至影响目标公司的内部稳定和企业凝聚力,最终影响公司的生存和发展,因此重大法律纠纷是法律尽职调查的重点。对重大法律纠纷的调查既包括已经发生的诉讼、仲裁案件,也包括可能发生诉讼、仲裁的事件。应了解发生的原因,涉及的金额以及公司可能承担的不利后果。

此外,建议关注目标公司财务报表中的“营业外支出”科目,是否涉及因违反工商、安全生产、社保、税务、环保、土地等法律法规而遭受行政处罚的情况,并了解发生的原因,涉及的金额以及公司可能承担的不利后果。

(二)法律风险防控措施

为应对目标公司的相关法律瑕疵给混改项目带来的风险,我们认为可采取如下防控措施:

(1)目标公司在混改项目实施前应自行或委托中介机构对自身情况进行调查,并进行必要的整改。同时,在产权交易所的相关挂牌公告中适当披露目标公司的相关瑕疵事项,向投资者揭示投资风险,使投资者在充分知悉的基础上自主决定是否参与竞买,以防投资者日后以欺诈、重大误解等原因要求老股东或目标公司承担赔偿责任。

(2)在当前的混改项目中,由于是否最终成交具有不确定性,目标公司往往不会配合投资者的尽职调查或存在抵触心理。建议目标公司允许符合挂牌条件的意向投资方对目标公司进行尽职调查。同时在挂牌条件中明确投资方通过资格确认并且在挂牌公告期满之后缴纳保证金的,即视为已详细阅读并完全认可项目所涉专业报告及该报告所披露内容,并以其独立判断决定自愿全部接受公告之内容,意向投资方不得以不了解目标公司的现状等为由逾期或拒绝签署交易协议。

(3)在通过产权交易所进行的混改项目中,交易相关方签署的交易协议往往是交易所制定的格式文本,交易相关方的谈判空间有限,为避免混改后相关方在日后产生争议,建议在交易所的格式文本基础上进行完善,体现交易相关方的真实意思表示,并对相关方的权利义务及目标公司法律风险的解决方案进行明确约定。

三、投资者的法律尽职调查要点及风险防控

(一)尽职调查要点

在混改项目中,目标公司引入的投资者通常分为战略投资者和财务投资者,战略投资者能够从企业管理、市场开拓和技术创新等领域增强被投资企业的核心竞争力和市场开拓能力,通常致力于与企业的长期合作;而财务投资者则更加关注投资回报以及利润的获取。根据《中央企业混合所有制改革指引》的规定,在投资者遴选过程中,对战略投资者主要关注与企业发展战略、经营目标、主营业务等方面的匹配和协同情况,对财务投资者主要关注资金实力和财务状况等。在针对投资者的反向尽职调查中,除关注投资者选择中基于商业角度的匹配度,也应考虑法律上的适格性,投资者的合规性也直接决定混改项目的成败。为此,建议关注以下几方面:

1. 投资者的历史沿革及基本情况

建议关注投资者的股权结构及产权控制关系,自成立以来历次股权变更情况及实缴出资情况,与目标公司及其股东是否存在关联关系、一致行动关系、委托管理等特殊安排。如投资者为合伙企业的,则建议关注最终出资人的出资来源。

2. 投资者的出资人及实际控制人

为避免因投资者的权益结构导致目标公司股权的不稳定性或其他合规风险,建议关注投资者的直接或间接股东或权益持有人是否涉及契约型基金、信托计划和资管计划等“三类股东”,其是否存在违反资管新规(《关于规范金融机构资产管理业务的指导意见》)的情形,是否属于私募基金管理人;投资者控股股东、实际控制人所控制的核心企业和核心业务、关联企业及主营业务的情况;投资者的股东是否有代持股、委托持股或类似安排;投资者及各级控股股东在其所持有的公司股权上是否设置了质押或者该股权是否存在权属争议或查封、冻结等其他限制;投资者及其各级控股股东所在地的法律、法规和相关监管要求,其向目标公司投资是否符合中国法律法规要求并已取得必要的资质、许可。

3. 投资者的涉诉及合规情况

目标公司通过混改项目引入运作规范、声誉良好的投资者,建议关注投资者及其董事、高级管理人员、控股股东、实际控制人的社会声誉情况,是否受到过重大行政处罚、刑事处罚或者涉及重大诉讼或者仲裁,是否被纳入失信被执行人或存在其他不良记录。

4. 投资者的业务情况

目标公司通过混改项目引入资源互补、战略协同的投资者，建议关注其主营业务情况及行业地位，其已取得的主要业务资质，投资者的主要产品和服务，产品和服务的主要用途、工艺流程，投资者业务的经营目标、主营业务等方面情况及与目标公司战略发展的契合度情况，是否能够产生产业链或价值链的关联，在资源、技术、管理、市场等方面产生协同效应。

5. 投资者的财务状况

投资者的资金实力直接影响混改项目的成败，因此建议要求投资者提供其财务报表及资金流水，以及本次投资的资金来源，同时关注投资者及其各级控股股东是否存在已经到期但尚未偿还的借款；投资者及其各级控股股东在中国境内所持有的主要资产是否存在被抵押、质押或其他他项权利的情形，是否存在被查封、扣押、冻结或被采取其他司法强制措施，以判断其是否在近期面临大额货币资金压力，是否有能力履行混改项目涉及的对价支付义务。

6. 投资者委派参与公司治理的具体人员

混改项目中，投资者可能会提出向目标公司提名董事、高级管理人员的诉求，为此，建议关注投资者拟委派参与公司治理的具体人员名单及简历、工作经历；提名人员目前的主要任职情况（包括全职和兼职）；提名人员个人对外投资情况；提名人员是否存在《公司法》规定的不得担任公司执行董事、监事、高级管理人员的情形，是否存在曾经被判刑或涉及任何诉讼、行政处罚、警告、调查或市场禁入的情形；投资者委派参与目标公司治理的人员是否存在利益冲突。

7. 其他特殊方面

（1）引进外国投资者。当前时代背景下，引进外国战略投资者对目标公司来说意义重大，外国战略投资者的加入为目标公司带来具有国际竞争力的产业链和管理经验的同时，引进外国战略投资者与一般的国内投资者相比，面临更加复杂的监管问题。为此，除前文所述应关注是否涉及外商投资安全审查以及反垄断申报的要求外，建议关注目标公司所在行业是否属于《外商投资准入特别管理措施（负面清单）》或其他法律法规、政策规定的限制类或禁止类业务或项目，如是，则应考虑在不违反法律、法规强制性规定的情况下通过剥离或合同架构安排、项目转让等方式处理。

（2）目标公司或其子公司涉及特殊行业。若目标公司自身属于特殊行业或持有特殊行业的企业权益（比如金融），则建议关注投资者的相关情况是否符合监管机构对该等特殊行业企业直接股东、间接股东的资格要求，并由投资方出具承诺。

（二）风险防控措施

为应对投资者的相关法律瑕疵给混改项目或目标公司日后经营带来的风险，我们认为可采取如下防控措施：

(1)为避免因投资者运作不规范或声誉不良带来的负面影响,建议在挂牌条件中明确要求投资者及其控股股东、实际控制人应内部治理完善、社会声誉良好,在经营期间未因违法违规行为受到主管部门的重大行政处罚,未因涉嫌犯罪被司法机关立案侦查或者涉嫌违法违规被相关部门立案调查,不存在尚未了结的金额较大的诉讼、仲裁案件,或尚处于失信状态。

(2)为避免投资者复杂的权益结构给目标公司的股权稳定性带来不利影响,可以考虑在挂牌条件中明确要求意向投资方的各级股东或合伙人中不得存在委托持股、信托计划、资产管理计划等情形。

(3)为避免因投资者不具备相应资金或履约能力而影响混改项目实施,建议要求意向投资方提供银行出具的覆盖拟投资金额的资信证明,并在挂牌公告中要求投资方以货币方式进行投资,且承诺资金来源合法。

结 语

党的十八大以来,混合所有制改革一直作为国有企业改革的突破口向前推进。2020年政府工作报告中指出,要深入推进混合所有制改革。混合所有制改革强调不同所有制资本的交叉持股,国有资本、集体资本、非公有资本等交叉持股、相互融合的混合所有制经济。实施混合所有制改革要坚持围绕“两个毫不动摇”,发挥市场配置资源的决定性作用,沿着国有企业发展混合所有制经济的核心思路,着力推动混合所有制经济从注重数量和形式的“粗放式混改”向注重质量和发展的“集约式混改”转变,持续放大国有资本功能,提升国有企业活力,为我国经济结构调整和产业转型升级夯实微观基础,不断完善社会主义市场经济体制。

混改篇

混合所有制改革 企业治理机制法律合规风险防范及应对措施

中国航发专项课题组

作者简介

中国航发专项课题组

课题组人员：王立勇（课题负责人）、邓峰（组长）、熊濛萌（副组长）、张斌强（副组长）、石文宏、刘海明、王建宾、刘远成、吴尘染、罗文玉、吴玉凤、王肖、董雪瑞

企业简介

中国航空发动机集团有限公司（以下简称中国航发，英文简称 AECC）是中央直接管理的大型国有企业，下辖 28 家直属企事业单位，拥有 3 家主板上市公司。中国航发致力于航空发动机的自主研发，深入推进军民融合发展。主要从事航空发动机、辅助动力、燃气轮机、飞机和直升机传动系统的研制、生产、维修和服务。中国航发设计生产的涡喷、涡扇、涡轴、涡桨、活塞发动机和燃气轮机等产品，广泛配装于各类军民用飞机、直升机和大型舰艇，为我国国防武器装备建设和国民经济发展作出了突出贡献。在新时代伟大征程中，中国航发将始终秉持“国家利益至上”的价值观，充分发扬“务实创新、担当奉献”精神，坚持聚焦主业，坚持强军首责，努力做航空动力的保障者、制造强国的建设者和创新驱动发展的践行者，为早日建成世界一流航空发动机集团而奋力拼搏。

内容摘要

法律合规风险及其应对对于积极稳妥推动混合所有制改革,实现国有资产保值增值具有较强的实践意义。混合所有制改革,“混在股权,融在治理”,以“混”为手段和方式,“改”治理结构和治理机制,“混”股权才能真正发挥作用。本文以混改企业的设立、运行及退出三个阶段为主线,对设立阶段中“三会”和高级管理人员等主体的权利配置及在运行和退出中涉及治理机制的主要法律合规风险进行揭示,并结合法律法规等提出防范对策。

关键词

混合所有制改革　公司治理　对外担保　股东(大)会

一、混改企业公司章程

公司章程是治理机制的起点和载体。在公司治理机制中具有基础性作用,是公司各项制度的“母法”,是公司的“宪法”。要充分发挥章程的引领作用,在企业内承担起“根本法”的职能。

公司治理中的一些问题如公司僵局,多半根源于章程条款的不完备和不可操作性。股东应高度重视章程条款的设计,除了制定法律规定的必要记载事项条款外,要充分利用法律赋予的“自治权”,设计符合公司实际的个性化章程条款。公司章程设置的法律合规风险表现为:一是遗漏必要记载事项。《公司法》第25、81条分别规定了有限责任公司及股份有份公司章程应当记载的事项,如遗漏法律规定的必要记载事项,将会影响公司工商登记,进而影响公司设立。二是违反法律强制性规定。公司章程条款若违反《公司法》的强制性规定,该条款将因违法而无效。三是章程条款设置不合理,缺乏可操作性。

同时,要建立完善的规章制度体系,让权力进流程、流程进制度;要构建有效的合规管理机制,确保法律法规得到尊重、章程得到遵守,构筑企业治理的安全屏障。

二、混改企业治理机制设置法律合规风险

(一)党组织建设

中央企业混合所有制改革要把建立党的组织、开展党的工作作为必要前提,根据不同类型混合所有制企业特点,明确党组织的设置方式、职责定位、管理模式。国有资本绝对控股企业按照《中国共产党国有企业基层组织工作条例(试行)》执行;国有资本相对控股并具有实际控制力的企业,结合实际参照该条例执行。国有资本参股企业按照《关于加强和改进非公有制企业党的建设工作的意见(试行)》执行。

明确党组织在法人治理结构中的法定地位。国有资本绝对控股企业要坚持将加强党的领导和完善公司治理相统一,把党的领导融入公司治理各环节,党委(党组)发挥领导作用,把方向、管大局、保落实,依照规定讨论和决定企业重大事项。

（二）股东权利设置

股东权利，是基于股东投资而获得的权利。股东权利的预先设计可有效防范混改企业在治理中因股东权利约定不明确导致的风险，进而避免公司治理陷入僵局。

1. 资产收益权

混改模式下，混改企业可能会由于章程中对红利的分取方式、分取比例或分取依据不明确导致公司股东发生纠纷。为避免因章程条款设计缺陷导致股东分取红利比例不明确甚至不能分红的情形，建议在公司章程中明确公司在符合法律规定的分配利润条件时，应定期以各股东实缴出资比例分取红利。

2. 股东知情权

知情权是股东权利中的一项基本权利，且无持股比例、持股时间限制，但不得有不正当目的。若章程中未对股东知情权范围、行使方式等进行约定或约定不明，可能会导致股东由于不能全面了解目标公司经营情况，进而导致股东纠纷。因此，有必要在章程中对股东行使知情权的主体、范围、行使方式、查阅目的正当性等进行详细约定。

3. 股权转让权

股权转让纠纷是公司治理中最为常见的一类争议，个别混改企业不重视章程的制定，结果在发生纠纷时导致矛盾久拖不决以致激化，很多公司因股权无法转让而被迫解散。此外，除公司章程中明确股东事先放弃优先购买权的情形外，公司股东在转让股权时应避免未履行转让前的通知义务而损害其他股东的优先购买权而最终导致股权转让程序瑕疵。根据《公司法解释（四）》第 18 条规定，拟转让股权数量、价格、支付方式及期限等因素均为股权转让中的“同等条件”的认定标准。

4. 董监事提名权

在有限责任公司及非上市股份公司中，提名董监事不仅是公司股东的一项重要权利，更是股东参与公司治理、行使管理监督权最为关键的一步。如果不在公司章程中明确股东的提名权，可能会在董监事提名的过程中产生纠纷。

5. 表决权

表决权是股东身份治理权的核心，涉及参与重大决策权和选择管理权能否得到落实，其实质是一种对公司的控制权。混改实践中，企业应通过章程予以明确：根据《公司法》第 42 条规定，股东会会议由股东按照出资比例行使表决权，但章程另有规定的除外。

6. 股东特定权利的保护

混改过程中，股东在制定公司章程时，可能会对一些特殊的事项作出特殊表决安排，为防范后期公司通过修改章程的方式损害股东预先设定的特定权利，建议结合实际情况在公司章程中就公司不按出资比例分取红利和认缴增资、对外担保、延期履行出资义务、不按出资比例行使表决权等关系到股东重大利益的事项做出需要全体股东一致同意后方可实施或修改的安排。

(三)股东(大)会、董事会、监事会设置

1. 组成及人数限制

公司法对有限责任公司及股份有限公司的股东(发起人)数量、董事会成员数量、监事会成员数量以及职工董事、职工监事、独立董事的设置作出了规定,若章程中关于股东(大)会、董事会、监事会的组成及人数违反了法律规定,则有导致公司不能设立或不能上市的风险。

2. 董事会、监事会的设立

由于股东不直接参与公司日常经营管理,为保证投资安全,需委派代表至董事会、监事会,参与、监督公司运营。股东应注重章程中关于董事、监事的提名权约定,根据持股比例及董事会、监事会组成人数在各股东间合理分配董事、监事提名权。上市公司由于股东人数众多,而董监事名额有限,情况更为复杂。为避免纠纷,建议上市公司在章程中明确规定董事、监事的提名方式及提名程序。

3. 股东(大)会与董事会的权力分配

公司权力如何在股东(大)会与董事会之间分配是公司治理的核心问题之一,合理、科学地分配股东(大)会与董事会的权力,实现权力的制约与平衡,是促进有效治理的关键。鉴于股东(大)会与董事会在公司治理中的重要地位,企业在混改过程中尤其要关注二者权力分配问题。

第一,避免股东(大)会与董事会权限边界模糊。将法律规定不明或未规定的重大事项(如公司对外投资、担保、转让受让重大资产、重大关联交易等)的决策权写入公司章程,充分发挥章程自治作用。

第二,根据混改企业实际情况,合理分配股东(大)会与董事会职权。除法律规定专属于股东会的权力以及根据其性质不宜授予董事会行使的权力(如选举和更换非职工董事、监事,决定其报酬)外,企业可视情况将其他股东(大)会的权力授予董事会行使,同时,通过监督机制、董事考核评价机制、引入外部董事等方式对董事会进行制衡,防止董事会滥用权力。

第三,公司章程对股东(大)会、董事会职权的规定应明确具体,具有可操作性,避免重叠和真空。

4. 监事会职权

《公司法》第53条对监事会职权进行了列举,为进一步发挥监事会的监督职能。

5. 表决权

根据《公司法》规定,股东出席股东大会会议,同股同权;董事会决议的表决,实行一人一票。

一是表决权差异安排。是指公司在普通股份外发行拥有特别表决权的股份,每一特别表决权股份拥有的表决权数量大于每一普通股份拥有的表决权数量,其他股东权利与普通股份相同。符合条件的国有企业可以在混改中实施表决权差异安排，以达到充分引进民营资本，同时又掌握公司控制权的目的。

二是优先股。上市公司及非上市公众公司可以发行优先股。根据《关于国有企业发展混合所有制经济的意见》，国有资本参股非国有企业或国有企业引入非国有资本时，允许将部分国有资本转化为优先股。

三是黄金股。黄金股是指一种由政府持有并允许政府在国有企业改制后对某些重大事项享有一票否决权的特殊股或少数股。国有企业在混改过程中，可以根据国家安排，逐步探索推行黄金股制度，以保证国有资本在特定领域的控制力。

四是代理投票制度。公司法对股份有限公司股东、董事不能出席会议时的代理投票作出了规定。

五是特殊表决机制。可以在公司章程中设置表决权排除（与审议事项有关联关系的股东、董事，不能参与表决）以及累积投票制度（适用于董监事的选举与罢免）。

（四）董事长和经理设置

1. 任职资格

董事长（执行董事）、经理的主体资格不得存在法定的禁止情形，否则，可能导致相应选举、委派或者聘任无效。混改企业在选任董事长、经理时，可以建立董事长（执行董事）或经理的任职资格调查机制，避免存在违反我国《公司法》第 146 条禁止情形，防控任职资格瑕疵风险。

2. 产生方式

我国《公司法》规定，董事会设董事长一人，可以设副董事长；有限责任公司董事长、副董事长的产生办法由公司章程规定，而股份有限公司董事长、副董事长则由董事会以全体董事的过半数选举产生；经理由董事会决定聘任或者解聘。由此可见，副董事长的设置、有限责任公司董事长或副董事长的产生办法等归入公司自治范畴，由公司章程予以规范。

需要注意的是，股东人数较少或者规模较小的有限责任公司，可以设一名执行董事，不设董事会。执行董事可以兼任公司经理。按照《中国共产党国有企业基层组织工作条例（试行）》的规定，国有资本绝对控股企业党委（党组）书记、董事长一般由一人担任，党员总经理担任副书记。

3. 职权设置

若对董事长、经理职权的规定不够明确，则可能影响对董事长、经理行权的监督，发生董事长、经理权利滥用而损害公司利益或股东利益的法律风险。国资委 2019 年印发的《中央企业公司章程指引（试行）》第七章第三节“董事长”，对董事长的职权进行了细化列举，有利于操作和监督，为混改企业公司章程制定提供了重要参考。

4. 职业经理人

混合所有制企业要推行职业经理人制度，畅通现有经营管理者与职业经理人身份转换通道，建立市场导向的选人用人和激励约束机制，对职业经理人实行任期制和契约化管理，严格绩效考核，加快建立退出机制。要重点防范以下法律风险：

一是因推行职业经理人制度工作方案未按规定履行审批程序，而影响有关决议效力的法律合规风险。为避免此类风险，中央企业混改应结合实际，制定推行职业经理人制度工作方案，严格按照“三重一大”决策机制履行审批程序。

二是因职业经理人的岗位职责及经营业绩考核指标设置不明确，而导致有关考核结果应用、薪酬确定等劳动争议纠纷。为避免此类风险，在劳动合同之外，要与职业经理人签订聘任合同、年度和任期经营业绩责任书，以提升考核的可操作性。

（五）法定代表人设置及变更

1. 法定代表人的产生

混改企业法定代表人应当符合《公司法》《企业法人法定代表人登记管理规定》等法律法规有关其任职资格的规定，避免法定代表人主体资格瑕疵而产生风险。

2. 法定代表人的变更

根据《公司法》及《企业法人登记管理条例》等法律法规的规定，法定代表人设立或变更后，应办理工商登记。工商登记意义在于向社会公示企业意志代表权的基本状态，对外具有公示效力。企业怠于履行法定代表人变更登记义务，一方面，将导致原法定代表人与新任职的法定代表人并立的局面。若原法定代表人以企业名义对外从事民事活动，所产生的不利后果将由企业承担，带来企业经济利益损失的风险。另一方面，可能引起行政处罚的风险。为防范怠于履行法定代表人工商登记的风险，混改企业应建立健全制度体系和工作机制，在内部制度中规定法定代表人工商登记的办理部门、委托授权、办理期限、监督检查等，并根据法律法规的规定建立登记手续办理的内部控制流程。

三、混改企业治理机制运行法律合规风险

（一）决策程序

1. 党组织的前置研究讨论

根据《中国共产党国有企业基层组织工作条例（试行）》相关规定，国有资本绝对控股企业重大经营管理事项必须经党委（党组）研究讨论后，再由董事会或者经理层作出决定。国有资本相对控股并具有实际控制力的企业，结合实际参照该规定执行。

2. 股东（大）会、董事会决策程序

股东（大）会、董事会决策程序中的法律合规风险主要体现为决议瑕疵风险。决议瑕疵包括以下三种情形：

一是决议无效。公司股东会或者股东大会、董事会的决议内容违反法律、行政法规的无效。

二是决议可撤销。股东（大）会、董事会的会议召集程序、表决方式违反法律、行政法

规或者公司章程，或者决议内容违反公司章程的，股东可以自决议作出之日起60日内，请求人民法院撤销。需要注意的是，当会议召集程序或者表决方式仅有轻微瑕疵，且对决议未产生实质影响时，法院可以裁量驳回决议撤销之诉。

三是决议不成立。导致决议不成立的情形主要有：公司未召开会议，但依据《公司法》第37条第2款或者公司章程规定可以不召开股东（大）会而直接作出决定，并由全体股东在决定文件上签名、盖章的除外；会议未对决议事项进行表决；出席会议的人数或者股东所持表决权不符合《公司法》或者公司章程规定；会议的表决结果未达到《公司法》或者公司章程规定的通过比例等。向法院起诉主张决议不成立的，不受60日期间的限制。公司决议被确认为无效、不成立或被撤销，将会给公司、股东或其他利害关系人造成重大不利影响。

（二）法定代表人履职

1. 法定代表人越权行为

根据《民法典》第61条规定，法人章程或者法人权力机构对法定代表人代表权的限制，不得对抗善意相对人。法定代表人以企业名义对外进行民事活动或诉讼活动，其权限受到企业股东会授权或章程规定的约束，这种限制具有企业内部效力，但不得对抗善意相对人。

2. 法定代表人权力限制的建议

一是通过股东会决议或章程等方式对法定代表人权限进行明确规定，使法定代表人了解自己代表权的边界。二是使企业内部对法定代表人的权限限制具有一定外部性，提高构成善意相对人的门槛。三是混改企业可以在企业章程或制度中建立法定代表人越权代表追偿机制，加重法定代表人从事越权代表行为的违规成本。

（三）董事、监事、高级管理人员履职

董事、监事、高级管理人员（以下简称董监高）履职的风险主要是董监高在履职过程中，不履行法定义务，给公司造成损失的可能。不履行法定义务主要是董监高不履行对公司的忠实义务和勤勉义务。

企业应强化约束机制，防范董监高履职风险。对于董监高人员的约束机制可以从内部约束机制（如聘任合同、授权合同等合同约束机制，章程制度约束机制，监事会、内部审计等监督约束机制）以及外部约束机制（如法律约束、市场约束等）两个方面着手。

（四）公司僵局

公司僵局是指公司由于股东、董事之间矛盾激化而处于僵持状况，导致股东会、董事会等公司治理机构不能按照法定程序或者章程规定作出决议，从而导致公司处于持续性停滞或瘫痪的现象。公司僵局防范措施有如下几方面：

一是合理设置股权结构。因股权结构造成僵局是公司僵局中最为常见的一种，在股权结构中有一方持有超过1/3以上（超过33.4%）股权，就可能在公司法规定的章程修改、增加或减少注册资本、合并、分立、解散、变更公司形式等重大事项上无法经股东会决议通过,导致公司僵局。因此在混改过程中,要特别关注双方持有股权均等情况,或一方持有股权虽未达到50%但超过1/3以上的情形,并在章程中设置防范措施,避免出现公司僵局风险。

二是完善公司章程,合理设置股东会、董事会职权。《公司法》第37条前10项规定为股东会的法定职权,不允许通过约定排除或限制,第11项是《公司法》赋予公司章程可以规定股东会其他职权的权利,同时该条第2款规定也对于消除一些股东常见矛盾有非常积极的作用。

三是合理设置表决权,在混改过程中,应根据股权结构不同,充分利用《公司法》规定的累积投票制度、表决回避制度、优先股制度等规定,完善股东会、董事会的表决机制。

四是合理设置退出、解散以及僵局应对条款,应当结合《公司法》规定与公司实际情况合理设置股东除名权、异议股东回购请求权;为了解决公司僵局,可以根据实际情况在章程中设置以解决公司僵局为目标的解散条款及仲裁条款。

四、股东退出安排法律合规风险

建立投资参与主体股权流转和退出机制,是混合所有制改革的操作要点之一。投资参与主体股权退出机制不健全,是本轮混合所有制改革中仍普遍存在的问题。

(一)股权转让

股权转让作为重要的退出方式,因其设计缺乏统筹考虑,使股权转让过程面临困境,增加了退出的难度和成本,对混合所有制改革产生不利影响。

1. 国有股权转让交易风险

国有股权转让要严格遵守《企业国有资产法》《企业国有资产交易监督管理办法》等法律规定,在依法设立的产权交易场所中公开进行,根据实际情况依次履行内部决策、员工安置方案、行为核准、核算与评估、进场交易、支付对价、工商变更登记等程序。除此之外,根据《企业国有资产交易监督管理办法》第31条规定,国有企业在特定情形下也可通过非进场交易的方式完成股权转让,但原则上应确保转让价格不低于经核准或备案的评估结果,避免因股权转让价格低于经核准或备案评估结果导致国有资产流失。

2. 股权转让条款的预先设计

预先对章程和相关协议中的股权转让条款进行缜密设计是避免在股权转让环节陷入困境的最佳手段,起到提前防范风险与合理保障转让退出的作用。一是绝对禁止股权转让条款风险。二是未明确优先购买权风险。此外,关系国家安全、国民经济命脉的重要行业和关键领域、主要承担重大专项任务的商业类国有企业投资项目引入非国有资本的,应在公司章程或相关出资协议中明确非国有股东持股主体发生变化时,国有股东拥有优先受让权,或直接明确非国有股东拟转让股权时应转让给国有股东指定的第三方。三是转让价款风险。四是拟转让股权未履行或未全面履行出资风险。五是或有负债与期间损益风险。

(二)减资退出

减资退出是出资人通过减少在所投资企业的投资而退出所投企业的行为,形式上是股东非同比例减资或单方减资行为,本质上可视同公司回购。现行法律对于减资是否必须按同比例进行、能否减去某个股东的全部出资份额未做出明确规定,但《公司法》对于公司回购的适用情形有明确规定。减资退出实务中比较常见的风险表现包括:

1. 审批和定价环节操作不规范引起的国资流失风险

现行法律只规范了减资的主要实施程序和内部决策规定,对减资行为的外部审批和定价机制没有法律法规或政策覆盖,导致实务中存在因审批和定价环节操作不规范引起国资流失的风险。

2. 只公告不通知的程序瑕疵

将减资事项通知并公告债权人,是《公司法》施加给公司的法定义务,对已知债权人,应采用通知这种合理、有效的告知方式,公告不能免除直接通知的义务。但在实务中,普遍存在只公告不通知的程序瑕疵,侵犯了债权人要求公司在减资前清偿债务或提供担保的权利。为规避因程序瑕疵承担股东责任,建议在退出机制设置时通过协议等安排对减资的通知义务进行特别强调。

3. 股权变成债权的坏账风险

现行法律法规及规范性文件中没有关于减资价款支付方式的规定。实务中比较常见的减资价款支付方式是分期付款,退股股东承担着很大的坏账风险。如果退股股东是国有出资人,则国有出资人将承担变相转移国有权益的风险,容易引起审计关注。

4. 减资退出手段引起的侵害国有权益风险

根据实务分析,减资退出既是公司内部行为,也是股东自治行为,只要是不产生损害债权人债权或者导致国有资产流失的结果,但因国有产权的特殊属性,在发生涉及国有权益增减变动的经济行为时,需以防止国有资产流失,同时最大限度维护国有出资人权益为基本遵循。因减资退股程序相对简单,实现程度高,在非上市公司的股权退出中使用频率较高。但因减资退股只能按评估价值进行价款支付,与进场交易相比较,如果减资方是国有出资人,则相当于国有出资人放弃了获取溢价收益的机会,容易侵害国有权益。

(三)上市减持

以上市即国资证券化作为国企混改手段的,上市减持是最便捷的股权退出方式。关于规范减持、完善信息披露、避免内幕交易等,证券市场有一系列的法律法规和规范性文件约束,违规风险较小。

(四)公司解散

公司解散时股东按出资比例分配剩余财产,这是《公司法》赋予股东的基本权利。基于避免后续因特定资产的权利归属问题出现股东会僵局,建议在退出通道设计时,对公司终止前提下的专利等无形资产、国拨技改资金形成的资产等特定资产的权利归属及其处置原则进行提前约定,对非破产情形下的剩余财产分配原则、定价机制进行事先明确。

混改篇

混合所有制改革　企业员工持股法律合规风险防范及应对措施

张小凤

作者简介

张小凤　中粮集团法律部副总监，曾任中国茶叶总法律顾问，个人荣获国务院国资委“中央企业法律事务先进工作者”、国务院国资委“中央企业法制宣传教育先进个人”等多项殊荣；带领团队多次荣获国务院国资委“中央企业法制宣传教育先进单位”等多项荣誉

企业简介

中粮集团有限公司(以下简称中粮集团，COFCO)是立足中国的国际一流粮食企业，是全球布局、全产业链、拥有最大市场和发展潜力的农业及粮油食品企业，集贸易、加工、销售、研发于一体的投资控股公司。中粮集团以“确保国家粮食安全，把中国人的饭碗牢牢端在自己手中”为己任，致力于打造具有全球竞争力的世界一流粮食企业，构建具有中粮特色的国有资本投资公司。作为与新中国同龄的国有企业，中粮集团历经 70 年发展，在中国市场上占据领先优势，业务遍及全球 140 多个国家和地区，以粮、油、糖、棉为核心主业，覆盖稻谷、小麦、玉米、油脂油料、糖、棉花等农作物品种以及生物能源，同时涉及食品、金融、地产等行业。

内容摘要

混合所有制企业通过开展员工持股实现股权结构多元化,有利于解决国有企业所有者缺位的情况,优化法人治理结构;同时员工持股使员工实现从被雇佣者到企业股权持有者的身份转变,员工和企业形成利益共同体,有利于提高企业运营效率。本文将着重探讨非上市国有控股混合所有制企业背景下的员工持股。

关键词

混改　员工持股　法人治理　国有企业

引　言

混合所有制改革在法律合规分析中,需要考虑具体的混改操作内容,混改不仅包括"混",还包括"改"。混合所有制改革的目标是通过优化股权结构来完善治理结构,进而促进混合所有制企业经营机制的转变,其关键在于如何提升企业运营效率和增加生产收益。通过实施混合所有制员工持股改革,增加员工积极性,吸引更多的优秀人才持股,增强员工尤其是科技骨干人才与企业利益的绑定,严格缩减企业成本,同时积极发掘潜在的利润增长点,促进实现多方共赢,助力企业取得良好的改革成效。

一、混改企业员工持股综述

(一)混改企业员工持股计划的原则

员工持股是指在企业的经营发展过程中,企业内部员工认购企业存量股份,或企业增资产生的新股份,从而成为企业股东,获得企业的部分所有权、收益权、经营决策权等的参与机制。

1. 员工持股的法定原则

坚持依法合规,公开透明;坚持增量引入,利益绑定;坚持以岗定股,动态调整;坚持严控范围,强化监督。

2. 员工持股操作中应当把握的实践原则

平等协商、自愿持股的原则;长期绑定、长远发展的原则;改革、发展、稳定、公平兼顾的原则。

(二)混改企业员工持股十步骤(如图 1 所示)

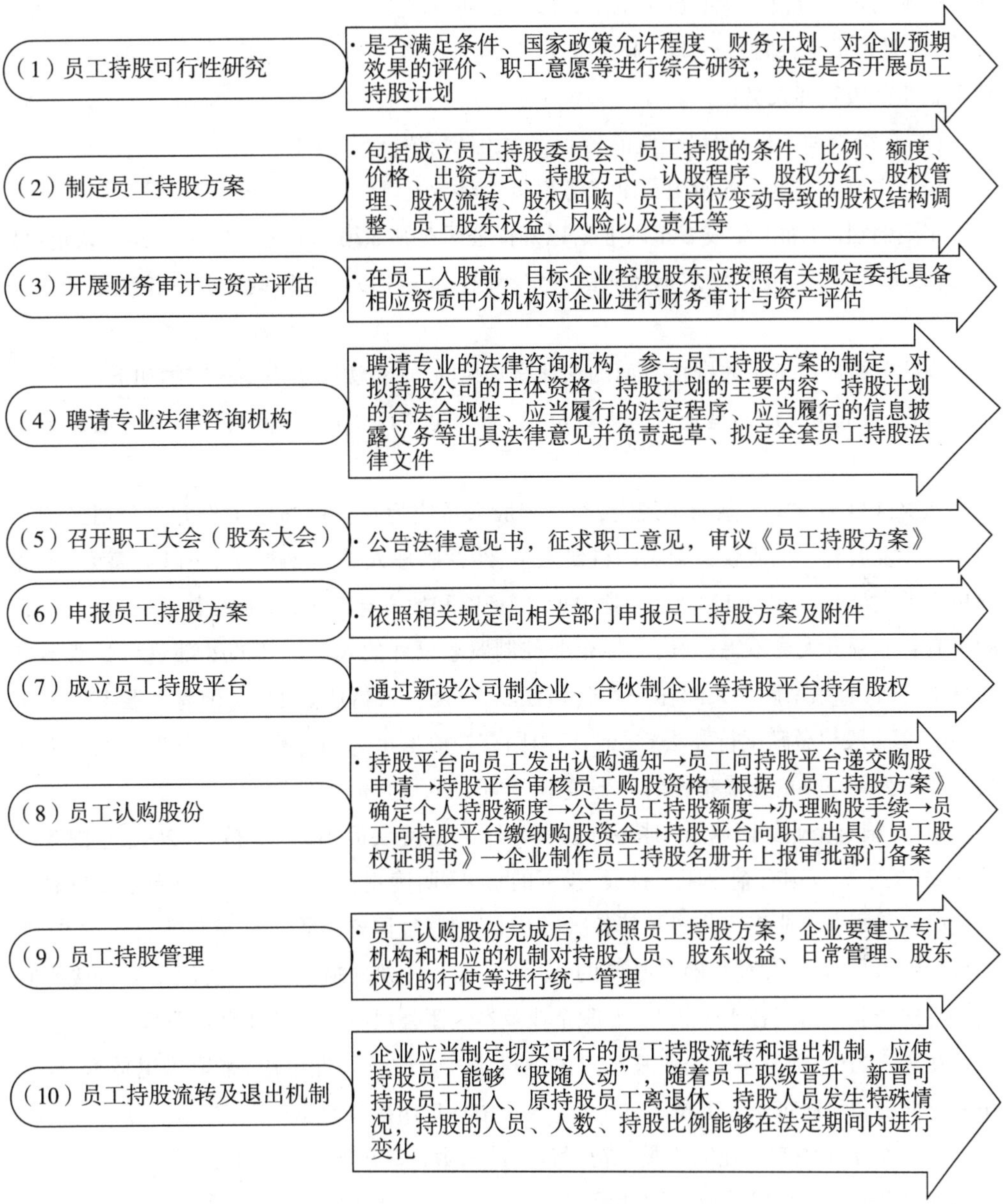

图 1　混改企业员工持股十步骤

二、混改企业员工持股制度实施的主要法律合规风险与应对要点

(一)划定持股员工范围需注意员工主体资格引起的合法合规风险

员工持股计划的设计核心体现在持股员工的范围划定。根据国资委印发《关于国有控股混合所有制企业开展员工持股试点的意见》(以下简称 133 号文)的精神,实践中确定

持股员工范围应当关注持股员工对目标企业价值观和文化的认同,使持股员工真正具备人力资本的重要价值。持股员工范围一般包含如下两类:

(1)骨干员工,即科技骨干、业务骨干、管理骨干等关键员工持股,当然管理骨干也包括了企业高级管理人员;

(2)高级管理人员,即仅企业的核心管理团队持股。

企业主要通过员工的历史贡献来考察员工对于企业的价值,因此,持股员工应当满足一定年限的司龄(如1年或2年以上),以确保公司对其业绩和能力的客观考察和认定;另外,持股员工应当满足距法定退休年龄一定年限(如3年以上),以确保股权长期激励的实效。

为防范持股员工主体资格方面的法律合规风险,现将法律法规要求归纳如下:

首先,持股员工应当是企业的正式员工,与公司签订了正式劳动合同,具有法定劳动关系。

其次,133号文第3条明确规定,参与持股人员应为在关键岗位工作并对公司经营业绩和持续发展有直接或较大影响的科研人员、经营管理人员和业务骨干(以下简称“关键岗位三类人员”)。根据133号文,党中央、国务院和地方党组织、政府及其部门、机构任命的国有企业领导人员不得持股;目标企业控制股东以外的人员担任的外部董事一般不参与员工持股;直系亲属多人同在一家公司任职,只能一人持股。根据《国有控股上市公司(境内)实施股权激励试行办法》规定,境内国有控股上市公司监事、独立董事以及由上市公司控股公司以外的人员担任的外部董事,暂不纳入股权激励计划。

最后,国有企业集团内员工持公司股权可以“上持”,但不能“下持”。2008年国务院国资委《关于规范国有企业职工持股、投资的意见》明确规定:“职工入股原则限于持有本企业股权。国有企业集团公司及其各级子企业改制,经国资监管机构或集团公司批准,职工可投资参与本企业改制,确有必要的,也可持有上一级改制企业股权,但不得直接或间接持有本企业所出资各级子企业、参股企业及本集团公司所出资其他企业股权。”

在实践当中,部分中央企业基于对关键科研人员的重要性考虑,采取了退休返聘、集团或总部公司科研带头人上持下的情况(参考中核集团综合改革试点方案)。

(二)拟上市国有企业实施员工持股计划的人数计算规则及法律限制

混改企业员工持股计划的设计及实施过程中,企业集中反映的风险点、困难点之一,体现在参与员工持股计划的人员数量限制方面。根据133号文,持股员工可以个人名义直接持股,也可通过公司制企业、合伙制企业、资产管理计划等持股平台持有股权。我国《公司法》第78条规定:“设立股份有限公司,应当有二人以上二百人以下为发起人,其中须有半数以上的发起人在中国境内有住所。”我国《证券法》自2005年修订后至2019年修订之前,规定向特定对象发行证券累计超过200人的构成公开发行,需要依法报经国务院证券监管机构或国务院授权的部门核准,未经依法核准,任何单位和个人不得公开发行证券。

2018年6月6日，中国证监会颁布了《关于试点创新企业实施员工持股计划和期权激励的指引》（中国证券监督管理委员会公告〔2018〕17号），首次明确员工持股计划遵循“闭环原则”或已在基金业协会依法依规备案的，在计算公司股东人数时，按一名股东计算。2020年3月1日开始实施的新《证券法》中第9条明确规定：向特定对象发行证券累计超过200人为公开发行，但依法实施员工持股计划的员工人数不计算在内。中国证监会发行监管部于2020年6月10日发布的《首发业务若干问题解答》中对“员工持股计划计算股东人数的原则”做出了如下答复。

根据规定，目前证监会对于拟在A股申请首发上市的国有背景企业实施员工持股的情形，除外部人员外，不再对内部员工做穿透计算。“200人”不再构成参与员工持股计划的内部员工人数限制，但是仍构成拟上市的股份有限公司的直接股东总人数限制。据此，过往立法中对拟上市国有混改股份有限公司在员工持股数量限制方面的实质性法律障碍已经得到解决。

（三）合理搭建员工持股平台，防范员工持股领域公司治理风险

员工以个人名义直接持股，股权关系简单明了。但在持股员工数目较多的情况下，由于人数众多、股权分散，持股员工频繁变动所需履行的股权变更手续等会增加员工股权管理的成本。另外，员工直接持股的股权作为一项独立的股东权利，劳动合同和公司内部规章制度对其制约的效力较弱，员工持股所代表的表决权难以管理，可能给公司治理带来风险隐患。在该等情况下，通常优先考虑采取员工持股平台的模式。员工持股平台主要有合伙制企业和公司制企业两种形式。

在混改企业的实践案例中，出于税收筹划的考虑，采用税赋轻、灵活度高、控制权集中的有限合伙企业作为员工持股平台的模式最为广泛。在一些复杂情况下，可以采用嵌套式的2～3级持股平台。核心员工出资成立有限合伙企业，主要通过对拟上市主体增资扩股、出资新设，使有限合伙企业成为拟上市主体的股东。

有限合伙企业的合伙人需为50人以下。在员工持股平台的具体搭建模式上，如果混改企业拟参与持股的员工超过50人，可设立多个有限合伙企业作为员工持股平台。对于每个持股平台，其普通合伙人应由公司高级管理人员成立的有限责任公司（以下简称管理公司）担任，以避免直接由自然人担任普通合伙人而导致其对有限合伙承担无限连带责任。持股员工作为持股平台的有限合伙人，不参与合伙企业的日常经营，可通过普通合伙人实现对持股平台的有效控制，方便后续的人员变动管理。如作为管理公司股东的公司高级管理人员从混改企业离职或不再担任相应职务的，其应当在前述事项发生之日起一定期间内退出管理公司。

（四）设置员工持股管理机构，加强员工持股计划实施全流程的风险管控

员工持股计划从制定到实施的各个环节会面临各种问题，例如，员工持股制度的实施

是否经过民主表决、是否符合国家相关政策等。无论是员工个人直接持股还是通过有限合伙企业平台、有限责任公司平台持股,混改企业都应当组织员工设立员工持股管理委员会(以下简称管理委员会)。管理委员会是员工持股的日常管理机构,也是持股员工的自治机构。管理委员会应当由全体持股员工选举产生,其职责包括但不限于贯彻及落实以下事项,确保员工持股计划全部流程的顺畅执行:

(1)制定和修改员工持股相关方案、制度和实施细则等,将员工持股管理制度化、标准化。

(2)负责组织员工持股的日常管理,包括但不限于以下方面:

①员工持有股权的登记、过户和退出等手续;

②持股平台的设立、工商登记、变更及备案等;

③持股员工名册、股权登记证等文本的制作和管理。

(3)员工持股购股资金的筹备管理以及统一协调外部金融机构借款等工作。

(4)广泛听取员工对员工持股方案、制度等事项的意见和建议,并给出解释。

(5)审议并组织办理持股员工股权退出、增加等事宜。

(6)组织实施持股员工分红、缴纳所得税等事宜。

(7)对员工持股计划实施过程中的有关具体事项作出最终解释。

(8)董事会、总经理办公会授权的与员工持股相关的其他工作。

(五)员工持股比例设置及份额分配方面的风险防范

员工持股的比例与其对企业的关切度密切相关。133 号文明确规定,该次员工持股试点"员工持股总量原则上不高于公司总股本的 30%,单一员工持股比例原则上不高于公司总股本的 1%……实施员工持股后,应保证国有股东控股地位,且其持股比例不得低于公司总股本的 34%"。

2014 年 6 月,中国证监会发布《关于上市公司实施员工持股计划试点的指导意见》,对上市公司员工持股比例明确规定:"上市公司全部有效的员工持股计划所持有的股票总数累计不得超过公司股本总额的 10%,单个员工所获股份权益对应的股票总数累计不得超过公司股本总额的 1%……"

对于非上市公司,除了 133 号文的相关规定,还要注意与员工持股相关的股权回购规定,如 2018 年 10 月 26 日修改的《公司法》第 142 条的规定。

在严格遵循上述规定的前提下,实践中员工持股比例的设置应当考虑以下三方面的因素。

第一,目标企业员工持股比例应当因地制宜、一企一策,结合目标企业实际情况,包括发展战略定位、企业规模需求、股权分布情况、企业用工特点、员工持股意愿、员工资金条件以及外部投资者持股意愿等因素来确定。

第二,企业应当根据未来业务发展、人员规划及人才发展的需求,在员工持股比例中拿出一部分合理预留，预留部分的股权（份）未来分期出资到位，用于分配给新引进的人才、新满足持股条件的员工以及需要增加持股比例的员工等。

第三，《公司法》为股份公司员工持股提供了三方面法律制度的支持：(1)为员工持股增加了一个公司收购本公司股份的来源；(2)延长了公司为员工持股收购后持有的期限；(3)可以依据公司章程规定或股东大会授权，以2/3以上董事出席的董事会会议决议，而不再由股东大会决议。

每个员工个人持股份额的确定应当以公司业务战略发展的重要性为基础，结合员工的市场化岗位价值、个人业绩的历史表现、个人预期贡献度来分配。但总体应当坚持以岗定股，将员工持股份额与岗位职责、履职风险、工作业绩以及员工岗位对战略实现的重要性紧密挂钩，以岗位评价和个人能力评价的结果作为确定持股量的重要依据。

（六）员工入股的公允定价标准及合规风险把控

混改企业、入股员工和外部投资人均十分重视员工入股定价的问题。定价标准既需确保国有资产不流失，又需兼顾员工对于入股价格的负担能力。由于员工持股计划的根本目的是将员工与企业利益绑定，定价过高，员工持股的资金压力大，收益空间小，反而将“福利”变为“负担”；定价过低，容易引发躲避监管规则恶意套现的风险。此外，由于外部投资人通常会要求与员工入股同期同价参股，以保证己方利益，平衡入股价格成为多方利益汇集的焦点，也成为把控法律风险的重点。

拟混改企业对于外部投资人的遴选及入股应当通过产权交易市场完成。根据《中央企业混合所有制改革操作指引》，非上市企业通过产权转让、增资扩股方式实施混合所有制改革应按照《企业国有资产交易监督管理办法》（国资委　财政部令第32号）、《关于印发〈企业国有产权交易操作规则〉的通知》（国资发产权〔2009〕120号）等有关规定，在国资委确定的可以从事相关业务的产权交易机构中公开进行。企业混合所有制改革后继续保持国有控股地位的，如增资过程中国有股东拟同步转让其所持有的少部分企业产权，统一按照增资流程操作，产权转让价格应与增资价格保持一致。

根据133号文，员工持股应坚持增量引入原则，主要采取增资扩股、出资新设的方式。据此，国企在开展员工持股计划时，应尽量以增资或新设主体出资的形式，而非股权转让。

员工持股方案的实施对象只能是特定的企业员工，而不是面向社会公众征集投资人。因此，国有企业员工持股本身不具备公开选择与竞价的条件或可能性，不宜适用进场交易中外部投资者的遴选标准。在实践中，引进外部战略投资者的同时实施员工持股计划的国有混改企业，经过相关国有资产管理部门批准后，员工持股可以不进场交易，通过外部投资者进场交易对于目标企业的定价得到公允价格，再由企业员工按照经相关国有资产管理部门审批后的员工持股方案，同股同价、同股同权地受让或增资。若混改中引进战略投资者与员工持股分步实施，则员工入股价格不得低于经核准或备案的每股净资产评估值。

（七）员工持股的出资形式和资金来源需符合国家金融监管要求

混改过程中，大部分外部投资人都会要求与员工持股同时间同价格参股，因此，入股价格通常会在资产评估值的基础上形成溢价。由于入股价格的市场化，员工通过何种途径获得资金，以何种出资形式入股国有资产，以及是否允许其借助国有企业信用背书或提供保证等方式，是评判是否有效防范国有资产流失的重要依据。

根据133号文的规定，员工入股应当主要以货币出资，并按约定及时足额缴纳；根据国家有关法律法规，员工以科技成果出资入股的，应提供所有权属证明并依法评估作价，及时办理财产权转移手续。因此，员工持股的出资形式只有货币和科技成果，且能够提供所有权属证明并能够依法评估作价的科技成果主要是专利，没有取得专利授权的专有技术由于无法评估作价将不得作为出资。

关于国有企业员工持股资金来源，散见于若干相关部门指导文件。中国证监会2014年6月下发的《关于上市公司实施员工持股计划试点的指导意见》规定："员工持股计划可以通过以下方式解决所需资金：（1）员工的合法薪酬；（2）法律、行政法规允许的其他方式。"2010年9月财政部、中国人民银行等五部委联合下发的《关于规范金融企业内部职工持股的通知》规定："内部职工持股的认购资金应由职工个人负担。"其他政策法规对员工持股资金来源进行了禁止性列举规定，主要有"四个不得"：（1）混合所有制企业及其国有股东不得向员工无偿赠与股份；（2）混合所有制企业及其国有股东不得向持股员工提供借款、垫款等财务资助；（3）不得以国有产权或资产作标的物为职工融资提供保证、抵押、质押、贴现等；（4）持股员工不得接受与员工持股的混合所有制企业有生产经营业务往来的其他企业的借款或融资帮助。2010年中国银监会颁发的《个人贷款管理暂行办法》和《流动资金贷款管理暂行办法》明确规定，银行贷款只能用于生产经营和个人消费，不得用于固定资产、股权的投资。因此，员工难以期待通过金融支持实现持股目的，员工持股积极性受到较大限制。

基于上述法律法规规定，员工通常只能用自有资金及合法自筹资金出资。此外，目标企业应当加强对员工的市场化激励，这是既减轻员工持股资金压力又实现优化国有企业激励约束机制的双重效果的良好举措。

（八）员工持股的锁定期及锁定期内退出需要注意的问题

就员工个人而言，员工持股的目的是投资；但就国有企业混合所有制改革政策主旨和国有股东而言，员工持股顶层设计的初衷是实现资本与劳动者的利益绑定，谋求企业长远发展。所以，员工持股计划应当设定锁定期来抑制短期持股套利行为，但锁定期不宜过长。

持股员工持有的股份是受限制的股份，在锁定期内员工应当承诺对其持有的股份不能私自处置，包括但不限于私自转让、交换、质押、抵偿债务等。在锁定期内，持股员工只享有除处置权之外的权利，包括但不限于该等股份的投票权、分红权等。

133 号文规定，实施员工持股，应设定不少于 36 个月的锁定期。在公司公开发行股份前已持股的员工，不得在公司首次公开发行时转让股份，并应承诺自上市之日起不少于 36 个月的锁定期。锁定期满后，公司董事、高级管理人员每年可转让股份不得高于所持股份总数的 25%。

根据上述规定，立法实质授权目标企业设置更长时间的锁定期，目标企业应当在员工持股方案、员工持股协议、合伙协议等法律文件中事先做好明确规定。

锁定期内的员工可能会因为以下情形而退出：

第一，岗位性退出，包括正式退休、合同期限届满不再续签、持股员工与目标企业协商一致解除合同，以及员工非因个人原因调至集团母公司或其他关联公司等情形。

第二，强制性退出，包括但不限于：(1)严重违反目标企业内部管理制度并造成重大损失的，如重大渎职行为、重大决策失误导致公司重大损失的，违规担保、从事竞业禁止行为的，擅自离职、违反保密义务造成公司重大损失的；等等。(2)触犯国家法律，被追究刑事责任的。(3)员工持股管理机构认定的其他有损于目标企业或员工持股平台利益的其他行为的。

相对岗位性退出，强制性退出的持股员工应当承担惩罚性的退出价格条件，具体由目标企业人力资源部门、财务部门提出建议，事前需要在员工持股方案中明确规定。

(九)员工股权流转和退出机制的设计应避免僵硬化

员工持股流转和退出机制是保持企业对人才吸引力的一项重要机制，也是促进未入选员工持股计划人员努力精进业务的催化剂，更是保持员工持股计划长期活力的要义。完善的员工持股流转、退出机制可以防止员工持股的封闭化，同时有效控制国有资产的流失风险。但实践中，员工转让或退出股份，可能会遇到短期内无人购买、价格协商等问题，因此制度设计不应“一刀切”，给具体问题留有具体解决的空间。

员工股权流转和退出除了上市后且锁定期届满后的二级市场出售，主要是指员工持股在企业上市前以及上市后锁定期内，在员工内部由于员工岗位变化、离职等产生的内部封闭式流转。

133 号文规定了“坚持以岗定股、动态调整”的员工持股试点原则，持股员工因辞职、调离、退休、死亡或被解雇等原因离开本公司的，应在 12 个月内将所持股份进行内部转让。员工可转让给持股平台、符合条件的员工或非公有资本股东，转让价格由双方协商确定；也可转让给国有股东，转让价格不得高于上一年度经审计的每股净资产值。国有控股上市公司员工转让股份按证券监管有关规定办理。据此，133 号文建立了更为市场化和灵活性的特别情形下员工股权动态流转机制。

但是，133 号文没有赋予企业对于锁定期内的员工持股收回本公司股权的途径。为支持公司制企业推动员工持股，2018 年《公司法》新修订的第 142 条规定，公司不得收购本公司股份，但是将股份用于员工持股计划或者股权激励的除外，但本条仅限于股份有限公司。

（十）员工持股企业关联交易的法律风险及其防范

依法合规、公开透明，严禁利益输送和国有资产流失，是混合所有制企业员工持股的首要原则。该原则是员工持股企业在日常运营中应当持续严守的重要原则，实践中主要表现为国有股东及其控制子企业与员工持股企业的关联交易。

员工持股的国有企业，必然是国有股东企业集团下属的单一公司之一。由于企业集团下属单一员工持股企业与国有股东历史上长期以来的战略一致性、业务协同性以及国有股东集团管理模式等原因，员工持股企业往往会存在与国有股东及其他控制子企业之间的大量关联交易。

133 号文在第 2 条第 4 款进行了前瞻性的规定，试点企业需要满足“营业收入和利润的 90% 以上来源于所在企业集团外部市场”。在第 5 条第 6 款规定：“规范关联交易。国有企业不得以任何形式向本企业集团内的员工持股企业输送利益。国有企业购买本企业集团内员工持股企业的产品和服务，或者向员工持股企业提供设备、场地、技术、劳务、服务等，应采用市场化方式，做到价格公允、交易公平。有关关联交易应由一级企业以适当方式定期公开，并列入企业负责人经济责任审计和财务审计内容。”

实践中，由于商业模式的多样化、关联交易的隐蔽性，新形式的关联交易尤其应当得到关注和规范。中央企业开展混合所有制企业员工持股试点基本都在三级、四级子公司，地方国有企业员工持股试点也未在一级企业开展，未来的国有企业员工持股推广也会侧重于市场一线的二、三、四级基层企业。中央企业、地方国有企业的一级企业应当根据本企业集团的实际情况，制定与员工持股企业关联交易的专项规定，对员工持股企业与国有股东及其控制子企业之间的关联业务进行专门的规范和指引。

三、员工持股法律合规风险防范要点指引

为全面贯彻落实《中共中央、国务院〈关于新时代加快完善社会主义市场经济体制的意见〉》的精神，根据 133 号文《国有科技型企业股权和分红激励暂行办法》（财资〔2016〕4 号）（以下简称 4 号文）、《国家发展改革委、财政部、人力资源社会保障部、国土资源部、国资委、税务总局、证监会、国防科工局关于深化混合所有制改革试点若干政策的意见》（发改经体〔2017〕2057 号）（以下简称 2057 号文）、《财政部、科技部、国资委关于扩大国有科技型企业股权和分红激励暂行办法实施范围等有关事项的通知》（财资〔2018〕54 号）（以下简称 54 号文）、《中央企业混合所有制改革操作指引》（国资产权〔2019〕653 号）（以下简称 653 号文）相关要求，结合实际情况，制定本指引。

（一）员工持股的适用范围

本指引适用于具备以下条件的中央企业及其下属子企业：

（1）主业处于充分竞争行业和领域的商业类企业；

(2)股权结构合理,非公有资本股东所持股份应达到一定比例,公司董事会中有非公有资本股东推荐的董事;

(3)公司治理结构健全,建立市场化的劳动人事分配制度和业绩考核评价体系,形成管理人员能上能下、员工能进能出、收入能增能减的市场化机制,营业收入和利润90%以上来源于所在企业集团外部市场;

(4)根据2057号文规定,试点企业数量不受133号文规定的数量限制。试点企业名单由国家发展改革委、国务院国资委按程序报请国务院国有企业改革领导小组确定;

(5)优先支持人才资本和技术要素贡献占比较高的科技型企业开展员工持股。根据4号文及54号文规定,拟实施股权激励的国有科技型企业,应当产权明晰、发展战略明确、管理规范、内部治理结构健全并有效运转,同时具备以下条件:

①国有科技型企业,具体包括:国家认定的高新技术企业、转制院所企业及所投资的科技企业、高等院校和科研院所投资的科技企业、纳入科技部"全国科技型中小企业信息库"的企业、国家和省级认定的科技服务机构。

②企业建立了规范的内部财务管理制度和员工绩效考核评价制度。年度财务会计报告经过中介机构依法审计,且激励方案制定近3年(以下简称近3年)没有因财务、税收等违法违规行为受到行政、刑事处罚。成立不满3年的企业,以实际经营年限计算。

③对于转制院所企业及所投资的科技企业、高等院校和科研院所投资的科技企业、纳入科技部"全国科技型中小企业信息库"的企业,近3年研发费用占当年企业营业收入均在3%以上,激励方案制定的上一年度企业研发人员占职工总数10%以上。成立不满3年的企业,以实际经营年限计算。

④对于国家和省级认定的科技服务机构,近3年科技服务性收入不低于当年企业营业收入的60%。科技服务性收入是指国有科技服务机构营业收入中属于研究开发及其服务、技术转移服务、检验检测认证服务、创业孵化服务、知识产权服务、科技咨询服务、科技金融服务、科学技术普及服务等收入。

(二)员工持股计划的可行性研究

企业应结合自身特点,依据相关政策规定对混合所有制改革的必要性和可行性进行充分研究,因企制宜,一企一策。对处于不同发展阶段、不同领域、不同业务特点的企业实施不同的混合所有制改革方案。在可行性研究阶段,要对实施混合所有制改革的法律合规风险、社会稳定风险等作出评估。

(三)财务审计与资产评估

选聘的会计师事务所、资产评估机构等中介机构应具有与员工持股项目财务审计、资产评估需求相适应的资质条件、专业人员和专业特长;近3年内没有违法、违规记录;与员工持股项目相关方无经济利益关系。不得选取同一中介机构为员工持股项目同时提供财务审计和资产评估服务。

财务审计、资产评估基准日应选取接近员工持股方案实施的日期。企业在财务审计、资产评估基准日后如遇汇率变动,国家重大政策调整,企业资产权属、价值发生重大变化等重大事项,可能对财务审计、资产评估结果产生重大影响时,应调整财务审计、资产评估基准日或财务审计、资产评估结论。

财务审计、资产评估范围应与员工持股方案、决策文件、业务委托约定书等确定的范围一致。

会计师事务所出具的财务审计报告应为无保留意见的标准审计报告。

资产评估机构原则上应当采用两种以上评估方法,资产评估结果应当按照资产评估项目公示制度履行公示程序。

(四)员工持股方案的制定

混改企业员工持股方案,一般应包括以下内容:成立员工持股委员会、员工持股的条件、比例、额度、价格、出资方式、持股方式、认股程序、股权分红、股权管理、股权流转、股权回购、员工岗位变动带来的股权结构调整、员工股东权益、风险以及责任等问题。

员工持股方案的设计要科学合理,建立健全激励约束长效机制;严格按照法律法规、规章及规范性文件要求履行决策程序;不得以摊派、强行分配等方式强制员工参加持股计划;注重保障员工对企业员工持股计划的知情权和参与权;积极听取广大员工意见,涉及员工切身利益的要做好评估工作。

企业应保证员工持股方案的合法合规,企业法律事务机构或者外聘律师应对员工持股方案出具法律意见书,对以下事项发表专业意见:员工持股方案是否符合有关法律、法规和本操作指引的规定;员工持股方案是否存在明显损害企业及现有股东利益的情形;员工持股方案是否充分披露影响员工持股结果的重大信息、员工持股方案可能引发的法律纠纷等风险;以及应对风险的法律建议、其他重要事项。

(五)员工持股方案的审议与备案

员工持股企业应通过职工代表大会等形式充分听取本企业职工对员工持股方案的意见。试点企业应将持股员工范围、持股比例、入股价格、股权流转、中介机构以及审计评估等重要信息在本企业内部充分披露,切实保障员工的知情权和监督权。另外,国有控股上市公司还要执行证券监管有关信息披露规定。

企业董事会审议通过员工持股方案后,提交股东(大)会进行审议。员工持股涉及相关董事的,相关董事应当在董事会表决时回避。监事会、外部董事可就员工持股是否有利于企业的持续发展、是否损害企业及全体股东利益、企业是否以摊派、强行分配等方式强制员工参加本企业员工持股发表意见。

中央企业的员工持股方案经股东(大)会审议通过后,报履行出资人职责的机构备案。

(六)员工持股平台及其管理

持股员工可以个人名义直接持股,也可通过公司制企业、合伙制企业、资产管理计划等持股平台持有股权。通过资产管理计划方式持股的，不得使用杠杆融资。持股平台不得从事除持股以外的任何经营活动。

无论以个人名义直接持股或是通过设立持股平台的方式间接持股，持股员工一般应通过持股人会议等形式选出代表，或设立相应机构对员工所持股权进行管理。该股权代表或机构应制定管理规则，代表持股员工行使股东权利，维护持股员工合法权益。

实践中，公司大多设立员工持股管理委员会作为股权管理主体。其职责包括但不限于制定和修改员工持股管理方案、制度和实施细则，负责员工持股的日常管理，组织实施持股员工的分红、缴纳所得税事宜，董事会、总经理办公会授权的与员工持股相关的其他工作等。

（七）员工持股流转和退出机制

公司各方股东应就员工股权流转和退出等问题协商一致，并通过公司章程或股东协议予以明确，以此保证员工所持股权可以动态调整，避免持股固化、僵化。

实施员工持股，应设定不少于36个月的锁定期。在公司公开发行股份前已持股的员工，不得在公司首次公开发行时转让股份，并应承诺自上市之日起不少于36个月的锁定期。锁定期满后，公司董事、高级管理人员每年可转让股份不得高于所持股份总数的25%。

持股员工因辞职、调离、退休、死亡或被解雇等原因离开本公司的，应在12个月内将所持股份进行内部转让。转让给持股平台、符合条件的员工或非公有资本股东的，转让价格由双方协商确定。转让给国有股东的，转让价格不得高于上一年度经审计的每股净资产值。国有控股上市公司员工转让股份按证券监管有关规定办理。

（八）员工持股计划的终止

员工持股计划的终止如涉及国有股东回购员工持有股份的，应注意遵守国资评估及定价的有关规定①，对收购员工持有股份进行评估，非国有资产评估的结果是确定收购价格的重要依据。谨防定价虚高，造成国有资产流失风险。

员工持股计划如因企业破产导致员工持股计划终止的，应注意持股员工的股东身份，对于因员工持股产生的企业对员工的债务，不属于《企业破产法》②规定的第二类职工债务，不应优先偿还，以保护其他债权人的利益，落实员工持股风险共担的原则。

---

① 《企业国有资产评估管理暂行办法》第22条　企业进行与资产评估相应的经济行为时，应当以经核准或备案的资产评估结果为作价参考依据；当交易价格低于评估结果的90%时，应当暂停交易，在获得原经济行为批准机构同意后方可继续交易。

② 《企业破产法》第82条　下列各类债权的债权人参加讨论重整计划草案的债权人会议，依照下列债权分类，分组对重整计划草案进行表决：（一）对债务人的特定财产享有担保权的债权；（二）债务人所欠职工的工资和医疗、伤残补助、抚恤费用，所欠的应当划入职工个人账户的基本养老保险、基本医疗保险费用，以及法律、行政法规规定应当支付给职工的补偿金；（三）债务人所欠税款；（四）普通债权。人民法院在必要时可以决定在普通债权组中设小额债权组对重整计划草案进行表决。

混改篇

“三类八度”设计企业章程打造混改企业法治核心

王双兴

作者简介

王双兴　中国化学工程集团有限公司法律合规部部长

企业简介

中国化学工程集团有限公司（以下简称中国化学工程）是国务院国资委直接监管的大型工程建设企业集团，源自原国家重工业部 1953 年成立的重工业设计院和建设公司，是我国工业工程领域资质最为齐全、功能最为完备、业务链最为完整、知识技术密集的工程公司，是我国石油和化学工业体系的缔造者，是先进工业综合解决方案的提供者，是工程建设体制机制改革的先行者，是共建“一带一路”的排头兵，是清洁能源工程领域的领军者，是建设美丽中国的实践者。

中国化学工程明确了“三年五年规划、十年三十年愿景目标”的中长期发展战略，坚持以习近平新时代中国特色社会主义思想为指引，以改革和创新为动力，聚焦主业实业，着力发展建筑工程、环境治理和特色实业，走专业化、多元化、国际化的发展道路。通过不断优化经营布局、强推转型升级、狠抓精细化管理、推动技术创新、全面加强党建，实现高质量超常规跨越式发展，将公司建设成为研发、投资、建造、运营一体化的具有全球竞争力的世界一流企业。

内容摘要

中国化学工程每年定期编制、更新、印发混合所有制企业章程范本，按照“央企品牌＋民营机制”的总体要求，将国务院国资委和公司关于混合所有制改革的相关制度和文件精神，如董事会授权、职业经理人、考核机制等，进行浓缩但不简单复制，最大限度转换、体现到章程范本中，最终形成了“绝对控股”、“相对控股”和“参股”三种类型的混合所有制企业章程范本，从战略投资者引入、股权比例、出资时间、党的领导、股东会职权、董事会建设、职业经理人、监事监督等八个维度构建混合所有制企业章程范本体系，从根本上保障混合所有制企业的发展基础，助力混合所有制企业行稳致远。

关键词

混改　公司章程　公司治理　“四会一层”

引　言

近年来，国有企业混合所有制改革（以下简称国企混改）被提到了重要的战略高度。目前的法律法规并未对国企混改作出明确定义，从现有的政策文件上看，混改主要从基于发展混合所有制经济的角度，促进国有资本与非国有资本交叉持股，引入非国有资本参与国有企业改革，同时也鼓励国有资本参股非国有企业，实现资源的市场化配置，从而建立真正意义上的现代产权制度，加快国企建立健全现代企业制度步伐。

一、公司章程是公司内部的“宪法”

（一）公司章程是最重要的法律文件

作为现代企业制度的基石和公司治理的基础，公司章程是公司设立的最基本条件和最重要的法律文件，是确立公司基本权利义务关系的基本法律文件，是实行公司内部管理和对外进行经济交往的基本法律依据，是公司内部的“宪法”。国企混改要遵循现代企业制度，其章程设计就需以《公司法》等国家法律法规为基础，以国家混改政策文件为依据，依法完善法人治理结构。本文将结合混改工作实际，介绍《中国化学工程集团有限公司混改企业章程范本》（以下简称《章程范本》）的编制工作，论述混改企业章程的设计思路。

（二）推动混改构建“央企品牌实力＋民营机制”的企业生态

当前，中国化学工程正处于国内外市场形势严峻以及转型发展的关键时期，还面临着经营结构单一、经济体量较小、资源整合能力不足、资产质量不高、市场开拓能力不强、基础管理较为薄弱、抗风险能力有待提升等困难。为了有效解决上述问题，中国化学工程大力推动所属企业混改工作，在保持国有控股的前提下，释放最高的股权比例引入具有专有技术、研发能力、资金实力的地方国有企业和民营企业，吸引员工个人跟投，共享共建共同发展，逐步推动全集团所有企业混合所有制改革，着力构建“央企品牌实力＋民营机制”的企业生态，发挥混改企业在全面深化改革工作中的示范性、引领性、带动性作用。

（三）以公司章程为关键点，推进依法治企

在混改过程中，有的所属企业对于集团总部出台的混改政策文件不会用、不敢用、不愿用，存在一定程度的“重混轻改”现象。如何通过“改”巩固混改成效，不仅需要企业通过混改推进产权重构、治理结构改造、经营机制转化、职业经理人与激励约束机制等一整套市场化体制机制，而且需要国有股东在履行股东职责的方式上作出很大的改变。这一切的基础就是公司章程。

章程是混改企业设立的法治体现，必然涉及各股东的意愿和初衷，是符合法律规定之下的公平契约。与单一股东或单一所有制企业相比，混改企业的章程由于有不同所有制股东的存在，具有更加重要的功能。中国化学工程把混改企业章程当作混改企业的“根本大法”来定位，凡涉及治理的问题、涉及冲突的问题、涉及发展的问题等，都在混改企业章程里得到最为明确的表达。

中国化学工程编制《章程范本》的目的，就是要突出混改企业的特点，统一思路的同时，将曾千篇一律、束之高阁的公司章程，通过充分协商进行个性化修订，最大限度凝聚股东们的共识、形成合力，避免将矛盾爆发在混改之后。编制《章程范本》的原则是：一方面确保中国化学工程对混改企业的有效管控，通过完善法人治理结构，严格规范“四会一层”的权责，合理配置股东之间及各治理主体的权利义务，形成权责对等、运转协调、有效制衡的决策执行监督机制；另一方面确保混改企业的经营自主权，健全规范决策程序，通过授权放权、考核激励等机制，提高企业的决策效率及运行效率。

二、《章程范本》的八维度结构与标准化成果

（一）形成三个类型的范本

中国化学工程按照“绝对控股”、“相对控股”和“参股”三种不同类型编制《章程范本》。“绝对控股”型范本适用于我方直接或间接持股比例在51%以上的情况。“相对控股”型范本适用于我方直接或间接持股比例虽小于51%，一般不低于1/3，但为第一大股东，并且通过股东协议、公司章程、董事会决议或者其他协议安排能够对企业实际支配的情况。“参股”型范本适用于我方直接或间接持有部分股权，但不能对企业进行实际支配的情况，该类型范本主要在有着建筑行业特点的作业层实体改革中使用。

（二）八个维度构成范本核心结构

以混改过程中最为常用的“绝对控股”型范本为例，《章程范本》主要从以下八个维度考虑混改企业的公司治理结构，构建符合公司实际的章程范本体系。

1. 党建引领是核心

中国化学工程混改工作把建立党的组织和开展党的工作作为必要前提，将党的建设有效融入公司治理中，将企业党组织内嵌到公司治理结构之中，同时在公司章程中对党组织在公司法人治理结构中的法定地位予以明确和落实，并优化需要党组织进行前置决策

的重大问题流程，做到有效内嵌，实现组织落实、职责明确、监督严格。《章程范本》按照混改后的不同企业类型和特点，明确党组织的设置方式，并明确职责定位和管理模式。

“绝对控股”型范本中，规定党组织发挥领导作用，把方向、管大局、保落实，具体工作中，坚决把党中央重大决策部署不折不扣落到实处，确保企业正确的政治方向，以实际行动做国家战略的实践者、推动者、担当者，严格按照《中国共产党国有企业基层组织工作条例（试行）》等文件要求，写明党组织的职责权限、机构设置、运行机制、基础保障等重要事项，明确党组织研究讨论是“三重一大”事项决策的前置程序。

“相对控股”型范本中，规定党组织发挥政治领导作用，管方向、重协调、促发展。管方向，主要是指政治方向，党组织要保证企业在政治方向上与党中央保持一致，保证监督企业贯彻落实党中央重大决策部署；重协调，是指党组织在企业发挥政治优势、思想政治工作优势、群众工作优势，统筹协调各方资源，维护好各方利益主体的合法权益；促发展，是指党组织要参与企业重大问题决策，支持董事会、经理层依法行使职权，在推进企业发展和服务职工群众中体现党的领导。

“参股”型范本中，规定混改企业应根据《关于在深化国有企业改革中坚持党的领导加强党的建设的若干意见》精神，按照《关于加强和改进非公有制企业党的建设工作的意见（试行）》要求开展党建工作，并注明相关条款可根据实际情况与战略投资者进行协商。

2. 战略投资者引入是前提

战略投资者（以下简称战投）的引入是一切混改工作的开端，没有战投的参与，后续的章程、股东协议等都无从说起。战投的引入，要与企业自身的发展战略目标相契合，能提高企业的核心竞争力，能补齐企业在资金需求、研发技术、市场拓展、运营管理、企业治理机制等企业发展核心要素上的短板，能加强企业价值链、产业链上的能力。总的来说，引入战投前，企业需要深入思考三个问题：为什么要引？用什么引？战投为什么而来？《章程范本》对引入的战投提出了七个方面原则性的要求。

原则一：与混改企业同类业务或者上下游产业互补企业，包括但不限于上市公司、民营企业、专业运营商等。

原则二：具有良好的行业地位、财务实力、品牌形象和声誉、诚信经营，无资信、安全、质量、环保等不良记录的企业。

原则三：契合集团和混改企业战略发展需要，能在资源、技术、管理、市场、资金等方面帮助混改企业突破发展“瓶颈”，获取发展机遇。

原则四：具有产业链或价值链关联，能与混改企业形成协同效应。

原则五：引入投资基金，包括但不限于基础设施产业基金、产业发展投资基金、私募股权基金等。财务投资者可发挥其资金优势和行业资源优势，逐步实现对外并购扩张、资产证券化等战略目标。

原则六：兼顾其他因素，如企业文化理念相近，认同企业发展战略，行业地位优势明显等。

原则七：股权不是越多元化越好，战投在精而不在多，最好不要超过两个。

3. 股权比例制衡是基础

在混改中，股权结构影响着公司治理结构，国有资本担心丧失控制权，民营资本则担心没有话语权，这最终都将聚焦股权比例问题。我方所占的股权比例不是越多越好，原则上来说若混改企业主营业务为集团主业或重点发展实业或产业，在混改股权结构设计时需要保持国有资本的绝对控股地位；若混改企业从事业务非集团主业，甚至是退出性产业，则国有资本股权比例设计较为灵活，可以适当降低国有资本的股权比例，甚至以出让控股权为主。总之，股权比例的设置，要充分考虑混改目的和混改企业发展战略，要使混改后的股权结构有利于国有资本保值增值，使混改企业的经营机制更加灵活高效，使相互监督制约的权力更加均衡。《章程范本》以注释的形式，对股权比例提出了四点原则性的要求。

原则一：依据企业管理层级。按照三级管理体系，集团总部定位于战略管控和资源配置中心，二级企业定位于经营管理主体，三级企业定位于生产运营主体，组织层次越高，在股权设置时对控制力要求就越高。

原则二：依据企业资产规模。混改企业若资产规模较大，可以采取逐步引入战投的方式推动混改，分期分批地逐步释放国有资本持股比例，在有效规避改革风险的同时，动态实现股权结构的持续优化。混改企业若资产规模不大且需要保持国有控股，可一步到位并以一股领先的股权多元化形式设计股权结构。股权结构设计上，我方持股比例要高于其他战投中任意一家的持股比例，且不低于34%，保持国有资本的控制力并给予非国有资本一定话语权。

原则三：依据业务发展前景。混改企业若属于集团主业范围或具有较大发展潜力，一般仍保留企业的绝对或相对控股权。在混改中释放的股权比例不宜过高，以为后续可能的资本运作保留足够的空间。释放股权比例最高不超过49%。混改企业属于创新业务企业或长期困难企业，可以将持股比例降至40%及以下，可低于第二大股东和第三大股东合计的持股比例，从而使公司的法人治理结构更加完善。对于因不控股而面临失去控制权的问题，通过员工持股等合理的股权架构设计，或者股东会、董事会的决策机制设计，实现“以小控大”。此外，通过股东协议等手段约束其他战投形成一致行动人，避免影响公司正常管理运营。

原则四：依据企业是否有上市预期。对于有上市预期的企业，为保证上市后仍保持国有股东的绝对控股权（不低于51%），根据企业首发股份上市份额要求合理确定上市前可向投资者释放的股权比例。上市前为员工持股或股权激励储备一定比例股份的，相应降低战投份额。

4. 出资比例和时间是保障

混改企业的注册资本不是越多越好，要与企业的经营范围、行业资质、发展阶段、治理结构、员工持股等因素相匹配，也不用一次到位。《章程范本》以注释的形式，对混改企业注册资本的出资比例和时间进行了原则性的规定（如图 1 所示）。

第十六条　股东名称、出资方式、出资金额、出资比例和出资时间如下：

股东名称	出资方式	出资金额（万元）	出资比例	出资时间
合计				

（注：若公司设立时或改制后新公司登记时，公司股东已实缴到位，则此处可注明：公司注册资本已于 X 年 X 月 X 日全部缴足。）

（注：除我方外，其余单一股东或形成一致行动人的股东合计持股比例不得超过三分之一，避免其拥有对重大事项的一票否决权。）

（注：各方股东各期实缴出资比例原则上应保持一致，以维护国有资产合法权益。根据注册资本大小，出资时间的一般原则如下：

1. 注册资本小于 1 亿元的，认缴出资时间一般不超过 3 年；首次出资比例一般不低于 40%，首次出资时间一般不超过公司注册之日起 6 个月；

2. 注册资本 1 亿元以上，小于 3 亿元的，认缴出资时间一般不超过 5 年；首次出资比例一般不低于 30%，首次出资时间一般不超过公司注册之日起 6 个月；

3. 注册资本 3 亿元以上，小于 10 亿元的，认缴出资时间一般不超过 7 年；首次出资比例一般不低于 25%，首次出资时间一般不超过公司注册之日起 6 个月；

4. 注册资本 10 亿元以上的，认缴出资时间一般不超过 10 年；首次出资比例一般不低于 20%，首次出资时间一般不超过公司注册之日起 6 个月。）

图 1　注释形式

资料来源：中国化学工程内部资料。

第一，注册资本小于 1 亿元的，认缴出资时间一般不超过 3 年；首次出资比例一般不低于 40%，首次出资时间一般不超过公司注册之日起 6 个月。

第二，注册资本 1 亿元以上，小于 3 亿元的，认缴出资时间一般不超过 5 年；首次出资比例一般不低于 30%，首次出资时间一般不超过公司注册之日起 6 个月。

第三，注册资本 3 亿元以上，小于 10 亿元的，认缴出资时间一般不超过 7 年；首次出资比例一般不低于 25%，首次出资时间一般不超过公司注册之日起 6 个月。

第四，注册资本 10 亿元以上的，认缴出资时间一般不超过 10 年；首次出资比例一般不低于 20%，首次出资时间一般不超过公司注册之日起 6 个月。

此外，为了避免出资比例概念的混淆，《章程范本》特别强调，章程中所称的“出资比例”，指认缴出资比例，如股东未能按照章程规定的出资时间实缴出资的，则指实缴出资比例。

5. 股东会职权是重点

国有股东往往习惯于行政发文，但在混改企业中，这仅仅是单方面的意思表达，并非股东会决议的结果，不能取代股东会的功能。《公司法》对于股东会的决策流程和表决权提供了很大的弹性空间，《章程范本》也充分利用这些操作空间，结合各方股权比例来设计股东会表决通过机制，避免表决机制的不合理带来重大事项的决策失误：

第一，在股东会运作上实现股权和决策权的适度分离。除《公司法》规定的修改章程、增减注册资本、公司合并撤销等需 2/3 以上股东表决的事项外，其他事项的通过比例要根据持股比例进行调整，在公司章程中进行明确。在“绝对控股”型范本中，除法律强制规定外，股东会其他职权的通过比例修改为 1/2，避免出现其他股东一票否决的现象。“相对控股”型和“参股”型范本则将股东会大部分职权的通过比例修改为 2/3，保证国有资本在重大事项上享有“一票否决权”，保证国有资本在重大事项上的控制力，达到民营股东有决策权，国有股东保留了否决权的效果。

第二，在股东会职权上体现混改企业特色。《章程范本》增加了股东会职权中关于批准超额利润奖励方案、员工股权激励方案和跟投方案，部分金额以上的重大资产处置、对外担保、捐赠以及融资事项的内容。为充分落实授权放权要求，《章程范本》还专门规定了关于股东会授权董事会、董事会授权总经理的职权和表决通过比例。此外，针对创业融资和私募股权投资领域常见的随售权和拖售权条款，考虑到保证战投的稳定性，《章程范本》专门规定非经集团总部同意，不得设置随售权、拖售权、股权锁定等对股权转让有特殊限制的条款。

6. 落实董事会职权是关键

董事会作为公司治理的核心，其构成、运营机制是混改企业提高企业运营效率的关键，重点在战略决策、高管管理、薪酬管理和风险管理等方面发挥主导作用。《章程范本》以《公司法》和国企改革相关文件为依据，以管资本为主转变职能，明晰出资人与董事会的权责边界，将国有出资人意志有效体现在以董事会为核心的公司治理结构中，增强董事会职权的针对性和实用性（如图 2 所示）。

第二节　董事会的组成

第三十七条　公司设董事会，作为公司的经营决策机构和股东会决议的执行机构。董事会对股东会负责。

第三十八条　公司董事会由【】名董事组成。股东【】提名董事【】人；股东【】提名董事【】人；股东【】提名董事【】人；股东【】提名董事【】人。董事由公司股东会选举产生。*（注：如根据国家法律法规需设职工董事的，则增加：职工董事共【】名，为职工代表，由职工代表大会或职工大会选举产生。）*

（注：各方提名的董事数量根据股权比例协商确定。我方持有股权占三分之二以上时，需确保我方提名的董事人数占董事会全体成员总数的三分之二以上；我方持有股权在 51%以上但小于三分之二时，需确保我方提名的董事人数超过董事会全体成员总数的二分之一。）

图 2　董事会组成

资料来源：中国化学工程内部资料。

第一,董事会组建结构。《章程范本》以注释的形式,对董事会的组建结构提出了原则性的规定:“绝对控股”型范本要求,我方持有股权占 2/3 以上时,需确保我方提名的董事人数占董事会全体成员总数的 2/3 以上;我方持有股权在 51% 以上但小于 2/3 时,需确保我方提名的董事人数超过董事会全体成员总数的 1/2;董事长由我方提名。“相对控股”型范本则要求我方提名的董事人数超过董事会全体成员总数的 1/2。“参股”型范本则要求原则上应争取我方至少保有一个董事会席位。

《章程范本》同时还要求战投必须在董事会拥有一席之位,真正参与到企业的管理决策中,才能真正发挥其资金、技术等方面的优势,确保利益诉求各方在重大事项决策上尽力保持力量对比的均衡。董事会运行则坚持多数通过的原则,决策事项通过比例根据我方董事比例对应调整,既不能失去公司控制权,也不能剥夺战投参与权,避免出现内部人控制和决策效率低下,甚至无法决策的情况。

第二,董事会职权。除了一般的董事会权利,《章程范本》新增了具有混改企业特色的董事会职权,如明确混改董事会制定基本管理制度和重要管理制度的类型,如战略、投资、担保、组织机构、考核和薪酬等方面的制度;决定高级管理人员经营业绩目标值;制订公司超额利润奖励方案、员工股权激励方案和跟投方案等。

第三,董事会授权。《章程范本》规定,在不违背法律法规规定的前提下,董事会可以董事会决议的形式,将部分董事会职权授予总经理行使,具体以董事会书面授权为准。股东会授予的职权,董事会不得再转授总经理。

此外,《章程范本》还规定了董事会不得授予总经理行使的职权,主要包括:重大资产处置事项,委托理财、资产核销及资产减值事项,对外担保事项,对外捐赠事项,融资事项,与外部机构签署对赌协议,在债务人未出现经营问题或财务困难情况下接受债务重组协议。

7. 职业经理人制度是突破

虽然《公司法》规定总经理应由董事会选择,但在实际情况中,国有企业大部分的总经理和副总经理由政府或上级企业直接任命。《章程范本》根据国企混改精神,明确规定高级管理人员按照“市场化选聘、契约化管理、差异化薪酬、市场化退出”原则选聘和管理,通过竞聘上岗、公开招聘、委托推荐等市场化的方式选聘,由董事会组织实施选聘、业绩考核、激励约束、薪酬分配等工作。

第一,高管任职资格。《章程范本》对公司高级管理人员的任职资格提出了以下要求:有良好的品行;具备公司经营管理知识和专业技能,5 年以上与岗位需求相关的工作经历,特别优秀者可适当放宽限制;具有良好的心理素质和能够正常履行职责的身体素质;没有法律、法规规定的不得担任公司高级管理人员的情形。

第二,高管任期。《章程范本》明确规定,公司高级管理人员实行聘期制,每届聘期不超过 3 年;中途补充聘任的,聘期至本届聘期届满。聘期届满,劳动合同自动终止;需要续聘的,重新履行聘任手续。高级管理人员经考核认定不适宜继续任职的,应当中止任期,免去现职。具体情形由董事会另行书面规定。

第三,薪酬激励。《章程范本》对薪酬激励也提出了原则性的要求:

一是公司董事会根据相关政策,制定与经营业绩紧密挂钩的高级管理人员薪酬管理办法。董事会授权董事长与总经理签订年度和任期经营业绩责任书。董事会可以授权总经理与其他高级管理人员签订年度和任期经营业绩责任书。董事会应结合实际对高级管理人员进行考核。

二是公司高级管理人员超额完成主要经营业绩考核指标的,董事会有权在年度经营业绩考核结束后对高级管理人员给予超额利润奖励;公司高级管理人员未完成经营业绩考核净利润指标的,董事会有权扣减高级管理人员已发放薪酬。

三是总经理决定聘任或解聘应由董事会聘任或者解聘以外的管理人员;以市场化选聘为导向建立优胜劣汰的人才流动机制;建立与行业薪酬水平挂钩的薪酬分配市场化动态调整机制。

第四,关键人员任命。"绝对控股"和"相对控股"型范本中规定财务总监由我方提名的规定,"参股"型范本则要求争取由我方派出财务部门负责人,组织人事部门负责人报我方备案。

8. 监事会监督职能是支撑

我国监事会制度起步较晚,发展较慢,传统国有企业的监事会和监事存在被边缘化、被架空的问题。混改企业涉及多元化股东的利益诉求,建设好监事会、利用好监事会制度,是小股东的利益需要,也是规范公司治理的体现。《章程范本》从以下方面确保监事会监督职能的落实(如图3所示)。

第五十五条 监事会由【】名监事组成。股东【】提名监事【】人;股东【】提名监事【】人;股东【】提名监事【】人;股东【】提名监事【】人。另【】名监事为职工代表,职工代表由职工代表大会或职工大会选举产生。除职工监事以外的其他监事由公司股东会选举产生。

(注:公司规模较小的,可以不设监事会,设一名监事。各方提名的监事数量根据股权比例协商确定。我方持有股权占三分之二以上时,需确保我方提名的监事人数占监事会全体成员总数的三分之二以上;我方持有股权在51%以上但小于三分之二时,需确保我方提名的监事人数超过监事会全体成员总数的二分之一。)

图3 监事会组成

资料来源:中国化学工程内部资料。

第一,监事会组建结构。《章程范本》以注释的形式,对监事会的组建结构提出了原则性的规定:“绝对控股”型范本要求,我方持有股权占 2/3 以上时,需确保我方提名的监事人数占监事会全体成员总数的 2/3 以上;我方持有股权在 51% 以上但小于 2/3 时,需确保我方提名的监事人数超过监事会全体成员总数的 1/2;监事会主席由我方提名;公司规模较小的,可不设监事会,设一名监事。“相对控股”型范本则要求我方提名监事数量占监事会 1/2 以上席位。“参股”型范本则要求应尽量争取我方监事会席位;如我方未取得董事会席位的,需获得监事会席位。

第二,保障监事履职。《章程范本》明确规定监事可以直接检查公司财务,无须提出申请,公司有义务配合,保障监事的监督权;监事对董事、高级管理人员执行公司职务的行为有监督权,可以对违反法律、行政法规、公司章程或者股东会决议的董事、高级管理人员提出罢免的建议;监事会可以提议召开临时股东会会议,并在董事会不履行召集和主持股东会会议职责时召集和主持股东会会议。

三、范本使用的配套措施

(一)明确使用范围

中国化学工程要求《章程范本》严格适用于集团各级混改企业,所属企业必须使用范本开展混改工作。如有特殊情况不使用范本的,需书面报集团总部审批同意。

(二)条款修改有程序

范本有专门的注释注明范本中可任意编写或修改的内容,除非公司相关制度、意见等规范性文件对章程所涉事项有特殊要求的,其余条款若需要修改,需报集团总部审批同意。

(三)章程备案必须做

混改企业工商注册完毕后,注册登记的盖章章程版本需报集团总部备案。

(四)法律审核有指引

中国化学工程配套编制《混改和股权多元化项目法律审核要点》,从战略投资人资信、公司治理、利润分配、员工跟投和混改程序五大方面梳理出 24 个法律评审要点,提出法律审核应关注的重点和难点问题,为混改和股权多元化项目法律审核提供指引。此外,中国化学工程开展对混改企业章程核查的专项行动,督促推进集团公司混改政策和举措迅速落实落地,重点检查相关审核意见的执行情况,确保混改企业合法合规运行。

(五)宣贯培训持续进行

中国化学工程强化混改相关法律知识宣传培训,打造全方位学法平台和多层次普法阵地,利用法治能力素质提升培训班、集团混改工作会议、《法治和风险管理资讯》等方式,组织解读宣贯《章程范本》,提高集团广大干部职工对混改相关法律问题的认识,保障各项混改措施落实落地。

(六)研究具备前瞻性

中国化学工程根据经营和管理需求,对混改相关的法律问题进行持续专项研究,编制了涉及股权激励、跟投、员工持股、股权多元化等多份前沿法律专业问题的研究报告，从可行性、法律风险等角度进行法律专业研究和论证，为《章程范本》的进一步完善打下专业基础。

四、范本使用成效

（一）工作成果显著

混改过程中，《章程范本》在全系统推广使用以来，企业股权结构、法人治理结构，公司管理以及运营，品牌影响力以及核心竞争力发生显著变化，得到了系统内企业的广泛认可。具体成效体现在几个方面。第一，坚持党的领导，这是混改企业必须坚持的政治原则；第二，诉求统一，这是寻求合作伙伴的基础条件；第三，依法合规治理是法律基础；第四，各股东派驻的高层领导团结协作是混改企业价值最大化的关键；第五，文化融合是凝聚混改企业力量的根本保障和强大推动力。

（二）改变工作方式

《章程范本》的使用，在提高混改效率的同时，也在改变各级国有股东通过"发文"这种单方面意思表示的形式来管理公司的惯例，真正通过公司治理机构形成决议后生效执行的形式来维持公司运行，这是国有股东最迫切需要改变的一种履职方式。

（三）投资者赋权

与单一股东或单一所有制企业相比，混合所有制企业的章程由于有不同所有制股东的存在，具有更加重要的功能，其意义在于在法律规定的范围之内，赋予公司投资者按照自己的意愿管理公司的权利，以便于商业运行。

结 语

在国务院国资委的坚强领导下，中国化学工程积极推进混合所有制改革工作，取得积极成效。在混改过程中，中国化学工程深入践行法治央企战略，抓细抓严抓实抓好法律服务工作，"法治助混改"特色明显，有力保障了公司混改工作依法合规、平稳有序推进。《章程范本》的编制和印发即是中国化学工程"法治助混改"的措施之一。未来，中国化学工程将根据混改工作实际，持续完善《章程范本》，争取在股权与表决权分离、授权机制、激励约束机制等方面取得进一步的突破。

混改篇

科学设计股权结构 提高国有资本的控制力

卢新华

作者简介

卢新华　管理学博士，公司律师，现任中国建材集团有限公司总法律顾问

企业简介

中国建材集团有限公司(以下简称中国建材)是国务院国有资产监督管理委员会直接管理的中央企业。是全球最大的综合性建材产业集团、世界领先的新材料开发商和综合服务商，连续10年荣登《财富》杂志世界500强企业榜单，2020年排名187位。截至2019年年底，资产总额6000亿元，年营业收入3900多亿元，员工总数20万人。拥有13家上市公司。水泥、石膏板、玻璃纤维、风电叶片、水泥玻璃工程技术服务等7项业务规模居世界第一；超薄电子玻璃、高性能碳纤维、锂电池隔膜、超特高压电瓷等多项新材料业务国内领先。

内容摘要

本文简述了中国建材进行混合所有制改革的背景，重点介绍了混合所有制改革过程中其所属企业股权结构“正三七”“倒三七”的安排，以及由此带来的成效。

关键词

混合所有制　混合所有制改革　股权结构

引　言

中国建材是集科研、制造、流通为一体的大型综合性建材产业集团，是国务院国资委发展混合所有制经济试点企业。十几年来，中国建材积极适应经济发展新常态，遵循市场经济规律和企业发展规律，开展了一系列市场化改革，在推进混合所有制改革方面进行了大胆探索，走出了一条国有资本和民营资本交叉持股、相互融合、共同发展的道路。

本文所称的混合所有制是指公司的股东既有公有制资本（国有资本和集体资本）也有非公有制资本（民营资本和外国资本），这种多元化的股权结构状态；混合所有制改革是指将国有独资公司或国有绝对控股的有限公司改制成为股权多元化的有限公司。

一、混合所有制改革的背景

18年前，国务院国资委成立时，中国建材年销售收入只有20多亿元，是一家底子薄、资本金少的“草根央企”。目前，中国建材已经发展成为建材行业世界最大的企业集团；总资产6000亿元，年营业收入4000亿元，有26家国家级科研院所，20万职工，连续多年位列世界500百强。中国建材的发展历史可以说明，中央企业混合所有制改革是一把打开企业快速发展的金钥匙。

中国建材为什么要进行混合所有制改革？主要有以下三方面的动因。

（一）宏观经济政策的指引

中国共产党第十八届三中全会通过的《中共中央关于全面深化改革若干重大问题的决定》指出：“国有资本、集体资本、非公有资本等交叉持股、相互融合的混合所有制经济，是基本经济制度的重要实现形式”。中共中央、国务院《关于深化国有企业改革的指导意见》指出：“以促进国有企业转换经营机制，放大国有资本功能，提高国有资本配置和运行效率，实现各种所有制资本取长补短、相互促进、共同发展为目标，稳妥推进国有企业发展混合所有制经济”。这些论断，将混合所有制经济放到基本经济制度重要实现形式的高度进行战略部署，对国有企业混合所有制改革具有重要的指导意义。中国建材是一家坚决贯彻中央精神的中央企业。十几年来，以混合所有制改革为抓手，不断完善公司治理，提高管理水平，走出了一条企业跨越式发展的道路。

（二）企业自身发展的客观需要

改革是手段，促进企业发展才是根本目的。中国建材处于充分竞争行业，水泥、玻璃等行业产能严重过剩、布局分散、市场混乱、恶性竞争等情况较为突出。十几年前的中国建材很弱小,没有大量投资资金,没有成型的建材业务。驱使中国建材必须明确战略目标,回归行业主流,始终以国家产业政策为导向,大力推进水泥、玻璃等传统建材产业的结构调整和节能减排,大力发展新型建材、新型房屋和新能源材料,通过混合所有制改革,以存量资本吸收大量社会资本,进行多方位的联合重组,才能使中国建材成功"突围"、实现快速发展。

(三)国企实力+民企活力=企业竞争力的新理念引领

历史上,中国建材为了生存与发展,积极探索把国企的规范管理、规模优势、技术实力,与民企的灵活性、激励机制、企业家精神结合起来,形成混合所有制企业的"杂交"优势。混合所有制能够实现国有资本和市场的有机融合,把市场机制真正带入国有企业,促进国有企业市场化改革,增加国有企业的活力。在混合所有制企业中,国有资本和民营资本都是以股权形式存在,在《公司法》下以股权说话,因而,很多市场机制如职业经理人、员工持股等就更加便于引入,从而使企业有了更强的内部活力和市场竞争力。

二、混合所有制改革股权结构的安排

十几年前,中国建材与其他国有企业一样,基本上是国有独资公司或一人有限公司,其弊端不言而喻。如何改革?必须走市场化道路;如何市场化?其核心内容有五个方面:一是股权多元化。为完善现代企业制度奠定产权基础,不仅把社会资本、民营资本和员工因素吸引进来,而且使企业决策体系、管理体制和经营机制发生深刻变化。二是规范的公司制法人治理结构。按照《公司法》规范企业制度,真正成为市场竞争的法人主体。按照国资委中央企业董事会试点要求改为有限公司,并建立外部董事占多数的董事会运行机制。三是职业经理人制度。董事与经理人通过市场化方式选拔,解决好企业经营的委托代理问题。四是公司内部机制市场化。用人用工及分配机制等与市场接轨,干部员工能上能下、人员能进能出、收入能升能降。五是依照市场规则开展企业运营。不追求特别待遇和额外保护,与民营企业同台竞技、公平竞争、合作共生,追求包容性成长。企业市场化上述五方面核心内容最基础的是股权多元化。股权如何多元化?如何设计股权结构?中国建材进行了十几年的探索与实践。

(一)三个层面的混合

2005年以前,中国建材的股权结构很简单,从上到下基本是国有独资公司或一人有限公司,谈不上有效的法人治理。中国建材目前的股权结构(见图1):

第一层,在上市公司层面,中国建材股份有限公司等上市公司吸纳了大量社会资本;第二层,在水泥公司等大型业务平台上,把民营企业的部分股份提上来交叉持股;第三层,在工厂或生产单元层面的企业里,给原所有者留30%左右的股权。通过三层混合,既保证了集团在战略决策、固定资产与股权投资等层面的绝对控股,又调动了子公司在精细化管理、技术改造等环节的积极性。截至目前,中国建材独立核算企业中,混合所有制企业超过85%。

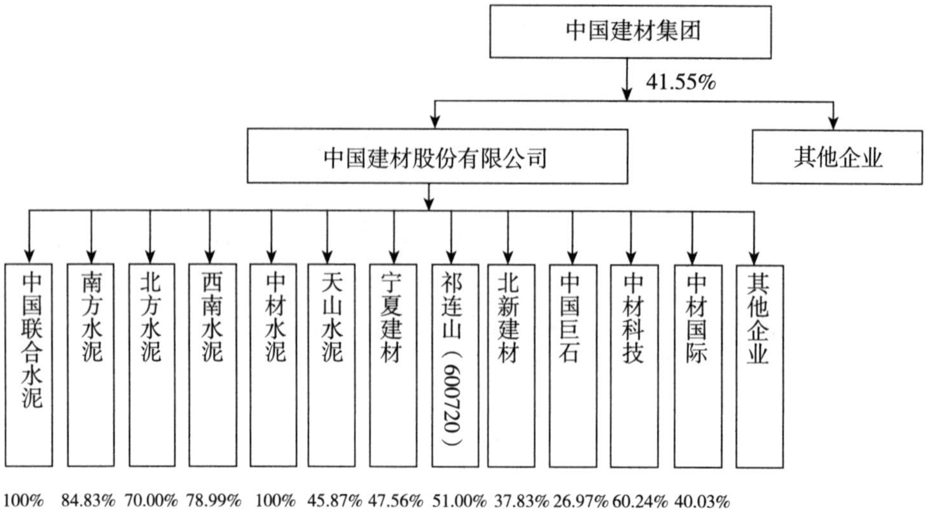

图1　中国建材股权结构(截至2020年7月31日)

资料来源:中国建材内部资料。

(二)采用"正三七"和"倒三七"股权结构

中国建材在联合重组、组建混合所有制企业中通常采用"正三七"和"倒三七"的多元化股权结构。

1."正三七"是指持有上市公司股份30%左右(中国建材持有H股上市公司中国建材股份30%左右,中国建材股份持有A股公司股份30%左右),保持第一大股东相对控股,其他投资机构及流通股不超过70%。

例如:A股上市公司北新建材,前5位持股者股份比例如表1所示:

表1　北新建材前5位持股者股份比例

股东名称	持股/%	增减
中国建材股份有限公司	37.826	未变
香港中央结算有限公司	6.973	增持
泰安市国泰民安有限公司	6.703	减持
贾同春	5.095	未变
兴业银行股份有限公司	1.844	减持

资料来源:https://vip.stock.finance.sina.com.cn/corp/go.php/vCI_StockHolder/stockid/000786/displaytype/30.phtml。

董事会组成人员如表2所示。除去3名独立董事外,另7名董事中5名为中国建材管理的干部,2 名为其他股东推荐的人员。中国建材在董事会中有决定性的话语权。在集团不失控制权又有不同来源的董事会中,不仅能够贯彻中国建材的要求,也能兼听则明,吸纳民营企业的意见。

表 2　第 6 届董事会组成人员

(起始日期:2017－12－31;终止日期:2019－02－18)

姓名	职务	起始日期	终止日期
王兵	董事长	2016－02－19	2019－02－18
王兵	董事	2016－02－19	2019－02－18
陈雨	董事	2016－02－19	2019－02－18
杨艳军	董事	2016－02－19	2019－02－18
常张利	董事	2016－02－19	2019－04－30
陈学安	董事	2016－02－19	2019－02－18
裴鸿雁	董事	2016－02－19	2019－02－18
余明清	董事	2019－04－30	2019－02－18
陈少明	独立董事	2016－02－19	2019－02－18
谷秀娟	独立董事	2016－02－19	2019－02－18
朱岩	独立董事	2016－02－19	2019－02－18

资料来源:https://vip. stock. finance. sina. com. cn/corp/go. php/vCI_CorpManager/stockid/000786. phtml。

A 股上市公司中国巨石,截至 2020 年 11 月 18 日,前 5 位持股者股份比例如表 3 所示:

表 3　中国巨石前 5 位持股者股份比例

股东名称	持股/%	增减
中国建材股份有限公司	26. 972	未变
振石控股集团有限公司	15. 593	未变
香港中央结算有限公司	6. 317	增持
中央汇金资产管有限公司	1. 249	未变
全国社保基金有限公司	1. 099	减持

资料来源:http://vip. stock. finance. sina. com. cn/corp/go. php/vCI_StockHolder/stockid/600176/displaytype/30. phtml。

董事会组成人员如表 4 所示。除去 3 名独立董事外,另 6 名董事中 4 名为中国建材管理的干部,2 名为其他股东推荐的人员。副董事长张毓强先生为第二大股东民营企业振石控股集团有限公司推荐的董事,曾长期担任中国巨石公司董事长,是一位有30多年玻璃纤维生产和管理经验的专家,可以说是中国巨石公司的灵魂人物,荣获过2019 CCTV年度经济人物。其年龄已经超过65岁,如果是在体制内,早就退休了,正因为是混合所有制,不受体制内退休年龄规定限制,可以继续担任要职,这就显现了混合所有制的优越性。

表4 第6届董事会组成人员

(起始日期:2019-05-10;终止日期:2022-05-09)

姓名	职务	起始日期	终止日期
曹江林	董事	2019-05-10	2022-05-09
曹江林	董事长	2019-05-10	2022-05-09
张毓强	董事	2019-05-10	2022-05-09
张毓强	副董事长	2019-05-10	2022-05-09
蔡国斌	董事	2019-05-10	2022-05-09
蔡国斌	副董事长	2019-05-10	2022-05-09
常张利	董事	2019-05-10	2022-05-09
裴鸿雁	董事	2019-05-10	2022-05-09
张健侃	董事	2019-05-10	2022-05-09
汤云为	独立董事	2019-05-10	2022-05-09
陆健	独立董事	2019-05-10	2022-05-09
王玲	独立董事	2019-05-10	2022-05-09

资料来源:http://vip.stock.finance.sina.com.cn/corp/go.php/vCI_CorpManager/stockid/600176.phtml。

2."倒三七"是指上市公司持有其所属非上市子公司的股权70%,给机构投资人和原创业者保留30%股份。在上市公司层面"正三七"的股权安排,不会丧失控制权,同时也可以吸收大量社会资本;非上市公司层面,必须是"倒三七"的股权安排,才能有绝对的控制权,也可以发挥小股东的积极性。例如,中国建材旗下最大的水泥公司——南方水泥有限公司,设立时中国建材股份占股权80%;浙江邦达、江西水泥、湖南国资委、尖峰集团、北京华晨分别占股权12.5%、4%、3%、3%和2.5%。

3."正三七"和"倒三七"股权结构是根据《公司法》的规定进行的安排。这样做的根本考量是在《公司法》规范下如何不失控制权,又有效率,以及能够具有国有体制政令畅通的特性,又具备民营企业的活力。

关于"正三七"的股权结构安排考虑的是《公司法》第四章关于股份公司(包括上市公司)的如下规定。第105条 股东大会选举董事、监事,可以依照公司章程的规定或者股东大会的决议，实行累积投票制。第110条　董事会每年度至少召开两次会议，每次会议应当于会议召开十日前通知全体董事和监事。代表十分之一以上表决权的股东、三分之一以上董事或者监事会，可以提议召开董事会临时会。第111条　董事会会议应有过半数的董事出席方可举行。董事会作出决议，必须经全体董事的过半数通过。董事会决议的表决，实行一人一票。根据上述规定、《公司法》的其他规定以及证监会的有关规定，上市公司中，持有30%的股份，基本上可以向董事会派出2/3的董事，控制独立董事的聘任更没问题，这样就可以通过董事会控制上市公司了，就能够实现国有资本控制力的放大。

关于“倒三七”的股权结构安排考虑的是《公司法》第二章关于有限公司的如下规定。第37条　股东会行使下列职权：(1)决定公司的经营方针和投资计划；(2)选举和更换非由职工代表担任的董事、监事，决定有关董事、监事的报酬事项；(3)审议批准董事会的报告；(4)审议批准监事会或者监事的报告；(5)审议批准公司的年度财务预算方案、决算方案；(6)审议批准公司的利润分配方案和弥补亏损方案；(7)对公司增加或者减少注册资本作出决议；(8)对发行公司债券作出决议；(9)对公司合并、分立、解散、清算或者变更公司形式作出决议；(10)修改公司章程；(11)公司章程规定的其他职权。对前款所列事项股东以书面形式一致表示同意的，可以不召开股东会会议，直接作出决定，并由全体股东在决定文件上签名、盖章。第38条　首次股东会会议由出资最多的股东召集和主持，依照本法规定行使职权。第39条　股东会会议分为定期会议和临时会议。定期会议应当依照公司章程的规定按时召开。代表十分之一以上表决权的股东，三分之一以上的董事，监事会或者不设监事会的公司的监事提议召开临时会议的，应当召开临时会议。第47条　董事会会议由董事长召集和主持；董事长不能履行职务或者不履行职务的，由副董事长召集和主持；副董事长不能履行职务或者不履行职务的，由半数以上董事共同推举一名董事召集和主持。第55条　监事会每年度至少召开一次会议，监事可以提议召开临时监事会会议。监事会的议事方式和表决程序，除本法有规定的外，由公司章程规定。监事会决议应当经半数以上监事通过。在有限责任公司中，根据上述《公司法》的规定，不到30%的股权，派出的董事一般不会超过2/3，基本没有话语权。中国建材非上市公司中，大多情况下，小股东股权不超过30%。如图1中列出的联合水泥公司、南方水泥公司、北方水泥公司等企业，小股东的股权不超过30%。特别在工厂层面，如果不能绝对控制，不可能在整个集团的所有工厂统一管理标准，不可能推行统一招标、统一采购，推行“六星企业”“八大工法”等先进的管理方法。只有这样，中国建材的政令才能畅通到基层公司。

（三）员工持股及存在的法律问题

中国建材是国务院国资委批准的员工持股试点企业，根据国资委《关于在国有企业积极发展混合所有制经济的意见》《关于国有控股混合所有制企业开展员工持股试点的意见》等规定，结合所属企业特性和实际情况，在多家企业探索员工持股，把企业效益和员工利益结合起来，把资本要素和劳动要素结合起来，建立健全激励约束长效机制，极大地增

强了企业的凝聚力、创造力和竞争力。在实际工作过程中,主要存在以下法律风险问题:

1. 国有资产流失的风险问题。国有资产流失是红线,不可触及。国资委《关于国有控股混合所有制企业开展员工持股试点的意见》规定,国有企业不得以任何形式向本企业集团内的员工持股企业输送利益,国有企业购买本企业集团内员工持股企业的产品和服务,或者向员工持股企业提供设备、场地、技术、劳务、服务等,应采用市场化方式,做到价格公允、交易公平。试点的原则是坚持增量引入,主要采取增资扩股、出资新设方式开展员工持股。即为了防止国有资产流失,不碰存量动增量。同时也要强化信息公开和监管管理。持股员工范围、持股比例、入股价格、审计评估等重要信息按照规定充分披露,关联交易应定期公开。

2. 持股范围和程序合规的风险问题。国资委的规定原则上不是全员持股、平均持股或者单纯的管理层持股,而是以岗定股,明确支持关键技术岗位、管理岗位和业务岗位人员持股。核心员工认定应当符合有关规定,并向全体员工公示和征求意见。要履行规定的程序,如召开职工代表大会审议,监事会发表明确意见,经股东会审议批准等。另外,要注意有关规定,如《非上市公众公司监督管理办法》(2019 年修正)第 42 条规定,高级管理人员、核心员工合计持股人数不能超过 35 人。试点意见规定,员工持股总量原则上不高于公司总股本的 30%,单一员工持股比例原则上不高于公司总股本的 1%。

3. 股份或股权代持的风险问题。该问题较为普遍,由于各种原因,不少国有企业人员不想出头露面,希望他人代持,可能衍生出许多法律风险问题。例如,影响企业进入资本市场。无论是 IPO 还是新三板挂牌,股权代持问题均是审核部门关注的重点。若是代持,就不符合证监会《首次公开发行股票并上市管理办法》《全国中小企业股份转让系统业务规则》关于"股权明晰"的要求,构成上市、挂牌障碍。国企员工持股实施应重点核查持股员工出资的真实性、合法性及合理性,是否存在股权代持、资金来源不合规等问题。

4. 股份或股权退出的风险问题。中国建材的员工持股实践中,遇到过这个问题。处理不好,会引起职工上访等风险。企业发展预期好,员工退休或调出不愿意退出;企业发展预期不好,找各种理由要求提前退出。这就要求在员工持股方案、协议等文件中必须详细约定退出的情形或条件。中国建材的做法是,员工退休或调出必须退出,以评估价结算,并规定纠纷解决机制,包括法院管辖等。

三、混合所有制改革成效卓著

近年来,中国建材通过发展混合所有制,实现了多重效益,笔者很难量化股权结构的上述安排与企业发展的相互关系,但可以肯定,与取得的下述成效密不可分:

(一)企业活力增强并持续快速发展

过去 10 多年,中国建材销售收入和利润总额双双增长 100 倍,被誉为"充分竞争领域快速成长的企业典范"。稳居建材行业百强首位,发展成为中国最大的综合型建材产业集团和全球建材制造业的领军企业。2019年实现营业收入超过3980亿元,利润总额230亿元,上交税费188亿元,社会贡献总额超过660亿元;世界500强排名187位。

（二）推动了行业结构调整与转型升级,开创了国有经济与民营经济共生多赢局面

中国建材在国家没有投入一分钱的情况下,以企业自身的力量,通过联合重组、混合所有制改革的方式推动了水泥行业的供给侧结构性改革。以少量(500亿元)国有资本吸引了大量(1000亿元)社会资本,撬动了6000亿元总资产。在中国建材大规模重组的推动下,我国水泥行业产能集中度从2005年的12%提高到2017年的63%,价格逐步回归合理。在多年"混改"实践中,打造牢固产业链,为民企提供更大发展平台,带动众多民营企业同步快速包容性成长,实现了国有经济与民营经济的互利共赢、合作同进,促进了行业及国民经济持续健康发展。

（三）培育了一批优秀骨干企业和善打硬仗的企业家队伍

在混合所有制的内在激励推动下,中国建材逐步营造了企业家成长和发挥企业家精神的良好生态环境,培育出南方水泥、中国巨石、中复神鹰、中复连众等一批管理优秀、业绩优异、竞争力突出的骨干企业,涌现出一批民营企业出身的优秀职业经理人、企业家。

结　语

中国建材通过推进"混改",聚焦行业技术制高点,重组海内外高科技企业,积极引进高层次人才和先进技术,新型建材、新型房屋、新材料等新兴产业快速成长,多家企业跻身世界级"隐形冠军",还涌现出T1000碳纤维、0.12mm液晶显示基板玻璃、锂电池隔膜、加能源5.0房屋、CIGS薄膜太阳能电池等世界一流技术。

混改篇

法律赋能混改
专业化整合做优主业

王 铃 郭 芳 周 辉

作者简介

王 铃 北京首农食品集团有限公司总法律顾问、法律与风险防控部部长

郭 芳 北京首农食品集团有限公司法律与风险防控部副部长

周 辉 北京首农食品集团有限公司法律与风险防控部主管

企业简介

北京首农股份有限公司(以下简称首农股份)是北京首农食品集团有限公司(以下简称集团公司)动物育种板块的重点企业。2017 年 12 月,北京首都农业集团有限公司、北京粮食集团有限责任公司、北京二商集团有限责任公司三家公司联合重组为北京首农食品集团有限公司。2018 年 12 月,集团公司经北京市批准改组为国有资本投资公司。集团公司集食品生产商、供应商、服务商于一体,资产、营收双超千亿元,员工近 6 万人,所属企业 500 余家。作为首都市民的"菜篮子、米袋子、奶瓶子、肉案子",集团公司在首都食品供应保障服务中发挥着主渠道、主载体、主力军作用,已建成贯穿育种、种植养殖、产品加工、贸易流通、终端销售等环节的全产业链,涵盖乳业、粮食、油脂、肉类及水产品、糖酒及副食调味品等品类,并拥有一系列深受消费者青睐的中华老字号和知名品牌。

内容摘要

通过引入战略投资人和深化混合所有制改革(以下简称混改)等措施,专业化整合做优主业,首农股份混改工作取得良好成效。法律工作全程参与首农股份混改,提供法律支持,就所涉及法律问题的解决进行相应探索,形成了较为丰富的法律实践经验。本文以首农股份混改的法律实践与探索为例,对法律工作促进混改目标实现的路径方案及实施进行阐释,介绍完善公司治理体系与企业法治建设同步推进等具体做法。相关法律服务经验,或可对类似国企混改法律工作具有一定的借鉴意义。

关键词

混改　法律工作　实践探索　经验

前　言

首农股份原名北京华都集团有限责任公司(以下简称华都集团),始建于1994年,前身为北京市畜牧局。2009年,华都集团经过重组,成为北京首都农业集团有限公司全资子企业。根据集团公司部署,华都集团自2014年开始进行混改,引入战略投资人;2016年完成股份制改造更名为首农股份;2016~2018年进一步深化混改。首农股份通过混改,发挥多种所有制经济优势,专业化整合业务,优化布局结构和经营机制,增效升值明显,混改成效良好。

一、混改背景

集团公司禽业资产包括鸭、肉鸡、蛋鸡等产业,具备育种、养殖、产品加工的完整产业链,既包括具有自主知识产权和核心技术的家禽良种繁育体系,又拥有现代化、集约化、标准化的养殖和深加工能力。华都集团重点发展白羽肉鸡、蛋鸡、动物疫苗等业务,为推动中国畜禽现代化发展和保障首都副食供应做出了重要贡献。但是,随着市场和政策环境的变化,华都集团业务发展面临困难和挑战,业务量、盈利能力有所下降。

集团公司党委、董事会持续探索华都集团的改革之路,制定做强种业、适时实现禽业资产证券化的战略规划,进行资源调度等一系列重大决策,将华都集团定位为对内整合畜禽种业相关资源、对外收购育种等相关业务的平台,打造动物育种领域的全国乃至世界领先企业。为实现这一目标,集团公司决定对华都集团率先进行混改,引入战略投资人,为老国企注入新血液,优化公司治理结构,提升企业竞争力,实现国有资产保值增值。

二、强化风险控制与法律服务支撑前置,是混改工作依法合规有序开展的制度保障

集团公司对华都集团的混改进行全局规划,研究确定混改切入口和推进方向,制定混改工作方案。集团公司及华都集团法务人员全程参与混改方案路径设计、资产整合、战略投资人引入、公司治理体系完善等事项,法律工作涉及股权转让及划转、增资扩股、股份制

改造、破产重整、农用地作价增资、资产证券化等众多类型事务。

（一）整合资产、优化业态，提前部署明确混改“新目标”

为提高资产质量，提升经营效率和盈利能力，集团公司筛选系统内禽业资产，对华都集团进行资产整合：保留鸡育种、养殖及产品加工相关优质资产，注入鸭育种及养殖、加工业务，实现业务归核、做强种业；考虑到混改需要和便于后期推动资产证券化，集团公司参照证券监管法律规定进行资产剥离。

一方面，将禽业的主要经营性资产、鸡鸭育种及养殖业务整合注入华都集团，依法以协议转让方式将系统内从事相关业务的主体划入华都集团。华都集团先后收购北京金星鸭业有限公司和承德三元金星鸭业有限责任公司100%股权，取得北京鸭资产；收购中外合资企业北京爱拔益加家禽育种有限公司55%股权，取得白羽肉鸡育种资源；收购外部企业北京百年栗园生态农业有限公司60%股权，取得北京油鸡资产。

另一方面，依法剥离非禽业企业股权、非经营性资产。华都集团将包括房地产开发、影视文化、出租汽车等企业股权、非经营性资产及相应离退休人员划转、剥离至全资子公司，再将该子公司全部股权无偿划转至集团公司，并按原有组织框架继续由华都集团托管。

经过业务整合优化资源配置，华都集团实现了主营业务突出、权属清晰的目标，为下一步引入战略投资人奠定良好基础。

（二）引入战略投资人、调整股权，分步实施打造混改“新生态”

1. 合作方的选择

集团公司党委、董事会研究确定混改方式为引入战略投资人，并明确对合作方的要求：与华都集团主业匹配、战略方向协同，管理规范、拥有市场化的体制机制，具有技术、资金实力和农业行业背景。

集团公司以华都集团为平台整合禽业资产实施混改的项目安排，得到北京市人民政府国有资产监督管理委员会（以下简称北京市国资委）等主管部门的支持和市场的关注。集团公司与以北京友山衡融亚农投资管理中心为代表的社会资本进行深入商洽，最终推动项目进展并实现合作。北京友山衡融亚农投资管理中心及其关联方具有以下优势：认同华都集团业务发展目标，有志于共同推动中国农业现代化和食品安全发展；资金实力较为雄厚，有条件协助华都集团打通市场化融资渠道；其主要投资人作为大型国际物流供应商，在中国拥有与集团公司物流互补的配送网络，可推进华都集团整合并强化物流配送平台，助力市场发展。

2. 股权结构确定

集团公司根据华都集团功能定位和提升资本回报率、做强国有经济等战略目标需要，确定拟出让股权的比例，合理设计并根据合作需要及时调整优化股权结构。华都集团混改的目标之一即“股权换机制”，构建有效制衡的股权结构，建立市场化体制机制。同时，考虑到过于分散的股权结构不利于资本价值的提升,在保证对华都集团控股的基础上,集团公司明确战略投资人对华都集团持股比例应高于 1/3,并获得相应比例的董事提名权,为实现治理结构上的制衡提供股权基础。

为解决华都集团业务经营用地问题及满足运营资金需求,集团公司以土地使用权作价对华都集团进行增资,战略投资人以现金进行增资。2014 年 3 月,集团公司分别与上海京西投资有限公司、北京友山衡融亚农投资管理中心(有限合伙)、北京友山圣跃投资管理中心(有限合伙)签署《增资协议》,战略投资人对华都集团进行现金增资,分别持股 21.285%、12.163%、12.163%,集团公司持股 54.389%。2014 年 4 月,华都集团完成工商变更手续。变更后,股东名称、出资方式、认缴出资额及持股比例如表 1 所示:

表 1　集团公司股权变更

股东名称	出资方式	认缴出资额/万元	持股比例/%
北京首都农业集团有限公司	国有法人资本金、土地使用权	47,691.6730	54.389
上海京西投资有限公司	货币	18,664.0033	21.285
北京友山圣跃投资管理中心(有限合伙)	货币	10,665.1447	12.163
北京友山衡融亚农投资管理中心(有限合伙)	货币	10,665.1447	12.163
合计		87,685.9657*	100

资料来源:华都集团内部整理。

*2016 年股改时,为便于计算股份数,以 2015 年 12 月 31 日为股改基准日,将注册资本由 87,685.9657 万元调整为 7 亿元(7 亿股,每股 1 元),超出部分计入资本公积金。

3. 企业性质变更

华都集团在进行业务整合的同时,进行改制。2014 年 2 月华都集团企业性质由全民所有制企业变更为有限责任公司,2014 年 4 月引入战略投资人后由国有全资有限责任公司变更为国有控股有限责任公司。2016 年 4 月,华都集团经股份制改革,企业性质由有限责任公司变更为股份有限公司,名称变更为“北京首农股份有限公司”,即“首农股份”,并办理完毕工商变更登记。

(三)广泛研究、充分沟通,土地新政助推混改“新模式”

首农股份引入战略投资人进行混改的过程中,曾根据实际需要探索进行资产证券化,研究禽业板块重组借壳上市的可行性。根据证监会对上市公司重大资产重组的规定,重组主体应资产完整、权属清晰,且与控股股东不存在重大持续性关联交易。因此,集团公司将禽业板块若干国有农用地作为重组上市资产注入重组主体,作为其生产经营用地。根据《土地管理法》规定,除国家在法律规定范围内划拨国有土地使用权外,国有土地实行有偿使用制度。首农股份不具备划拨用地条件,且《土地管理法》《物权法》、相关行政法规对国有农用地的规定非常简略,无明确的定义,亦未规定国有农用地的取得、使用、流转方式及登记制度。国有农用地有偿使用的具体方式无明确法律政策依据和可操作性路径可循。

集团公司法务人员会同相关专业部室及中介机构共同研究处理方案。经过广泛调研和与政府主管部门的充分沟通,集团公司形成作价增资方案:将系统内相关国有农用地统一无偿划转至集团公司;对国有农用地使用权进行资产评估;集团公司以作价增资的方式将国有农用地注入华都集团,引入战略投资人。该作价增资方案符合有偿使用要求,是国有农用地有偿使用方式的创新,国有农用地资产价值及使用成本得到体现,且不违反法律法规规定。集团公司将该方案报请北京市国资委审批。2013 年 3 月,北京市国资委经与北京市国土局共同请示北京市政府后,批准集团公司提出的作价增资方案。此后,专业机构对土地使用权及华都集团全部资产进行评估。2013 年 10 月,北京市国资委核准华都集团拟引进战略投资人评估项目。至此,集团公司顺利完成以作价增资方式向华都集团注入国有农用地的外部审批程序。

目前,国有农用地使用权的主体仍限定在国有农垦范围内。2015 年,中共中央、国务院《关于进一步推进农垦改革发展的意见》,提出要创新农垦土地资产配置方式,推进农垦土地资源的资产化、资本化提出指导意见①。2017 年,《北京市进一步推进农垦改革发展的实施方案》提出“探索首农集团现有国有农用地以作价出资(入股)的方式配置土地使用权”②。集团公司将在农垦改革过程中,结合《不动产登记暂行条例》相关规定,持续推进国有农用地的使用权登记工作,完善混改资产权利登记。

(四)主动作为、科学筹划,破产重整开启混改“新路径”

肉鸡屠宰行业经营业务面临较大的政策和环保压力,主营该业务的北京华都肉鸡公司(以下简称华都肉鸡)未纳入混改资产范围。华都集团将所持华都肉鸡 78% 股权无偿划转至集团公司及其全资子公司。此后,各方股东经协商,确定对华都肉鸡实施破产重整。集团公司经充分评估、预判破产重整面临的法律等风险,制定风险处置预案。

法院受理破产申请后,首先,由集团公司所属企业收购供货商、养殖户等对华都肉鸡的债权,保障债权人权益;其次,集团公司配合破产管理人将可能引发群体诉讼的纠纷纳入破产重整程序解决,做好员工安置工作,妥善处理遗留问题,维护职工群众权益;最后,法院公开招募重整投资人投入资金进行资产重整。因华都肉鸡具有良好的品牌积淀和资产转型经营价值,在集团公司部署下,首农股份联合集团公司其他所属企业组成联合体,

---

① 2015 年 11 月 27 日发布中共中央、国务院《关于进一步推进农垦改革发展的意见》,载中央人民政府网,http://www.gov.cn/zhengce/2015-12/01/content_5018727.htm,最后访问日期:2020 年 10 月 8 日。

② 2017 年 6 月 11 日发布北京市政府《北京市进一步推进农垦改革发展的实施方案》,载北京市政府网,http://www.beijing.gov.cn/zhengce/gfxwj/201905/t20190522_60245.html,最后访问日期:2020 年 10 月 8 日。

经过公开竞价成为重整投资人。重整计划经债权人会议表决、法院批准正式实施，首农股份联合体接管华都肉鸡。重整资金的注入极大提高了债务清偿率，普通债权清偿率达到83.6%，全部确认债权均获清偿。华都肉鸡由破产转重整，重获新生，实现华都肉鸡、债权人、重整投资人等多方共赢，成为北京市高级人民法院、最高人民法院等认可的国企破产重整成功案例。

首农股份拥有"华都"系列注册商标，系华都品牌权益人。首农股份引入战略投资人后以重整投资人的身份参与华都肉鸡破产重整并取得股权，华都肉鸡可继续沿用"华都"名称，"华都肉鸡"这一历史品牌得以重返市场继续发挥其市场影响力，实现品牌价值的延续。经过努力，华都肉鸡破产重整工作已顺利结束，完成股权变更和资产交接，首农股份持股50%。

（五）战略引领、优势互补，强强联手推动混改"新篇章"

2015年，中共中央、国务院《关于进一步推进农垦改革发展的意见》提出建立健全适应市场经济要求、充满活力、富有效率的管理体制和经营机制，打造一批具有国际竞争力的现代农业企业集团的目标，为集团公司推动和发展首农股份提供了政策指引和支持。国务院发布《关于国有企业发展混合所有制经济的意见》，提出"以提高经济效益和创新商业模式为导向，充分运用整体上市等方式，积极引入其他国有资本或各类非国有资本实现股权多元化"①。2016年，北京市国资委提出"十三五"期间加快推进市管企业与中央企业合作，实现股权多元化，国有企业与民营企业优质资源整合，实现多种所有制经济协同共赢发展的要求。在此背景下，结合补充业务整合及对外投资资金需求等实际经营需要，首农股份各方股东决定继续引入战略投资人，深化混改，进一步促进股权多元化，增强竞争力。

中央企业中信集团旗下农业投资板块具有农业行业投资背景，对农业有深入研究和丰富的投资经验，具备良好的合作基础。中信农业科技股份有限公司（以下简称中信农业）是中信集团的农业投资平台，主要从事现代农业的中长期投资，代表国有资本通过市场化组织形式和运作方式履行种业安全、粮食安全和农业安全的社会责任。中信农业等战略投资人入股首农股份可发挥其资源优势，共同将首农股份发展成为一流的畜牧业育种平台和品牌农业平台，打造中国农业"芯片"，促进整体发展战略的实现。

2016～2017年，首农股份各方股东与中信农业及其关联方签署《框架性协议》，达成初步合作意向并就正式合作进行调研、商洽；2018年，中信农业认购首农股份14,000万股股份，认缴比例16.6667%，中信集团所属基金宁波梅山保税港区鲲信丙申投资合伙企业（有限合伙）受让珠海友山圣跃投资管理中心（有限合伙）持有的首农股份0.5%股权。至此，首农股份充分实现股权多元化。首农股份股权结构更新如表2所示：

① 2015年9月23日发布，国务院《关于国有企业发展混合所有制经济的意见》，载中央人民政府网，http://www.gov.cn/zhengce/content/2015-09/24/content_10177.htm，最后访问日期：2020年10月8日。

表 2 首农股份股权结构

股东名称	出资方式	认缴出资额/万元	持股比例/%
北京首农食品集团有限公司	国有法人资本金、土地使用权	38, 072. 42	45. 3244
上海京西商务咨询有限公司	货币	14, 899. 54	17. 7375
珠海友山圣跃投资管理中心(有限合伙)	货币	8094. 02	9. 6357
珠海友山衡融亚农投资管理中心(有限合伙)	货币	8514. 02	10. 1357
中信农业科技股份有限公司	货币	14, 000	16. 6667
宁波梅山保税港区鲲信丙申投资合伙企业(有限合伙)	货币	420	0. 5
合计	—	84, 000	100

资料来源:华都集团内部资料整理。

三、实施公司治理与依法治企协同推进,是混改工作依法合规有序开展的行动保障

国企混改,“混”是为了“改”,“改”是为了“强”,目标是发挥多种所有制经济的力量,国有资本与民间资本各取所长、优势互补,实现混合所有制企业规范发展、持续增长。如前所述,健全公司治理体系作为首农股份业务整合、引入战略投资人之后混改的第三部分,也是至为关键的环节。增资扩股后,集团公司对首农股份实施相应的市场化、差异化管控,推动建立灵活高效的市场化经营机制。首农股份持续推进依法治企,完善现代企业制度和市场化经营机制,发挥资源要素积极性,提高资本配置效率,构建相互制衡、协调运转的公司治理体系,做到“国有资本出资人和各类非国有资本出资人以股东身份履行权利和职责,使混合所有制企业成为真正的市场主体”,将混改的红利转化为公司发展的持续动力。

(一)修订《公司章程》及议事规则,加强制度体系建设

首农股份已初步完成混合所有制企业制度体系建设,并根据经营管理需要持续进行更新完善。增资扩股完成后,首农股份对标证监会、证券交易所上市公司章程指引等规定,根据《公司法》等法律法规规定,制定新版《公司章程》,依法规定股东的权利义务,明确股东合作机制和争议解决机制,保障股东合法权益;根据股权结构设置股东大会、董事会、监事会,选举董事、监事,多元化股权对应的董事、监事到位;提升董事会专业化、科学化决策水平,落实董事会业绩考核、薪酬管理等职权;保障经理层经营自主权,逐步形成内

部约束有效、运行高效灵活的经营机制；补充、修订各类会议议事规则等制度，按照“三重一大”决策制度和议事规则进行决策。首农股份已逐步理顺股东大会、董事会、监事会和经理层等治理主体的职能定位和关系，发挥股东大会和董事会的决策、监事会监督、经理层经营管理作用，健全权责对等、协调运转、有效制衡的决策执行监督机制，基本完成对标上市公司完善公司治理体系工作。

（二）落实党组织在法人治理结构中的法定地位

首农股份坚持党的建设与混改同步谋划，落实中共中央《关于在深化国有企业改革中坚持党的领导加强党的建设的若干意见》和北京市国资委《市属国有企业混合所有制改革操作指引》等文件规定，把建立党的组织、开展党的工作作为推进混改的必要前提。增资扩股后，首农股份发挥国有控股企业的政治优势，把加强党的领导与完善公司治理统一起来，2018 年已将党建工作总体要求纳入《公司章程》，此后根据文件要求及时更新《公司章程》内容，落实党组织在法人治理结构中的法定地位，明确党组织在企业决策、执行、监督各环节的权责和工作方式以及与其他治理主体的关系，实现党的领导和法人治理结构的有机统一。同时，推进党建工作与生产经营深度融合，把提高经济效益、增强竞争力、实现国有资产保值增值作为党组织工作的出发点和落脚点。

（三）市场化选人用人，实施职业经理人方案

首农股份是北京市国资委确定的市属国有二级企业职业经理人试点单位之一。引入战略投资人后，首农股份的人员管理既严格遵守国资管理规定要求，体现党管干部、党管人才的基本原则，又创新用人方式，按照市场化选聘、契约化管理、差异化薪酬、市场化退出原则，制定职业经理人制度。当前，首农股份总经理、副总经理的选聘、激励、考核均按照职业经理人方案实施管理。

1. 市场化选聘

首农股份坚持党组织把关、董事会聘用、契约化管理原则，内部培养和外部引进相结合，采用市场化选聘和原有经营管理人员身份转换两条路径，畅通原有经营管理者与职业经理人之间的身份转换通道。总经理市场化选聘，副总经理采用市场化选聘和现有人员身份转换两种方式配备。首农股份与职业经理人签订《岗位聘任合同》，推行任期制、契约化管理。

2. 激励机制

为吸引优秀人才加入，首农股份职业经理人薪酬水平设置采用市场领先战略。首农股份职业经理人薪酬由目标年薪、任期激励、长期激励、董事会特别奖励和福利五部分组成。薪酬水平结合年度经营预算目标、任职者能力素质、任职者的工作业绩、其他经营管理人员薪酬水平、职工平均工资等因素综合确定，年薪由董事会每年核定一次。薪酬的激励性与岗位责任、经营业绩相匹配，薪酬水平动态调整。

3. 考核体系

首农股份根据考核指标及目标值，执行年度考核和任期考核，考核依据均纳入与职业经理人签订的《个人绩效合同》。党委和董事会作为考核主体，从经济指标、重点工作任务两个维度对职业经理人进行考核。同时，首农股份持续健全与激励机制相配套的经济责任审计、信息披露等约束机制，建立实施经营投资损失责任追究制度。

首农股份发挥混合所有制优势，依法建立市场化选人用人机制，为员工提供与市场相匹配的薪酬水平，并建立相对应的绩效评估体系，强化激励约束，有效提升企业活力和竞争力。

（四）完善企业法治管理体系，提升依法治企水平

依法治企是市场化改革、完善现代企业制度的必然要求，也是规范企业经营管理、提高竞争力的有效途径。引入战略投资人后，为防范企业法律风险，首农股份持续加强企业法治建设，完善法律事务管理体系。

1. 法治机构和人员队伍

首农股份设立独立法务部，市场化选聘法务总监，引进专业法务人员专职从事法律事务工作，并细化相关工作流程，逐步建立起法律管理体系。首农股份将法务管理分为“公司治理”“投资管理”“合同管理”“案件管理”“知识产权管理”等九个职能管理模块，职能模块嵌入公司经营管理流程，有效防控企业法律风险。同时，加强对所属企业法治建设的监督指导，构建首农股份与集团公司、所属企业之间的多级协同法律事务管理体系，并探索推行法务垂直管理模式和派驻管理模式，充分发挥法律风险防控的协同效应。

2. 法律审核100%

首农股份法务人员参与企业重大经营决策，实现重大决策、规章制度、合同法律审核100%，强化法律风险管控，促进依法合规经营，提升风险防控能力。

3. 统筹推进法务与内控工作

首农股份目前正按照北京市国资委和集团公司部署，由法务部统筹推进法务与内控工作。以法治建设推动内控体系的建立完善，在内控体系建设过程中严格执行法律审核，提升依法经营管理水平。

四、追求经济效益与社会效益双创双收，是混改工作依法合规有序开展的效益保障

（一）经营结构持续优化

混改后，首农股份聚焦提高发展质量和效益，稳增长的同时重质量，构建功能完善，覆盖育种、养殖、屠宰、仓储、加工、贸易、配送和销售的产业链，主营业务资产结构更加清晰、优化，积极向供应链上下游延伸服务，强化全产业链协同管理，为继续转型升级提供产业支持。

经过近几年的发展，首农股份初步形成鸭、蛋鸡、北京油鸡产业，动物保健产业和白羽

肉鸡产业等三大主要业务板块。鸭产业拥有从育种到屠宰加工的完整产业链，肉用分割型樱桃谷品种市场占有率全球第一；烤炙型北京鸭品种中国市场占有率第一，自主培育"南口1号北京鸭配套系"。蛋鸡产业的所属企业峪口禽业为世界三大蛋鸡育种公司之一，亚洲第一大蛋鸡育种公司，京系列蛋鸡品种为中国蛋鸡第一品牌。北京油鸡产业拥有北京地理标识品种——北京油鸡育种选育体系，拥有全国最大的北京油鸡育种、研发、生产基地，百年栗园品牌为北京市场有机鸡蛋第一品牌。动物保健产业，与世界家禽疫苗行业领先者法国诗华动物保健公司成立了合资公司，拥有家禽、家畜疫苗研发、生产、销售、服务体系。白羽肉鸡产业与国际领先的美国安伟捷公司建立国内唯一一家白羽肉鸡祖代育种公司。

（二）扭亏增盈，经济效益大幅增长

经过业务整合、完善治理和战略调整，混改后首农股份在确保国有资产保值增值的基础上，以效益优先为原则，提高盈利能力和资本回报水平，不断提升行业地位和竞争能力。首农股份混改后，经济运行质量变化明显，经过2014年、2015年两年调整，2016年即已实现扭亏为盈，此后利润规模持续增长。2019年首农股份利润总额达到5.82亿元，较2016年增长6.99倍。

随着经营效益的改善，首农股份融资渠道逐渐丰富，机制更加灵活。混改前，首农股份融资主要依靠母公司借款，渠道单一，无法适应市场扩张和企业发展需要。混改后，首农股份摆脱投资和积累能力弱的束缚，打通市场化融资渠道，融资能力得到显著提升，负债和资金成本下降，为市场化产业扩张提供坚实基础。

（三）业务持续发展，经营成果突出

混改后，首农股份依据产业和主营业务定位，加快优化业务结构，有效提升核心竞争力，在整合业务、降低成本、补齐短板的同时，结合各方股东优势资源持续拓展新的业务增长点，加大境内外并购投入，聚焦发展涉农产业，禽业育种业务快速增强，经营能力和企业规模得到显著提升。

1. 开放合作，推动境内外并购

首农股份的混改是多种所有制资本的"引进来"，混改之后的境内外业务发展则是混合所有制经济的"走出去"。在涉农领域的产业链上下游实现跨国并购，践行"充分利用国际国内两种资源，主动对接国际国内两个市场"①。通过并购整合、资本合作等方式向资源丰富和比较优势明显的地区布局，整合配置资源，拓展首农股份的发展新空间，引入优质资源、完善产业链体系，提升行业地位和核心竞争力。

2017年7月，首农股份收购英国樱桃谷农场100%股权，种鸭规模跃居世界第一。联合本土肉鸭品牌，首农股份在国内种鸭市场占有率达80%以上，在世界其他地区市场占有

---

① 高凌云：《新论：形成国内国际双循环的良性互动》，载《人民日报》2020年8月25日，第5版。

率超过50%。而且,本次收购使得源自中国的著名肉鸭品种"北京鸭"得以回归,世界领先的种鸭基因、育种技术和专利权也一并回归,对提高我国肉鸭产业核心种源自给率、建立良种繁育体系、维护农产品产业安全具有重大意义。目前,首农股份已先后完成樱桃谷鸭在河南、内蒙古、越南等国内外运营基地建设的战略布局。

2020年,首农股份启动对新西兰最大的农业服务公司的控制性股份收购。该公司核心业务在新西兰市场份额领先,尤其在新西兰农业传统的优势产业(肉用羊、肉牛、园艺果蔬、奶牛养殖和羊毛产业)拥有广泛网络。其主营业务之一为活畜交易和农业地产、农业保险的农业经纪业务,可通过其经纪业务对接首农股份与农场,为农场寻找优质种源的同时为首农股份育种业务提供销售渠道,扩大国际市场份额及国际影响力。目前,首农股份已收购该公司部分股份,最终目标为获得新西兰政府批准后取得该公司超过50%股份成为控股股东。

2. 新业务拓展

首农股份既重视管理创新、科技创新,也重视商业模式创新。自2018年起,首农股份加大种猪业务投入,2019年与全球最大的种猪改良公司在猪育种领域达成战略合作关系,目前已完成国内多地种猪繁育基地建设,提供优质种猪资源,并将在恢复生猪生产和保障猪肉市场稳定方面发挥重要作用。2020年,首农股份向罗森北京公司增资,开展便利连锁事业合作项目,并与罗森中国公司设立合资公司,合作探索开展社区生鲜便利店业务。首农股份所属企业取得哈萨克斯坦优质活牛屠宰加工产品的独家销售权,开展牛肉产品国际贸易,满足不同群体不断升级的多样化肉类消费需求。同时,首农股份参与设立股权投资基金,对集团公司系统内外的有产业协同效应的项目进行战略投资。

(四)聚焦产业扶贫,推动精准扶贫

首农股份在发展业务、增强经济效益的同时,重视履行国有企业社会责任,持续推动和开展扶贫等工作。近年来,首农股份将产业扶贫作为精准扶贫的主攻方向和着力点,积极探索扶贫项目的实施落地,先后在国家级贫困县河北大名、行唐、滦平、新疆洛浦及贵州贵阳等地,发展蛋鸡、肉鸡、肉鸭、种猪等产业扶贫项目。产业扶贫项目"送岗下乡、精准扶贫"活动,增加贫困人口就业,仅河北大名100万套小白鸡和行唐100万套蛋种鸡两个产业扶贫养殖示范项目,即分别精准帮助3300户、3329个建档立卡贫困人口脱贫增收;仅所属企业峪口禽业三个产业扶贫项目即带动6万户贫困人口脱贫。同时,首农股份产业扶贫模式可促进周边养殖相关产业升级发展,带动当地经济发展。滦平肉鸡产业扶贫项目采用"龙头企业+农户标准化饲养基地"的组织模式,企业、农户风险共担,推动产业发展,通过发展肉鸡产业化经营,促进直接就业。养殖业、种植业、服务业等多行业发展,在滦平地区形成区域性的产业链,充分发挥了产业扶贫效果。

五、混改法律实践经验

集团公司在北京市属国企及全国农垦系统中,率先进行二级企业混改,引入战略投资人对华都集团进行整体改制，并根据需要继续深化混改，具有较强的开创性。首农股份混改是传统行业资本融合的鲜活案例，在混改方案路径、措施、思路等方面积累的法律相关实践经验，对其他国企混改工作或有一定参考价值。

（一）引入战略目标契合的战略投资人

集团公司根据做强种业的战略定位，确定首农股份引入与战略目标契合的战略投资人。首农股份各战略投资人认同农业发展目标，追求中国种业安全和食品安全，具备农业投资管理经验，与首农股份主业匹配，符合首农股份战略定位，战略方向协同，有利于各类资源的多层次、深入互利合作。在此基础上，首农股份既与中央企业合作整合优势资源，加大产业链上下游合作，发挥业务协同，巩固国有经济主体地位，又吸收优质社会资本发挥非公有制经济资金优势和运营经验，拓展境内外业务，扩大产品市场份额，各方主体优势互补，提高混合所有制经济活力和竞争力，推进首农股份混改后的长足发展。

（二）保证混改与完善公司治理同步进行

股权多元化并非混改的最终目标，关键在于“引资的同时引智”，完善公司治理体系，推动混合所有制企业发展。首农股份混改各项安排均与其公司治理完善紧密结合。集团公司通过尽职调查等方式深入了解意向投资人，严格选择合作对象作为首农股份的战略投资人，注重选择业务匹配、管理完善、优势互补的优质投资人，为完善公司治理奠定基础。首农股份在混改过程中持续健全公司治理结构，把完善治理体系作为混改的一项关键内容。制定新版《公司章程》等内部管理制度；改选董事会、监事会，战略投资人参与委派董事、监事，明确党组织法定地位发挥党建优势；及时建立健全股东（大）会、董事会、监事会和经营管理层的议事规则等运行机制，明确权责边界，推行市场化治理、决策机制。同时，实施职业经理人管理，建立健全市场化选人用人机制，推动建立与选任方式相匹配的差异化薪酬分配办法，发挥激励约束机制；坚持依法合规治理，提高企业法治建设水平，完善风险防控体系，提高混合所有制企业公司治理的有效性。

（三）依法探索推进资源配置的创新方式

在首农股份混改过程中，面对国有农用地有偿使用无法律法规及政策明确支持的实际情况，集团公司直面问题，积极探索解决方案。通过组织土地、法律等领域专业机构和内外部人员，广泛调查、充分研究，形成国有农用地作价增资的建议方案，并逐级报告，取得国资监管、土地管理等政府主管部门的支持，最终经北京市政府研究后审批同意，使该新型土地资产处置方式得以落地实施。此后，中共中央、国务院在《关于进一步推进农垦改革发展的意见》中提出“作价出资（入股）”可作为农垦企业改革改制中国有农用地处置方式之一，以推进农垦土地资源资产化和资本化。

集团公司先后向国家农业农村部农垦局专题报告、“两会”期间连续以全国人大代表议案形式提出专项建议、《民法典（草案）》征求意见时正式提交物权编完善建议，通过多种方式持续努力推动国有农用地相关法律法规的完善。集团公司对土地资源使用配置方式的创新工作得到政府主管部门和媒体的关注，为推进混改进程创造了有利外部环境。

（四）持续推动混合所有制企业资产证券化

提升首农股份市场竞争力，探索资产证券化是集团公司和各战略投资人推进混改的重要战略目标之一。自2014年开始混改探索实现资产证券化以来，首农股份多措并举：一是剥离非主业资产，注入同行业和产业链上下游优质资产，实现业务归核、做强种业，盘活存量资产，提升资产经营效率；二是持续开展股权运作和资本运营，拓展主业上下游产业，整合国内外优质资源，提升竞争力和市场价值；三是对接资本市场对上市公司治理要求，根据《公司法》《证券法》等规定，2019年修改《公司章程》，2020年更新完善配套制度，修订细化内部规定，对标上市公司管理要求。国有企业混改探索混合所有制企业资产证券化目标，一方面，可以推动实现国有企业内部资源配置的整合优化，提升整体资产质量，利于国有资产保值增值；另一方面，借助资本市场的公开监督管理进一步规范公司治理，释放发展活力，引入市场投资主体，增强混改成效。

集团公司较早开展首农股份混改工作，分阶段引入战略投资人参与和深化混改，并探索进行若干创新实践。首农股份混改历经多年，通过业务专业化整合，拓展做优主业，提高行业核心竞争力。通过完善公司治理体系提升市场化、规范化管理水平。首农股份经受市场洗礼保持稳健发展态势，取得较好经营业绩，混改成果突出，实现老国企混改的增效升值。首农股份混改工作以党的建设为引领，法治建设落实在开展资产整合剥离、探索资产处置创新模式及完善公司治理体系等多个方面，法律工作为混改工作的实施、推进和取得成效保驾护航。

创新篇

创新篇

“五五工作法”高水平推进法治建设

——广西移动探索实践总法律顾问履职新模式

何　玲

作者简介

何　玲　中国移动广西公司党委委员、副总经理、总法律顾问

企业简介

中国移动是由国务院国资委管理的特大型国有企业，是全球网络最大、客户数量最多的世界级电信运营企业。中国移动通信集团广西有限公司（以下简称中国移动广西公司）是中国移动在广西设立的全资子公司。共设有14个地市分公司，并在全部县（区）域设立了县级分公司。公司紧密围绕自治区党委提出的把广西打造成“中国—东盟信息交流中心”战略思路，以“助力广西社会信息化发展，服务政府信息化工程，履行公司信息社会栋梁责任”为指导，充分发挥网络、服务、业务、技术等资源优势，借助信息通信主导运营商优势，着力打造无处不在、无所不能的数字生态系统，助力富裕文明和谐新广西建设。

内容摘要

中国移动广西公司围绕“法治建设就是系统工程”的理念，不断探索实践，构建了在企业总法律顾问领导下的“五位一体”的高质量法治工作体系，从“坚持党的引领、明确责任体系、夯实管理体系、构建合规体系、打造文化体系”五个方面，形成了法治建设“五高”质量标准，打造了总法律顾问履职的“五五工作法”，为企业法治工作赋能，将以总法律顾问为核心的新时期企业法治建设工作引领到新的高度，为实现依法治企的目标打下了坚实基础。

关键词

总法律顾问　依法治企　法治建设　“五五工作法”

一、中国移动广西公司总法律顾问制度建设与发展背景

（一）法治央企建设成为央企发展新目标

随着十八届四中全会通过《中共中央关于全面推进依法治国若干重大问题的决定》，正式确定和推进依法治国战略，强调法律在工作生产中的重要性，发挥法治的引领和规范作用。同时，国企改革力度进一步加大，国家加大放管服和优化营商环境力度，转变政府监管职能，要求不断完善企业治理机制，这些变化都对国有企业法治工作提出了新的要求。

2015 年 12 月 8 日，国务院国资委发布《关于全面推进法治央企建设的意见》（国资发法规〔2015〕166 号），规定了法治央企建设的指导思想、基本原则、总体目标。2017 年 7 月 20 日，国务院国资委发布《中央企业主要负责人履行推进法治建设第一责任人职责规定》，明确中央企业主要负责人为“履行推进法治建设第一责任人”。2018 年 11 月，国务院国资委印发《中央企业合规管理指引（试行）》（国资发法规〔2018〕106 号），中央企业开始全面推进合规管理体系建设。2019 年 10 月 19 日，国务院国资委又发布了《关于加强中央企业内部控制体系建设与监督工作的实施意见》，要求中央企业将风险管理和合规管理要求嵌入业务流程，促使企业依法合规开展各项经营活动。由此，在法治企业建设目标的引领下，以企业法律顾问制度为核心，以法律工作运行机制为基础的央企法治工作将迎来升级。

（二）完善总法律顾问制度是法治央企建设的关键要素

总法律顾问制度是现代企业制度中的重要组成部分。总法律顾问作为企业高级管理人员，全面领导企业法治工作，全面参与重大经营决策，统一协调处理经营管理中的法律事务，领导企业法律事务机构开展相关工作。

1. 深化央企改革要求完善总法律顾问制度

我国总法律顾问制度是伴随国有企业改革、逐步恢复国有企业法律顾问制度而创立的，随着国有企业改革和发展不断向纵深发展，不断完善总法律顾问制度及总法律顾问履职体系成为必然要求。

2. 法治央企建设要求完善总法律顾问制度

近年来国务院国资委出台的央企法治工作相关文件中，总法律顾问履职内容往往是核心与关键。在《关于全面推进法治央企建设的意见》中，明确要求在中央企业及其重要子企业全面推行总法律顾问制度；在《中央企业主要负责人履行推进法治建设第一责任人职责规定》中，规定中央企业主要负责人为“履行推进法治建设第一责任人”；在《中央企业合规管理指引（试行）》中，明确由中央企业相关负责人或总法律顾问担任合规管理负责人。

（三）“法治移动”建设规划

中国移动广西公司为贯彻中央全面依法治国战略和关于深化国有企业改革的部署，落实国资委关于全面推进法治央企建设、自治区党委关于全面推进广西法治建设和集团公司关于全面推进“法治移动”建设的有关要求，提升依法治企能力水平，保障和促进公司深化改革、健康发展，2016 年提出全面推进建设“法治移动”的战略构想，并出台具体实施方案。

1. 凝聚“法治移动”基本共识

建设“法治移动”，是落实依法治国基本方略的必然选择，是公司进一步深化改革的内在要求，更是提升公司核心竞争力、实现做大做优做强的现实需要。

2. 明确“法治移动”总体目标

深入贯彻落实“全面依法治国”方略和国资委法治央企建设部署，紧密围绕公司改革发展中心任务和“大连接”战略规划，以打造“法治移动”为核心，致力于法治思维能力、依法治理能力、合规经营能力、规范管理能力和法律工作能力一体建设，力争到 2020 年实现公司法治水平在集团内领先，全面建成治理完善、经营合规、管理规范、守法诚信的法治企业。

3. 制定“法治移动”实施措施

公司确定了“法治移动”建设的五项主要任务：一是强化法治思维能力建设；二是强化依法治理能力建设；三是强化合经营能力建设；四是强化规范管理能力建设；五是强化法律工作能力建设，并围绕上述任务进一步细化相应举措。

（四）“法治移动”对总法律顾问制度的规划要求

中国移动广西公司“法治移动”建设，强调要充分发挥“服务支撑、风险防范、合规指引”三大作用，着力“夯实第一责任人职责、提升依法合规经营意识、提升管理效能为基层减负”等六大任务，推动法治建设融入中心工作、融入业务需求、融入基层关切，为公司发展提供强有力的法律支撑。而要实现上述目标，离不开总法律顾问制度的建设。为此，公司围绕三个方面确定了深化总法律顾问制度建设的要求。

1. 深化总法律顾问制度，持续提升总法律顾问履职能力和专职化水平

集团公司要求各单位总法律顾问在岗率达 100%，法律部门负责人专职率达 80%。中国移动广西公司积极探索总法律顾问履职模式，深化改革，确保符合集团公司关于总法律

顾问在岗、法律部门负责人专职的要求。同时探索建立了副总法律顾问制度,设置了副总法律顾问,协助总法律顾问履职,以进一步增强总法律顾问履职能力。

2. 加强法律顾问队伍建设,完善以总法律顾问制度为核心的企业法律顾问制度

通过对取得法律职业资格制定相应激励制度及保障措施、加强对企业法律顾问队伍的专业培训、探索建立公司律师制度等措施,建立与公司经营管理需求相适应的法律顾问队伍。力争2020年年底法律顾问持证上岗率达到80%以上,法律专职人员占公司职员比例达到3‰以上,早日赶超国际平均标准(法律专职人员占公司职员比例达7‰以上)。

3. 强化"法治移动"建设领导责任,将法治建设成效纳入领导人员政绩考核体系

成立以主要负责人为第一责任人的"法治移动"建设领导机构,切实履行法治建设第一责任人职责,做到"重要工作亲自部署、重大问题亲自过问、重点环节亲自协调、重要任务亲自督办",将第一责任人职责落实情况列入主要负责人年终述职报告。要求总法律顾问、高级法律顾问具备较高法治素养和专业水平,较强的政策理论水平,较优的组织协调能力,以保证总法律顾问制度切实实施,推动公司高级法律顾问制度不断完善。

二、"五五工作法"——总法律顾问履职体系创新成果

(一)全面升级总法律顾问定位

在开展"法治移动"建设过程中,如何准确理解总法律顾问在企业法治建设和法律工作中的定位,如何充分发挥总法律顾问的承上启下和组织协调作用,打造体现央企特点的总法律顾问履职体系,中国移动广西公司进行了深入研究思考,对总法律顾问在企业中的定位进行了全面升级。

1. 总法律顾问系统引领企业法律工作

总法律顾问既需要关注企业具体法律事务,也需要做好法律工作的组织管理协调。只有将总法律顾问置于企业经营管理活动的顶端和前端,从战略的高度俯视关注整个企业的运作环境、运作态势、运作流程,关注法治企业建设的顶层设计,才能真正为企业发展保驾护航。

2. 总法律顾问牵头开展法律机制建设

总法律顾问应当充分发挥专业管理职能,高度重视并牵头开展法律风险管理、合规管理等各项工作机制的建设。通过强化风险事前防范、事中控制和事后救济,完善和优化企业依法合规运行机制和操作规范,为企业可持续发展提供保障。

3. 总法律顾问全面参与企业重大决策

总法律顾问应当作为重大决策的核心成员,融入企业经营管理,参与经营管理决策,从源头上控制法律风险。

4. 总法律顾问监督企业依法合规经营管理

总法律顾问作为企业高级管理人员,不仅全面领导企业法律管理工作,还应对企业经

营管理工作全过程进行审核监督，确保企业经营活动依法合规。

5. 总法律顾问着力打造企业法治文化

总法律顾问应把企业法治文化作为法治企业建设的软实力之一，着力打造法治文化氛围，引导企业全员树立法治思维。

6. 企业应为总法律顾问履职提供坚实保障

企业应当从经营管理的战略高度，采取切实有效措施，保证总法律顾问参与重大经营决策的全过程，赋予总法律顾问对中层干部的考核权，保障企业依法治理工作的资源合理配置等，为总法律顾问履职提供充足保障。

（二）“五五工作法”理论体系

中国移动广西公司自2010年开始实施总法律顾问制度，经过多年探索和实践，在“如何构建高质量法治工作”这个重要命题上，创新性地提出了“五位一体”法治工作体系与“五高”质量标准，形成了总法律顾问履职的新模式——“五五工作法”。

具体来说，法治体系的“五位一体”包括：坚持党的引领、明确责任体系、夯实管理体系、构建合规体系、打造文化体系（如图1所示）。“五高”质量标准分别为政治标准、责任标准、管理标准、合规标准、文化标准（如图2所示）。

图1　“五位一体”法治工作体系

资料来源：中国移动广西公司内部资料整理。

“五位一体”的高质量法治工作体系的顶层设计特色在于将企业法治工作融入企业发展战略、融入党建工作、融入管理模式、融入责任体制、融入企业文化建设中。其中，“五位”是基本路径，“一体”是总体构架，“高质量”是核心。高质量的法治建设要求高政治站位，坚持党的引领是根本；高质量的法治建设要求高层次引领，明确责任体系是保证；高质量的法治建设要求高水平管理，夯实管理体系是基础；高质量的法治建设要求高标准合规，构建合规体系是核心；高质量的法治建设要求高价值文化，打造文化体系是灵魂。只有高质量的“五位”,才能构建“一体化”的法治工作体系。

图 2 “五高”质量标准

资料来源:中国移动广西公司内部资料整理。

(三)“五五工作法”理论解读

1.“高”政治站位——坚持党的领导

法治工作体系“五位一体”的第一个方面是坚持党的领导。法治工作需明确党的领导是国有企业的“根”和“魂”。强化法治工作,要把坚持党的领导、加强党的建设贯穿到法治工作全过程。其质量标准则是“高”政治站位的政治标准。坚持党建引领,坚持党对“法治移动”建设的领导,从全局和战略高度系统全面推进法治建设。

为达到这一标准,中国移动广西公司从四个方面入手:一是始终坚持党对法治建设的领导。扎实推动各级党委主要负责人、合规委员会在法治建设上履职担当、发挥作用、提高水平。将依法治企人章程、年度法治工作、重大诉讼等重要法治事项提交党委会研究。二是高质量落实中央巡视整改。三是发挥“关键少数”重要作用。将“依法治企专题学习”和“提升合规管理能力”要求纳入党委中心组学习计划。每年举办两期党委中心组法律专题学习,将党员领导干部带头尊法、学法、讲法、守法作为法治建设的关键,坚持学用结合,以上率下。四是积极开展“党建和创”活动。与自治区国资委、司法厅、高级人民法院等单位开展外联互促,实现党建、法治和业务的“三赢”新局面。

2.“高”层次引领——明确责任体系

法治工作体系“五位一体”的第二个方面是明确责任体系。要求法治工作明确法治建设履职清单(如图 3 所示),推动法治建设职责落实。其质量标准则是“高”层次引领的责任标准,坚持“四个亲自”,即重要工作亲自部署、重大问题亲自过问、重点环节亲自协调、重要任务亲自督办。发挥“关键少数”重要作用,落实主要负责人的第一责任、总法律顾问的直接责任、领导班子其他成员的分管领域法治建设责任。

层级	“四个亲自”	尊法、学法	守法、用法
区公司	第一责任人	总法律顾问	领导班子其他成员
市公司	第一责任人	高级法律顾问	领导班子其他成员
县公司	第一责任人	/	领导班子其他成员

图 3 “法治移动”建设责任主体履职清单

资料来源：中国移动广西公司内部资料整理。

为此中国移动广西公司制定了《区市县三级“法治移动”建设责任主体履职清单》（如图 3 所示），涵盖了法治建设第一责任人、总法律顾问、领导班子其他成员的规定动作，实行清单式管理，形成责任清晰、任务明确、层层落实的法治工作格局。第一责任人履职清单根据“四个亲自”维度进行分类，明确区公司第一责任人规定动作 14 项、市公司第一责任人 11 项、县公司第一责任人 6 项。总法律顾问、领导班子其他成员根据“尊法、学法、守法、用法”的维度予以明确。

3.“高”水平管理——夯实管理体系

法治工作体系“五位一体”的第三个方面是夯实管理体系，所谓夯实管理体系，是指以总法律顾问为核心，以法律事务机构为支撑，以机制流程等为载体，优化和完善法律工作体系，提升法务管理效能。其质量标准则是“高”水平管理的管理标准，坚持争先进位，纵向一体，横向协同，区市一体化构建广西公司特色的“五位一体”法务管理体系（如图 4 所示）。

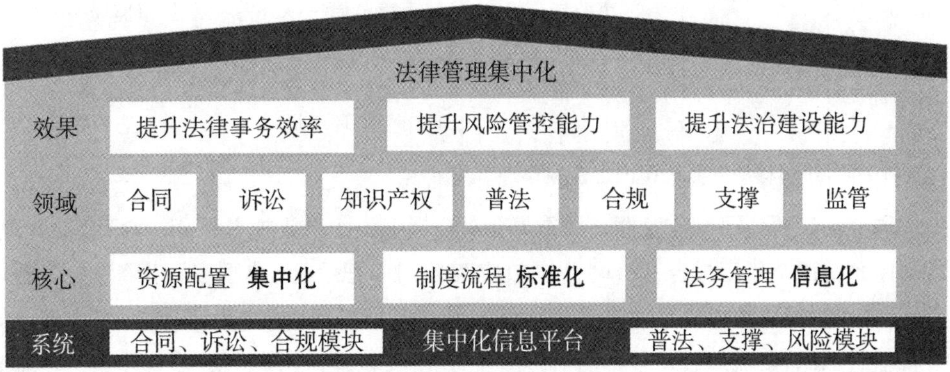

图 4 “五位一体”法务管理体系

资料来源：中国移动广西公司内部资料整理。

为达到这一标准,中国移动广西公司从 2017 年开始探索实施法务集中化管理模式。根据“先易后难”“以点带面”的原则,聚焦“资源配置集中化、制度流程标准化、法务管理信息化”三大核心,依托集中化法务管理平台,先后在合同、诉讼、普法、合规、知识产权等领域逐步推行集中化管理,稳步有序地推进法务管理向“集中化、标准化、智能化”方向转型发展。

目前已实现全领域、全覆盖的集中化管理,实现法律工作效率、风险管控能力、法治建设能力的“三个提升”。围绕生产经营中心工作,公司转型升级,持续深化业务法律融合。坚持换位思考,从基层、业务角度考虑问题,提出业务部门“看得懂、做得到”的法律建议,使公司法治工作“从业务中来、到业务中去”,实现“法务赋能基层一线”。推进基层法治建设,建立基层法治考核评价体系、提升高级法律顾问履职能力。通过整合内外部法律资源,打造出一支“专业、团结、高效、担当”的专家型公司法务团队。现有集中化法务团队 27 人,持证上岗率 85. 19% ,1 人获评集团公司法律专家评审委员会委员,2 人获评集团法律专家。

4.“高”标准合规——构建合规体系

法治工作体系“五位一体”的第四个方面是构建合规体系,要求建立并完善合规管理机制。其质量标准则是“高”标准合规的合规管理,坚持业务法律融合,注重重点领域合规风险防控,注重内部合规与外部监管融合(如表 1 所示)。

表 1　内部合规与外部监管融合体系

线条	部门	区级监管单位	市级监管单位	县级监管单位
综合线	综合部 ……	区政府办公厅 区发改委……	市政府办公室 市发改委……	县政府办公室 县发改委……
市场线	市场部 ……	区市监局……	市市监局……	县市监局……
网络线	网络部	区工信厅 区生态环境厅	市通信管理局 市生态环境局	县经局 县生态环境局

资料来源:中国移动广西公司内部资料整理。

中国移动广西公司充分发挥合规委员会对合规工作的牵头抓总作用,审议合规管理、合规风险预警两个年度报告;发挥“头雁效应”,公司一把手为《典型案例汇编》专门题写卷首语,推动全员依法合规意识提升;以“强内控、防风险、促合规”为目标,做好内部合规和外部监管的结合,梳理公司各部门对接的监管关系,构建区市县三级监管体系。在具体合规工作开展过程中,紧抓“三个聚焦”,即聚焦重大合规风险领域,主动做好风险防控及应对;聚焦基层一线,制作简明易用的合规指南,让基层员工“取之即用”“用之能懂”,筑牢第一道防线;聚焦行政执法案件,指导各单位建立行政事件应对预案及流程,提升配合行政调查的能力。

5.“高”价值文化——打造特色文化体系

法治工作体系“五位一体”的第五个方面是形成“六级一纵”的法治文化机制。中国移动广西公司作为中国移动“12345”法治宣教体系首批试点推广单位,注重以“分层分级,聚焦重点,精细群体,形成合力,务求实效”为原则,建立“六级一纵”的推广实施保障工作机制(如图5所示),做到强贯穿、全覆盖、能落地、有载体、见实效。其质量标准则是“高”价值文化的文化标准,坚持价值增值,营造浓厚法治氛围,推动法治建设向“风险防范、价值增值”转型。

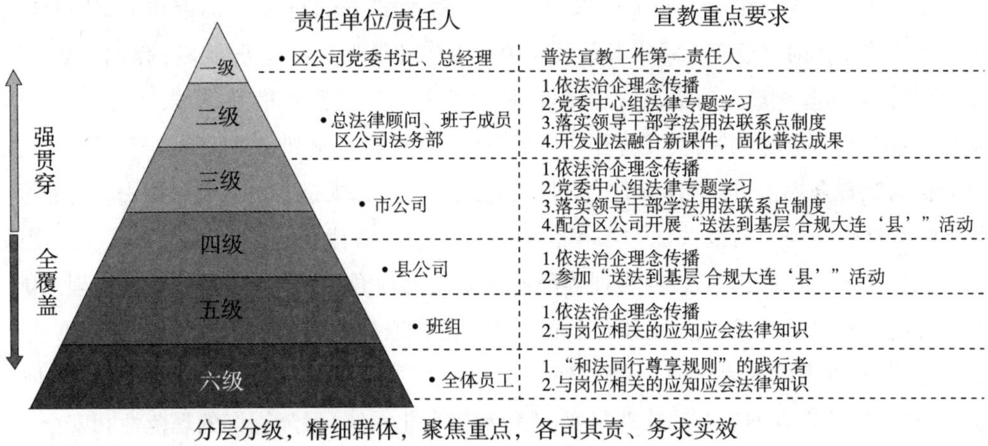

图5 “六级一纵”的法治文化机制

资料来源:中国移动广西公司内部资料整理。

中国移动广西公司通过三个抓手做好体系的全面推广工作。一是把关键少数引领作为关键,将“担责任、强引领、有作为、积极履行法治宣教”作为第一责任人的职责;二是以法治文化理念认同作为初心,早部署、早行动,高质量推广“12345”法治宣教体系;三是将分级执行作为路径,金牌普法讲师团分赴全区14个地市开展“合规大连‘县’”基层普法。与此同时,总法律顾问带头讲法,持续开展“普法六进”,即“进班子、进机关、进基层、进工地、进网格、进家庭”,建立了领导干部学法用法联系点制度、“桂小5说法”普法品牌、“桂移争锋”线上法律知识竞赛等普法特色阵地,对外输出企业法治建设品牌。

三、“五五工作法”的实施成效与展望

(一)成效

经过多年实践,“五五工作法”取得初步成效,为中国移动广西公司打造行业一流企业典范奠定了坚实的法治基础。具体来说,体现为“一个升级,两个融合,三个转变”。

1.“一个升级”

即从专项业务向全面覆盖、全员参与的全局性、战略性工作升级。通过法治体系的不断优化完善,法治企业建设已经逐渐凝聚为公司全员的共识,学法、知法、守法、用法不再是法律部门的专项业务,而变成所有业务领域、业务部门在经营管理过程中的制度要求和岗位自觉,依法合规已经成为与业务工作同等重要的战略考量因素。随着这种战略性升级的是法律专业机构和队伍的不断发展壮大、法律工作体系的日益优化完善、法律工作技术和工具的日臻精细,这也为法治企业建设提供了坚实有力的保障。

2.“两个融合”

一是法治工作与企业中心工作深度融合。在深化“三融三力”①的推动下,公司极大提高了法治工作对经管理活动尤其是公司中心工作和重点核心业务的支撑作用。如针对重大项目、高风险领域及时提出管理建议、风险预警和合规监管措施,探索构建三级监管责任体系,推动合规指引切实发挥作用。通过编制《电信设施维权“五步法”》《基层一线行政执法配合合规指引》《劳动用工、合同履行风险防控合规指引》等,及时指引合规路径,切实防范社会和公司高度关注的法律合规风险。二是法律管理与企业经营管理深度融合。通过在合同管理、资质授权管理等领域开展效能提升专项行动,不断提升管理效能,在资源配置有限的情况下,及时满足公司内外部法律服务方面的需求,在提高业务活动开展效率、节省管理成本的同时,也确保经营管理活动的依法合规。在优化电信资料查询方面,通过系统梳理查询工作的管理制度、流程和信息化系统,保障查询的规范性和安全性,提高查询的时效性,获得了良好的社会评价。

3.“三个转变”

一是从主要依靠总法律顾问向企业主要负责人切实履行第一责任人要求转变。尤其通过强化党组织对法律工作的领导,扎实推动各级党委主要负责人、合规委员会在法治建设上履职担当、发挥作用、提高水平。将依法治企入章程、年度法治工作、重大诉讼等重大法治事项提交党委会研究;推进公司主要负责人切实履行法治建设第一责任人职责,做到“重要工作亲自部署、重大问题亲自过问、重点环节亲自协调、重要任务亲自督办”,将第一责任人职责落实情况列入主要负责人年终述职报告,构建起一把手负总责、各条线协同参与的法治工作新格局。二是从法律部门单兵作战向各部门协同推进转变。通过明确和落实法治企业建设过程中三道防线的职责,法律工作由单纯的法律部门专业事务转变为各部门全方位、一体化的协同作业模式,各部门在体系中根据职责、角色、定位、功能等分工,分别从事前、事中和事后全流程多角度各司其职,合力实现公司法治目标。三是从风险防范为主向风险防范、合规管理和价值增值一体化推进转变。随着法治企业建设的深化,法治企业的建设目标和企业发展的战略目标已经逐步实现融合一致,法治工作不仅要防范

① 深化业法融合,推动法治工作融入中心工作、融入业务需求、融入基层关切。

风险,还要成为公司发展的助推剂和方向盘,为企业创造无形价值,同时,法治工作也要充分依托风险、合规、内控等企业管理体系,确保法治企业建设实现闭环。

中国移动广西公司的实践证明,完善总法律顾问履职体系是依法治企的重要内容。企业不仅要认真选配好总法律顾问,而且要切实发挥总法律顾问的作用,进而充分发挥总法律顾问制度的威力。中国移动广西公司的探索和实践,顺应了时代发展的要求,克服了具体工作中的困难,取得了可圈可点的成效,展示出了总法律顾问的履职新模式及总法律顾问制度的新模式。未来,中国移动广西公司会在“法治移动”的经验基础上,继续探索前进。

(二)展望

1. 存在的不足

中国移动广西公司在“五五工作法”实践中,在总结成功经验的同时,也及时发现存在的不足。公司领导层清醒地认识到,距离法治建设的高质量目标仍存在一定差距,主要包括:一是法律支撑服务需进一步加强。法治工作需进一步把握产业跨界融合的变革趋势和监管政策的变化,主动支撑、提前支撑,进一步发挥保驾护航作用。二是依法合规意识需进一步强化。少数基层员工法律意识、合规意识有待提升,基层员工违纪违规甚至违法事件仍有发生,个别单位经合规风险提示后仍反复发生同质同类案件,合规经营意识有待进一步强化。三是法治队伍建设有待进一步强化。行业变革、外部监管、公司转型发展要求法治工作由事务型向管理型转变,以便更好地适配公司转型发展要求。

2. 发展目标

在构建法治企业方面,中国移动广西公司将不断加大探索力度,从高、实、新、智方面实现四个规划目标。一是着眼于“高”,构建一流法治体系。一流的企业需要一流的法治,要进一步提高法治工作层次和站位,从公司治理体系与治理能力现代化的高度着手,探索构建公司现代化法治体系,打造具有广西公司特色的“法治移动”品牌,增强“法治移动”对外影响力。二是着眼于“实”,全面围绕“力量大厦”。法治工作归根结底要助力公司高质量发展,全面提升依法治企能力,持续服务改革转型,把为公司发展保驾护航作为工作导向和出发点,更好支撑重点领域业务发展与重大项目开展,服务公司战略落地。三是着眼于“新”,深挖法务服务价值。创新发展是法治工作持续进步的动力与加速器,要关注行业动态,应对新技术、新业态、新模式的新挑战,紧跟政策变化,前瞻性地对运营与变革中涉及的法律问题把好关,为公司合规运营护好航。四是着眼于“智”,提升法律服务效能。顺应“三融”体系构建,打造“智慧法务”,探索运用IT手段提升能力,拓宽服务领域与界面,深挖服务内容与价值,提升法律服务效能。让法务更加智慧,增强自我完善、自我革新、自我提高的能力,进一步提升法治工作核心价值。

3. 具体计划

结合“五五工作法”的阶段推进成效和公司未来发展需要,中国移动广西公司也提出了具体工作计划。

一是加强党的领导,编制五年规划开新局谋新篇。把坚持党的领导、加强党的建设贯穿到法治工作全过程。根据国资委及集团公司要求,编制好中国移动广西公司"十四五"法治工作五年规划,描绘未来五年法治建设蓝图,明确工作目标、建设任务和具体举措,画出"时间表"和"路线图"。通过强化法治工作顶层设计,谋划更高水平法治建设。

二是压实主体责任,推动基层法治落地生根。随着"法治移动"建设向纵深发展,基层法治建设重要性进一步凸显。只有紧紧抓住各级党委、领导干部这个"关键少数",才能抓住基层治理的"牛鼻子"。通过进一步压实市公司党委法治建设主体责任,强化市、县公司法治建设第一责任人职责、深化法律顾问制度建设的"三个进一步",压实法治建设主体责任,推动法治建设在基层落地生根、开花结果。

三是整合法治资源,扩大"法治移动"对外影响力。以法治建设为媒介,"走出去"扩大法治移动"朋友圈",通过整合外部法治资源,进一步盘活法治建设内部动能,构建行业法治生态,打造法治建设双动能、双引擎,形成内外部相互促进的法治建设新格局,引领地方企业法治建设。

四是深化业法融合,锻造法治工作新能力新价值。紧紧围绕生产经营中心工作,持续深化业法融合,拓宽法治工作边界,突出价值创造功能,提高风险预警和合规指引能力,为公司发展保驾护航。

结 语

中国移动广西公司通过"法治移动"建设,创新总法律顾问履职的"五五工作法",形成了法律工作的崭新局面,取得了良好成效,丰富了新时期国有企业法律工作的理论研究成果,为进一步深化总法律顾问制度奠定了良好基础。这些成功经验主要是抓住了三个关键:一是公司领导层和管理层这个"关键少数",做到法治建设上行下率,依法治企从我做起,为法治企业建设提供强有力的支持和保障,才能盘活整个法律工作的局面,这也是法治企业顶层设计需要重点解决的问题。二是法律与业务的融合这个"关键环节",实现法律人员熟悉业务,业务人员熟悉法律,法律工作与业务工作摆脱"两张皮"现象,充分实现法律为业务服务的价值。三是塑造法治文化这个"关键内核",使依法合规成为企业全员的自觉习惯和价值认同,从而夯实法治建设的文化基础,从而提升企业的社会形象。事实证明,开展企业法治工作,要深刻理解法治建设内涵,精准把握其运行规律,紧密依托企业党组织和领导层的有力领导。要推动国有企业法律工作迈向新高度,须坚持以总法律顾问履职体系建设为主线,以各项经营管理活动为中心,加大创新力度、实施深度和辐射广度。

风物长宜放眼量。在百年未有之大变局中,站在"十四五"规划的新起点,中国移动广西公司将持续秉持"创新驱动发展"的理念,在推进公司治理体系和治理能力现代化、"法治央企”和“法治移动”建设进程中，不断深化完善总法律顾问“五五工作法”履职体系，通过制度创新塑造发展新优势，为公司创建世界一流企业筑牢法治根基，和法同行，行稳致远！

创新篇

统筹推进“五位一体”实现风险管理集约化

孔雪屏　李　刚

作者简介

孔雪屏　中国电子信息产业集团有限公司法律事务部主任

李　刚　中国电子信息产业集团有限公司法律事务部风险内控处处长

企业简介

中国电子信息产业集团有限公司(以下简称中国电子)成立于1989年,是国务院国资委直接管理的国有重要骨干企业和国务院认定的以网信产业为核心主业的中央企业,连续多年跻身《财富》杂志“世界500强”。中国电子以网络安全作为核心主业和核心能力,主营业务涵盖网络安全、新型显示、集成电路、高新电子、信息服务、工业互联网等国家战略性、基础性、先导性电子信息产业领域。截至2019年年底,中国电子拥有24家二级企业,控股13家上市公司,员工18万余人,当年实现营业收入2241.6亿元。

内容摘要

2006年以来，国家相关部委出台了多部法规和指引，从多维度加强对中央企业的监管，使中央企业风险管理工作面临全新挑战。面对当前内外部风险环境、国资监管要求和企业管理实际，在相关管理研究和实践还比较匮乏、可借鉴经验较少的情况下，中国电子认真分析研究风险管理、法治建设、内部控制、合规管理、违规责任追究的内涵及其相互之间内在的逻辑关系，将五项管理职能统一到法律事务部，逐步通过推进"五位一体"建设，积极构建大风控部门，实现风险集约化管理，有效整合管理资源、提升管理效率，努力为企业实现高质量发展奠定坚实基础。本文对中国电子整合"五位一体"构建大风控的理念和部分特色做法进行总结，努力探索国有大型企业风险管控新模式，希望能够为其他企业加强相关工作提供参考和借鉴。

关键词

风险管理　法治建设　内部控制　合规管理　违规责任追究　五位一体　风险管理集约化

一、中国电子加强风险管理集约化的背景

为全面提升中央企业抗风险能力，党中央和国务院相关部门出台了多部法规和指引，从多维度加强对中央企业的监管。2006年国务院国资委出台了《中央企业全面风险管理指引》，明确了全面风险管理的基本框架。2008年财政部等部委联合发布了《企业内部控制基本规范》，2010年发布了《企业内部控制配套指引》。2014年党的十八届四中全会作出全面推进依法治国的重大战略部署，国资委随后印发了《关于全面推进法治央企建设的意见》，要求中央企业切实增强依法治理能力，着力强化依法合规经营和规范管理。2018年、2019年国资委陆续发布了《中央企业违规经营投资责任追究实施办法（试行）》、《中央企业合规管理指引（试行）》和《关于加强中央企业内部控制体系建设与监督工作的实施意见》等文件，开启了全面加强中央企业风险监管的新篇章。2020年6月中央全面深化改革委员会审议通过了《国企改革三年行动方案（2020—2022年）》，国资委按照中央精神印发了《关于开展对标世界一流管理提升行动的通知》，对中央企业推进管理体系和管理能力现代化提出了更高的要求。

实践中，中国电子开展风险管理工作面临全新的挑战：如何将内涵丰富的风险管理理论及监管要求与中国电子实际相结合、构建既符合自身特色又满足监管要求的风险管理体系，支撑企业高质量发展和打造世界一流企业；如何在大视角下重新认识风险管理，以及如何厘清风险管理、法治建设、合规管理、内部控制和违规责任追究之间的内在逻辑；如何有效整合风险监督资源，重构风险管理职能，提升风险综合防控能力等。为此，中国电子对全视角下认识风险管理、如何构建风险管控体系、推进风险管理集约化等问题进行了深入研究，从统筹推进"五位一体"、有效整合管理资源、提升管理效率等方面进行了探索。

二、统筹推进"五位一体"是顺应风险管理集约化的重要抓手

(一)从实际需求看,中国电子需要推动风险管理集约化

经营需要集约,管理同样需要集约。目前,中国电子的管理线条已然较多,而合规管理、违规责任追究作为新增职能,如果与相关职能不能深度融合,而是各成体系,分别建立一套体系和流程,管理线条将会进一步增加,既使机构膨胀、管理成本增加,又由于管理职能交叉而可能导致相互重叠、相互掣肘、相互干扰,使预期的管理目标难以圆满实现。同时,中国电子总部管理资源相对充足,面对多个线条还可以符合要求,但所属企业管理链条较长,基层企业生产经营任务繁重,如果同步增加多项管理职能,完成逐级"复制",并要求配备相应资源,在三级及以下企业将可能面临很多的困难,难以真正落地。因此,从实际需求看,中国电子存在大力推动风险管理集约化的内在需求。

(二)从内在逻辑看,五项职能存在集约化管理的基础

从宏观职能上来看,虽然风险管理、法治建设、合规管理、内部控制、违规责任追究五大管理职能在管理体系来源、体系目的、体系语言和监管思路与部门等方面均有所不同,但五项职能存在很大的共性和交集,即都是通过对风险的管控进而促进企业战略目标实现的重要管理活动,其根本目的是为企业健康持续发展提供保障,存在集约化管理的基础。

法治建设要求企业坚持依法治理、依法经营、依法管理,确保企业按照法律法规的要求运行,有效防范法律风险。企业法治建设目标是努力成为治理完善、经营合规、管理规范、守法诚信的企业①。因此,在依法治国环境下,法治建设是企业经营的最基本要求,在五项职能中其内涵最小。

合规管理的目标是企业及其员工的经营管理行为符合法律法规、监管规定、行业准则和企业章程、规章制度以及国际条约、规则等要求,有效防控合规风险②。合规管理是近年来部分企业为适应宏观监管日趋严格的形势,在企业内部积极主动开展的一项重要活动,是企业在确保依法运行的基础上,对自身规范管理的进一步提升,是一种更高的管理追求。同时,经营合规也是法治建设的重要目标之一,因此,合规管理是比法治建设外延更广的概念。

内部控制侧重于通过输出管理制度和流程保障经营管理活动有序开展。但仅靠完善的内部控制管理体系只能解决一部分内部风险,无法完全确保企业健康可持续发展③。在

① 详见《关于全面推进法治央企建设的意见》(国资发法规〔2015〕166 号)。

② 详见《关于印发〈中央企业合规管理指引(试行)〉的通知》(国资发法规〔2018〕106 号)。

③ 以诺基亚公司和柯达公司为例,两家企业无疑是优秀的企业,它们作为行业龙头,内控管理无疑是非常完善的,但是在产业方向把握、技术更新迭代的过程中,缺乏对外部风险环境的精确研判和及时应对,导致随着智能手机、数字成像技术的横空出世,使原有的产业竞争优势迅速丧失,快速步入破产边缘。

未嵌入风险管理、合法合规“基因”的情况下，内部控制不能保证合法，也不能保证合规，保证的是预期的确定性和有效性，而剩余内部风险和外部风险都无法仅靠内部控制的方式解决，必须通过风险管理的理论和方法来识别和应对。因此，法治建设和合规管理作为管理追求，需要以内部控制为载体来实现，是内部控制建设的重要内容；而内部控制需要注入风险和合法合规的价值导向及具体要求，确保内部控制的科学有效。

风险管理是对企业面临的风险进行全面有效的管理，是企业管理发展的高级阶段，而法治建设、合规管理、内部控制和违规责任追究均是为应对企业运行中可能面临的风险，采取一系列管控风险的方法和措施，保障企业健康可持续发展。因此，风险管理属于更加宏观的管理概念，其他四项职能均是其底层基础。底层基础如果不够牢固，风险管理往往容易成为无源之水、无本之木。只有在底层基础达到一定程度之后，风险管理才能得到有效支撑、充分发挥作用。

违规责任追究是企业对违规经营造成损失风险的事后纠偏过程，也是对风险管理不到位的纠正机制。违规的“规”主要包括国家法律法规、国有资产监管制度和企业内部管理规定等内容。违规责任追究中明确了 11 个方面 72 项责任追究的情形①，其中风险管理是一项重要内容，其他情形中也包括法治建设、合规管理和内部控制的因素。当企业在风险管理、法治建设、合规管理和内部控制方面违反规定导致国有资产损失或其他严重不良后果时，将面临责任追究，因此，违规责任追究是风险管理考核奖惩的重要一环，也是法治建设、合规管理和内部控制的闭环和有力抓手。

内控评价是对内部控制体系有效性进行全面评价的过程，要求客观、真实、准确揭示经营管理中存在的内控缺陷、风险和合规问题②。因此，内控评价作为再监督环节，应按照“建评分离”的原则，保持相对独立。同时，相对目前监管要求和企业管理需要，现有内控评价范围较窄、效果有限。为全面评价企业风险管理有效性，内控评价应逐步从单纯内控评价向综合评价转型，将风险管理、法治建设、合规管理等内容也纳入评价范围，更能充分发挥评价对企业管理的促进作用。

因此，从大的视角来看，五大职能都可以纳入全面风险管理范畴，从目标、理论、体系和方法等方面均可进行深度的融合，其具体关系如图 1 所示。

（三）从实践层面看，“五位一体”可以实现有效融合、相互支撑、相互促进

在“五位一体”大风控格局构建中，中国电子坚持以风险管理为统领、以法治建设和合规管理为价值导向、以内部控制为支撑、以违规追责为闭环，构建一体化管理模式。从实践效果看，统筹推进“五位一体”可以实现五项职能的有机融合，并实现相互之间的支撑配合，能够更好地发挥各项职能的作用。

---

① 详见《中央企业违规经营投资责任追究实施办法（试行）》（国资委令 37 号）。

② 详见《关于加强中央企业内部控制体系建设与监督工作的实施意见》（国资发监督规〔2019〕101 号）。

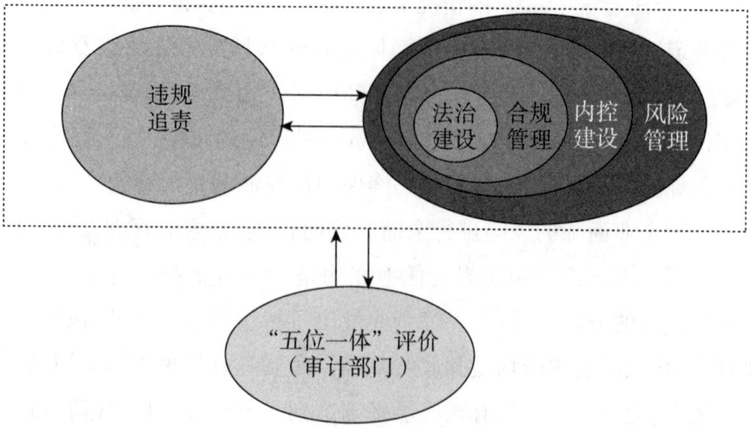

图1 "五位一体"职能关系

第一,五大职能以风险管理为统领。如前文分析,风险管理属于更加宏观的管理概念,其他四项职能是其底层基础。一方面,风险管理的理念、思路、方法和工具应当全面贯穿到其他四项职能,即以风险管理为统领,系统开展其他四项职能。另一方面,企业在确定风险管理的总体目标、原则、机制和方法时,应统筹四项职能,充分考虑四项职能的管理状况,充分依靠其工作成果,充分调配管理资源,才能全面发挥风险集约管理的作用。

第二,以法治建设和合规管理为价值导向。在风险管理统领的基础上,法治建设和合规管理着力推动企业治理完善、经营合规、管理规范、守法诚信。企业应将风险、法治和合规"基因",通过管理制度和流程融入企业治理、经营和管理的方方面面,进而实现落地生根,规范企业各级员工的行为、促进形成本能习惯,逐步使企业树立起风险、法治和合规的价值导向,进而成为企业文化的重要内容。

第三,以内部控制为支撑。内部控制的核心是输出管理制度和流程,而"好"的制度流程应该具有风险、法治和合规"基因"。只有具备这些基因,内部控制才能确保企业健康可持续发展。同时,在风险管理统领下,法治和合规作为价值导向,其职能的落地必须以内部控制为载体,通过制度和流程对接、支撑和落地实施,并通过持续管理评价不断完善和提升。

第四,以违规责任追究为闭环。一方面,当企业缺乏风险、法治和合规的价值导向,或价值导向未通过内部控制充分发挥作用,而导致企业产生国有资产损失或其他严重不良后果时,违规责任追究作为管理闭环,实现对相关责任的追究。另一方面,在违规责任追究工作开展过程中,也可以对企业在风险管理、法治建设、合规管理和内部控制方面存在的不足进行检视,推动企业自我纠偏,进一步完善经营管理。

三、以"五个着力"为抓手,统筹推进"五位一体"的管理实践

中国电子按照"五位一体"的内在逻辑积极推动风险管理职能的统筹和融合,在融合理念、组织结构、管理过程中充分体现职能的融合,目标是逐步在全集团实现风险管理集

约化。经过近两年的探索和实践,中国电子通过“五个着力”逐步构建了打造一个核心(战略支撑)、实现两个目标(完善风险管理体系和提升风险管理能力)、依托新型“三道防线”、推动“四化”建设(制度化、流程化、标准化、信息化)、统筹“五位一体”(风险管理、法治建设、合规管理、内部控制和违规责任追究)、提升六种能力(强意识、强组织、强基础、强能力、强方法、强队伍)的具有中国电子特色的“五位一体”风险管理体系,取得了一定的成效,为企业的高质量可持续发展夯实管理基础。

(一)着力形成与宣贯“五位一体”融合理念

1. 破解风险管理理念困惑

实践中,五项职能相互独立、自成体系、各自为战,给企业风险管理带来一定的困惑。为此,通过多轮内部研讨、专家座谈、企业调研沟通等途径,中国电子对五项职能的内涵和关系进行了深入的研究,逐步对职能融合的必要性和可行性达成共识,形成了统筹推进“五位一体”、加强风险集约管理的融合理念。

为进一步凝聚共识,深化风险集约管理理念,2019 年中国电子组织编写了《中国电子依法合规经营知识读本》(见图 2),充分体现“五位一体”融合理念,系统地对“五位一体”的概念、理念、关系和要求进行了论述,旨在帮助广大企业领导干部、经营管理人员和一线员工深入理解“五位一体”理念和要求、掌握必备的风险管理知识,提升依法合规经营意识和风险防控能力,进而夯实中国电子高质量发展基础。

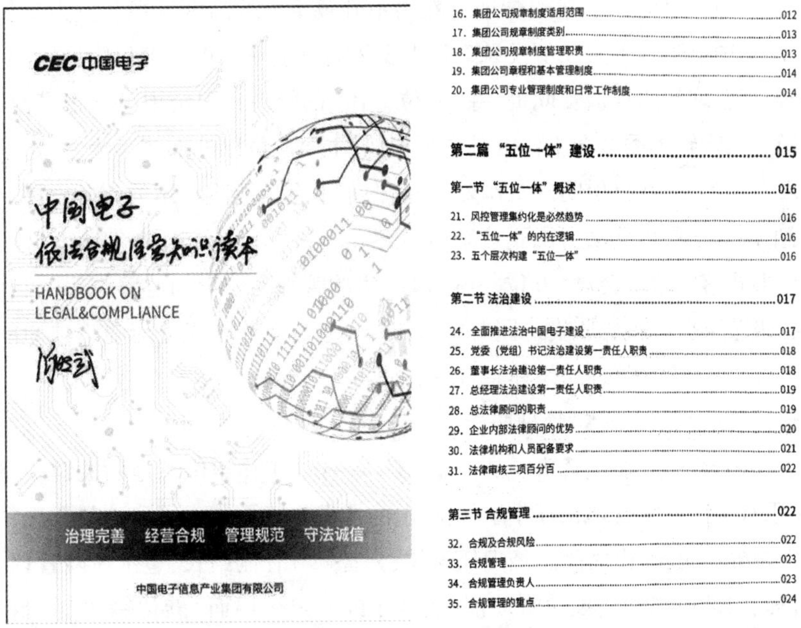

图 2 《中国电子依法合规经营知识读本》封面和目录

资料来源:中国电子内部资料。

2. 加强理念宣贯,统一思想

中国电子通过多种途径加强"五位一体"风险集约管理理念的宣贯,深入推进"风控产品"的供给侧改革,持续加强对风险管理理念、方法、工具和标准等向全集团输出,引导和指导全体员工充分结合经营管理实际,将集团统一要求融入具体工作中,让员工知道"五位一体"是什么、为什么,更懂得如何干、如何干好。

集团总部坚持党组中心组"五位一体"风险管理学习机制,不定期邀请外部专家授课、内部讨论交流。董事长和总经理多次在集团工作会上,要求企业主要负责人提升风险集约管理的意识和理念,全面推进"五位一体"的贯彻和落实。集团定期组织规范管理培训班,均将"五位一体"作为重要培训内容,对企业主要负责人进行风险管理和依法合规经营的专项培训,提升风险管理意识和能力。风险管理部门多次组织企业开展专项研讨,统一思想、凝聚共识、提升认识,并要求企业逐级向下宣贯、统筹开展各项工作。各级企业按照集团的统一部署,以《中国电子依法合规经营知识读本》作为"五位一体"知识学习的指定读物和培训教材,采用多种形式,在全系统宣贯融合理念和要求。理念的持续宣贯为"五位一体"的全面落实奠定了坚实的思想基础。

(二)着力重塑"五位一体"组织体系

1. 重塑董事会"五位一体"领导格局

董事会是现代公司治理的核心,控风险是其核心职能之一。风险管理是"自上而下"深入开展的,"五位一体"风险集约管理自然离不开董事会的高度重视和大力支持。在集团总部层面,中国电子董事会及下设风险管理委员会已重新梳理职责权限,在原有职责基础上,增加合规管理和违规追责职责,将"五位一体"的管理权限集中赋予董事会,形成集中领导格局。风险管理委员会主任由董事长担任,主要成员以外部董事为主,定期听取风险集约管理专项汇报,并提出明确工作要求,确保董事会控风险作用的充分发挥。在所属企业层面,中国电子积极推动所属企业董事会建设,通过会议要求、文件制度、监督检查、述职考核等形式落实董事会对"五位一体"风险集约管理的领导和监督作用,明确把防控风险作为各级董事会的重要职责。同时要求二级企业在董事会设立涵盖五项职能的风险管理委员会,进一步完善管理组织体系、逐级落实管理责任。

2. 重塑经理层"五位一体"管理职能

在董事会领导下,企业经营班子是推动"五位一体"工作组织落地的关键。在集团总部层面,在原有全面风险管理领导小组的基础上,中国电子调整成立风控与合规领导小组和违规追责领导小组,均由集团总经理任组长、分管领导任副组长,包括风险管理、法治建设、合规管理、内部控制和违规追责职能,实现了经营班子层面"五位一体"的职能集中。2019 年以来,领导小组多次听取"五位一体"风险集约管理专项汇报,对重大事项进行研究,并及时向董事会报告。同样,在所属企业层面,中国电子也要求二级企业在经理班子层面设立涵盖五项职能的专项领导小组,实现了职能权责的全面对接落实,确保管理体制有效衔接和贯通。

3. 重塑牵头部门与业务部门"五位一体"权责关系

为推进"五位一体"建设,2019 年年初,中国电子调整总部机构设置及职能分工,明确法律事务部在风险管理和法治建设基础上,增加内控建设、合规管理和违规追责三项职责,并作为"五位一体"牵头管理部门。同时,中国电子要求所属企业统筹内部管理资源,推进一体化建设,普遍建立集约化的牵头管理部门,做到组织到位、职责到位、人员到位,并逐步向三级企业延伸。2019 年至今,在集团统筹指导下,主要二级企业按照要求调整了风险管理部门职责。

"五位一体"风险集约管理得以有效组织的基础是要厘清牵头部门与职能部门、业务部门和所属企业等在风险集约管理中的责权利关系。中国电子坚持牵头管理部门是"'五位一体'管理的牵头管理者"、其他职能和业务部门是"业务条线内'五位一体'管理的责任管理者"的理念,强调牵头管理部门在文化打造、理念方法、体系搭建、标准制定、专业工具、信息共享,以及组织、协调和指导等方面的专业职能,而将具体风险管控责任落实到相应责任单位,强调风险管理职责和具体管理职责应责权利相统一,授予管理和经营权利的同时,授予相应的风险管理职责。管理权责的清晰划分,避免了管理主体之间职责不清、互相推诿的问题。

在具体实践中,风险管理部门作为牵头部门,积极明确融合思路,加强理念宣贯、营造融合氛围。业务部门坚持"业务谁主管、风险谁负责、措施谁提出、实施谁负责"的原则,积极履行业务条线内"五位一体"风险管理职责,一线业务人员要掌握与职责相关的"五位一体"风险管理意识和方法,将风险管理融入岗位职责、形成岗位技能,做好业务的同时做好"五位一体"风险管理工作,有效实现业务发展与风险管理的有机融合,切实从业务源头防范风险。

4. 重塑审计部门"五位一体"评价职能

审计部门也需要按照"五位一体"的理念进行职能完善。在实践中,中国电子审计部门积极改进传统的工作模式和方法,逐步从以风险为导向的财务审计内控评价向"五位一体"风险管理综合评价转型,将"五位一体"风险管理全面纳入关注领域,综合评价企业全面风险管理工作。审计部门职能的转变,符合国资委对审计工作的目标定位和管理趋势。所属企业也在按照集团统一的模式,积极完善审计部门"五位一体"评价职能,已在部门职能设置、人员配备、组织机构调整等方面开展了相关工作。

(三)着力提升"五位一体"战略高度,提高现代企业治理能力

在公司治理方面,中国电子将"五位一体"的管理权限集中于董事会,有利于董事会对风险管理工作的集中统一领导,可以充分发挥董事会控风险的职能,符合现代公司治理的发展趋势。同时,中国电子在全系统推进设立风险管理委员会,为董事会的科学决策提供重要支撑,有利于董事会层面进一步加强控风险职能。2020 年,为进一步加强企业董事会

建设，提升科学决策能力，中国电子积极推进深化改革，创新开展专职董监事制度实践，从全集团选派党性强、能力优、经验丰富、岗位匹配度高的专职董监事，充实到重要子企业董事会中，并要求专职董监事切实履行职责，积极贯彻股东意志，全力促进企业发展。这一重要举措对中国电子深入推进国有企业改革治理实践、提高现代企业治理能力意义重大。

在董事会不断深化改革的同时，“五位一体”的战略高度也得以不断提升。一直以来，中国电子高度重视“五位一体”风险管理对实现战略目标、创造价值的作用，特别将“五位一体”风险管理提升到战略层面，深入融合到集团全面深化改革、战略规划、年度经营计划与重点工作制定过程之中。如在“十三五”战略规划中专门将“强化风险管理和控制”作为单独章节，将风险防控作为三大攻坚战之一。2020 年，中国电子进一步加强“五位一体”风险防控体系建设，正在研究制定《中国电子“十四五”风险防控体系建设规划（2021—2025年）》。同时，为引导所属企业提升“五位一体”风险防控能力，中国电子要求所属企业充分认识加强风险防控体系建设“谋长远、固根本”的重要意义，以高度的历史方位感、使命感和责任感，加强对风险防控体系建设的研究和安排，着力解决企业在治理、经营和管理等方面的深层次问题，站在全系统“五位一体”风险防控体系建设、支撑高质量发展的宏观高度，提出清晰的风险防控体系建设目标和工作任务，并将其作为企业战略规划的重要内容。

（四）着力推动“五位一体”深度融合，提高经营管理质量和效益

1. 促进“五位一体”内部融合

“五位一体”重在融合推进，既要推进“形”融，更要推进“实”融。近两年，中国电子坚持体系化思维、持续推进管理创新，协同开展工作，统筹推进五项职能之间的融合。

在工作组织方面，中国电子着力统筹五项职能，力争首先实现形式上的融合。每年年初印发《中国电子风控与法治建设工作要点》，对年度“五位一体”风险管理工作进行统筹安排，统一工作思路，明确工作方向和重点。建立企业工作台账，结合实际管理状况，个性化下达《年度风险管理重点工作任务计划》，对“五位一体”工作的推进提出明确要求。组织企业开展“五位一体”综合检查，内容全面覆盖五项职能工作。制定“五位一体”综合评价考核标准，根据企业管理实际，对年度考核进行约束化扣分处理；加强“五位一体”综合风险提示，以风险提示函的形式向企业提出意见和要求，指导企业加强风险管理。组织“五位一体”综合培训等。

在具体工作开展中，中国电子坚持融合理念，任何一项工作均避免仅单纯从一项职能出发，而要从“五位一体”的高度统筹推进，重点实现实质上的融合。例如，在内控体系建设工作中，中国电子以“强内控、防风险、促合规”为目标，以制度和流程建设为抓手，通过明确部门职责正面清单，按照风险导向、关键节点依法合规和标准化的要求建立健全制度和流程，并由风险管理部门加强制度的综合审查，确保全面融入风险、法治和合规“基因”，使得内控体系的质量进一步提升。同时，中国电子进一步健全完善内控评价机制，逐步将

风险管理、法治建设和合规管理纳入内部审计监督评价范围，逐步健全完善统筹风险、合规和内控的监督评价体系，实现内控评价向综合评价转型。

2. 促进“五位一体”与经营管理的深度融合

“五位一体”不是孤立的，必须要与企业经营管理深度融合，才能焕发生机和活力，避免“自说自话”，产生“两张皮”的现象。业务部门是风险管理第一道防线，业务开展往往伴随着风险的产生。但现实情况是，企业第一道防线往往处于“失守”状态，业务开展未与风险管理、合规合法等工作同步开展，导致风险未能抓早抓小、及时化解。为解决这个问题，近两年中国电子通过职责的融合和责任的落实，逐步将“五位一体”融入生产经营各领域。中国电子赋予了业务部门开展业务经营和风险管理双重职责，不断提高业务人员掌握与职责相关的“五位一体”风险管理方法，并将风险管理纳入岗位职责，使权责利完全匹配，因此，在具体经营过程中，业务部门能够从“五位一体”的宏观角度，对业务的风险、合法合规进行综合判断，支撑业务的开展，这样就做到了风险管理与业务经营的深度融合、同步推进，确保做好业务的同时做好“五位一体”风险管理工作，切实从业务源头上防范了风险。

（五）着力打造“五位一体”专业团队

1. 立体开展风险管理培训，提升全员风险管理能力

近两年，中国电子建立了多层次、多维度、多领域的立体式风险管理培训机制。针对党委（组）成员，建立了中心组风险管理学习机制，定期邀请风控和法律专家进行专题授课。针对企业专职董监事，组织推进现代企业制度建设高级研讨班，提升专职董监事履职能力。针对企业高级管理人员，定期组织规范管理培训班，“五位一体”风险管理意识和能力培养均是重要内容。针对“五位一体”管理部门人员，定期组织业务培训，提升管理人员业务素质。针对业务部门及一线业务人员，组织应收账款风险防范、PPP 项目风险防范、国际经贸规则、网络安全与数据保护、境外并购管理、美国出口管制等培训课程，要求做好业务工作的同时做好“五位一体”风险管理工作，切实提升第一道防线人员的风险防控意识和能力。

2. 推进“五位一体”风险管理队伍职业化、专业化和事业化建设

为满足工作需要，中国电子持续加强“五位一体”管理队伍建设。中国电子要求“五位一体”管理人员应做到“知识转化为能力，能力转化为价值”，并应努力成为“懂专业、懂管理、懂业务、懂财务、懂规划、懂经营”的复合型人才。同时，中国电子不断提升“五位一体”风险管理的程序化、标准化、常态化，增强管理人员的使命感、存在感和满足感，拓展管理职能，提升管理实际效果，稳固管理队伍。目前，从集团总部到二级企业，从事“五位一体”风险管理工作的员工知识背景和从业经验丰富，逐步形成了一支知识全面、能力综合的专业化管理队伍。

四、统筹推进“五位一体”的管理成效

经过近两年的持续推进和不懈努力，中国电子总体风险可控，具体措施落在实处，正在形成董事会控战略风险、经理班子控经营风险、业务人员控业务风险的风险防控机制。通过实践可以看出，中国电子“五位一体”实现了与企业治理、经营和管理深度融合，风险管理集约化取得了明显成效，综合风险防控能力进一步增强，有力提升了中国电子治理体系和治理能力现代化水平，为实现企业高质量发展提供了重要支撑。

（一）风险集约化理念已深入人心

基于监管趋势和管理需要，中国电子对五项职能的融合进行了创新性的探索，提出了风险管理集约化等理念，并在全集团开展了以推进“五位一体”风险集约管理为主线的实践。通过理念的持续宣贯和实践的不断深入，中国电子风险集约化理念逐步在全集团形成了高度共识，成为了各级企业董事会、经营层、业务人员的内心认同，通过内化于心、外化于行，形成了“人人谈风险、处处倡融合”的管理氛围。目前，风险集约化理念已深入人心，深深扎根于中国电子各级企业、各级管理人员，为深入推进“五位一体”奠定了扎实的基础。

（二）风控组织体系更加协同高效

首先，董事会及经营班子“五位一体”领导格局的形成，更易于集中管理资源，有利于统筹大风控体系建设，充分实现资源优化配置，避免企业产生系统性风险。其次，“五位一体”牵头职能部门的设置和职责的强化，避免了五项职能分别设立，打破了五项职能之间的藩篱，使五大职能可以很好地进行融合并发挥最大化作用，形成企业综合管控风险的一道“密网”，有效解决了企业面临的管理困惑。最后，风险管理牵头部门与业务部门、审计部门的职能关系设计比较科学、职责划分非常清晰，能够实现部门之间有效协同、互相支撑、优势互补，确保了风险防控体系的科学、全面和有效落地。

（三）有效提升了风险管控的效果

五项职责如果孤立开展，易于形成“铁路警察、各管一段”的问题。一方面，单个职能往往仅从自身角度出发，管理思路和行为均非常受限，做决策、看问题易于碎片化、片面化，难以兼顾风险管理全局，管理过程中易于顾此失彼；另一方面，五项职责如不集中，将会分散于不同的机构，风险管理资源也将难以聚焦，单项职责往往较为弱势而难以与经营管理深度融合，往往形成“两张皮”的现象。因此，风险管控的效果往往不够理想。从管理实践可以看出，中国电子通过推进“五位一体”，充分实现了五项职能之间的有效融合，并实现了与企业治理、经营和管理的深度融合，使中国电子能够站在风险管控全局，多措并举、综合施策、协同发力，切实达到了“1 + 1 > 2”的预期目标，有效提升了综合风险防控的效果。

（四）切实提升了企业的软实力

风险管理能力是企业战略性核心竞争力，是企业软实力的重要体现。当前，我国企业

外部环境发生了深刻复杂变化，不稳定不确定因素明显增多，必须加快提升发现风险、应对风险、化危为机的综合风险管理能力，确保健康可持续发展。通过推进"五位一体"风险集约化管理，中国电子提升了风险管理战略高度、优化了风险管理组织体系、聚集了风险管理资源、丰富了风险管理工具方法，为有效防范化解各类风险挑战提供了更为扎实的基础，综合风险防控能力得以明显提升，对做强做优做大国有经济、增强国有企业活力和抗风险能力、培育具有全球竞争力的世界一流企业均具有重要意义。

结　语

总的来说，中国电子"五位一体"集约化管理取得了一定的积极成效，但对标世界一流企业和集团高质量发展需要，企业风险管理工作仍然存在一定的不足和差距且面临相当的挑战，需要进一步的实践和探索。

构建"五位一体"风险集约管理体系非一日之功，需要持之以恒、久久为功。"十四五"期间，中国电子将在国务院国资委的统一部署下，以推进风险管理集约化、构建"大风控"格局为主线，持续推进"五位一体"相关工作。同时，中国电子将通过打造"数字中国电子"，紧紧把握大数据风险管理这一未来的发展方向，通过数字化、信息化、智能化提升风险管理的效率和效益，实现大数据风险管理和全面风险自动预警，为支撑企业可持续发展、保障国有资产安全、提高国有资产效益做出更大的贡献。

创新篇

实施“三个一”工程 创新集团法律管理新模式

朱　捷　简梦梅

作者简介

朱　捷　北京大学法学院法学硕士、中国人民大学财政金融学院经济学硕士，现任北京国资公司首席合规官、总法律顾问

简梦梅　中国社会科学院研究生院经济法学硕士，现任职于北京国资公司法律合规部

企业简介

北京市国有资产经营有限责任公司（以下简称北京国资公司或公司）在北京市国有资产管理体制改革大潮中应运而生，前身是成立于1992年、隶属于当时市国资局的事业单位北京市国有资产经营公司。2001年4月，与原北京市境外融投资管理中心按照现代企业制度改制重组，成为专门从事资本运营的国有独资公司，主要职能是管理和运营政府资产，承担公共财政以外的产业投资职能，保证国有资产在流动中实现保值增值。

内容摘要

为全面提升北京国资公司及各子企业的依法治企能力，北京国资公司以"强化公司的集团化服务与管控能力"为主线，结合公司作为北京市属综合投资企业的业务特征，围绕"一个体系、一套系统、一支队伍"的建设，逐渐建立完善了垂直管控、分级负责的企业法律事务管理体系，取得较好效果。

关键词

依法治企　垂直管控　管理模式

一、肩负首都国企职责使命，开展法治建设工作

（一）北京国资公司基本情况

北京国资公司成立以来，始终坚持"社会效益为首、经济效益为本"的经营理念，在重大产业项目投融资、组织资源服务首都发展、重要资产管理运营等方面开拓进取，形成了金融、文体、环保新能源、智慧宜居城市四大优势板块。北京国资公司国内信用评级 AAA 级，国际信用评级 A 级，已发展成为具有核心竞争力的千亿级国有投资控股集团。

北京国资公司自觉肩负首都国企职责使命，将参与"四个中心"功能建设和服务首都"三件大事"作为中心工作和投资重点，围绕落实首都城市总体规划，积极推进文化、科技等领域项目布局；充分发挥京津冀四大产业联盟功能作用，聚集优势资源服务京津冀协同发展与非首都功能疏解；深度参与冬奥会筹办，全面推进场馆建设、大型活动等工作。聚焦综合性投资控股业务，金融业规模和影响力持续提升，文化体育产业品牌实力更加彰显，环保新能源产业项目布局快速拓展，智慧宜居城市相关产业竞争力进一步增强。截至 2019 年年底，北京国资公司总资产 1471.04 亿元，实现利润总额 39.66 亿元。

（二）法治建设工作进程回顾

1. 紧跟时代要求

为全面贯彻落实党的十八届三中、四中、五中全会精神，依法推进国有企业改革发展，全面提升北京市属国有企业法律治理能力和水平，不断推动企业做强做优做大，北京市国资委参照国务院国资委《关于全面推进法治央企建设的意见》（国资发法规〔2015〕166 号），就全面推进市属国企法治建设发布了《北京市人民政府国有资产监督管理委员会关于全面推进市属国企法治建设的意见》（京国资发〔2016〕9 号）。

2. 规划工作蓝图

北京国资公司落实文件管理要求，于 2017 年出台《北京市国有资产经营有限责任公司关于加强企业法治工作的意见》，旨在全面提升北京国资公司及各子企业的依法治企能力和法治建设水平。北京国资公司提出了明确的目标，到 2020 年，北京国资公司及其各子企业全面形成比较完善的企业法律顾问工作体系、企业规章制度体系、法律风险防控体系和与企业发展相匹配的企业法律顾问、公司律师队伍，企业法治素质明显提高、依法治

企能力进一步增强、法治文化更加浓厚,依法治企能力和法治建设水平在北京市国资委系统处于先进水平。

3. 提出实践举措

北京国资公司紧紧围绕公司中心工作,以“加强服务监督,落实集团管控”为主线,大力推进“一个体系、一套系统、一支队伍”建设,不断探索、完善集团法务的垂直化管控,提升全系统法治建设工作水平。

4. 取得优秀成绩

自2019年起,北京市国资委正式开展企业法治建设考评工作,该结果在企业负责人年度经营业绩考核指标中占5%的权重,北京国资公司在2019年市管企业法治建设考评分数为95.5,等级为优秀,在37家市管企业中名列前茅,依法治企水平显著提升,各项目标基本完成。

二、推出垂直管控、分级负责的管理模式

针对北京国资公司的综合投资业务以及投资领域较多、业务板块差异性较大的特征,在充分研究、梳理公司管理体系的基础上,公司提出了“垂直管控、分级负责”的管理模式。即北京国资公司统筹、指导、服务、协调各子企业法律事务工作,各子企业在公司的管控下按照本企业章程和规章制度对其法律事务自主决策,独立承担法律责任。通过垂直管控、分级负责的方式建立起层级清晰、权责明确、领导有力的法律事务管理体系,以及科学、规范的工作制度和上下联动、分级负责的工作机制和流程。

三、实施“三个一”工程

为了将垂直管控、分级负责的法律事务管理体系落到实处,公司结合实际量身定做了“三个一”工程,包括“一个体系”“一套系统”“一支队伍”,全面开展法治建设工作。

(一)“一个体系”

“一个体系”指贯穿母子公司的规章制度体系。北京国资公司各子企业要将母公司制度中的核心内涵和关键要点融入本公司的规章制度中,形成上下贯通、规范有序、覆盖各领域各层级的规章制度体系。

第一,公司建立以章程为核心的规章制度体系。公司要求各企业以《公司章程》为核心,以完善母子公司管控体系为重点,全面梳理修订现行规章制度;细化党委会、董事会、经理层工作规则,完善企业重大决策机制,健全企业劳动用工、财务管理、投融资等各项基本制度。制定规章制度的工作中,公司要求各子企业强化对本企业规章制度合法合规性、重大风险管控的审核,对制度的权责和流程是否清晰、制度内容是否符合外部法律法规和监管要求、制度内容是否与北京国资公司母子管控体系相关制度和本企业内部规章制度保持一致、制度规定是否能够有效管控重大风险等方面进行合规审核。

第二,公司要求各子企业建立符合自身实际的规章制度管理规定,明确职责、合理分工,确定本企业规章制度的归口管理部门以及职责,并对下属各企业统筹组织开展规章制度管理工作,有效推动系统规章制度管理工作的层层落实。

第三,在制度备案审核方面,公司要求各二级企业于每年一季度向总部备案年度制度汇编。针对二级企业基本制度,各子企业自身把好合规审核关口之外,总部会按照专业条线开展制度审核工作。

第四,在组织评价方面,公司定期组织各子企业开展制度建设及执行的自评价,并定期对子企业开展合规评估,将制度建设及执行情况等纳入考核,形成发现制度漏洞、纠正执行偏差、提升经营管理的有效机制。

(二)“一套系统”

“一套系统”指北京国资公司全系统使用同一个法务信息管理系统,实现全系统的法务管理信息化。具体要求各子企业运行并使用北京国资公司统一的法务信息管理系统处理本企业法律事务工作,并通过法务信息管理系统向北京国资公司报送法律事务工作信息,最终实现法律审核、法务人员管理、法治建设考评以及外聘律师、公司律师、重大事项会商等工作的信息化、实时化、智能化。

1. 提出工作要求

2018 年公司提出“对系统内法务人员实行垂直化管理、确保集团对风险防控的要求不折不扣落实到各级企业”,要求充分利用公司办公自动化系统,建立涵盖规章制度、重大决策、合同管理、诉讼处置、内外部法律人员和机构数据的企业法律信息管理网络系统,为公司法律工作提供高效的信息化工具,强化流程管控的刚性约束,实现公司系统内法律事务全过程管理,为培育和构建“外讲诚信、依法经营,内讲制度、依法管理”的企业合规文化奠定坚实的基础。

2. 开发信息化系统

2018 年 7 月,公司启动了法务管理平台建设工作,完成了贯穿北京国资公司体系的法律管理信息系统建设,通过流程的刚性约束对各子企业法治工作进行管控服务。实现总部可实时查看各子企业法律审核流程、法务人员信息、纠纷案件信息、外聘律师信息以及资源库共享、重大涉法事项会商等服务、管控、交互功能,具体包括如下八个方面:

一是总部可实时查看系统内法律审核全流程。法务系统与现有 OA 系统对接,重大决策、制度、合同三项法审的公文流程即时同步至法务系统。总部法务人员通过法务系统可实时查看系统内三项法审全流程,并实现多维度统计分析。

二是加强各子企业重大合同备案管理。重大合同备案管理,指子企业在重大合同签署后的规定时间内报北京国资公司或上级企业备案审查,北京国资公司或上级企业反馈监督检查意见建议,子企业进行整改落实的重大合同监督机制。系统建成后,各子企业通过统一的法务系统,可以线上完成重大合同备案,有效保障重大合同备案管理机制落地。

三是强化公司纠纷案件的信息备案功能。公司要求各子企业发生纠纷案件后,应在规定时间内报告北京国资公司或上级企业并通过法务系统填报案件信息,北京国资公司或上级企业指导子企业纠纷案件处理并对重大纠纷案件进行督办。

四是增强法务人员信息采集功能,与现有人力资源系统对接,由人力资源系统及时向法务系统推送公司法务人员信息,建立全公司法务人员信息数据库。

五是录入统一的外聘律师库。在法务系统中录入公司统一的外聘律师库,方便各子企业了解、使用、评价外聘律师,便于公司对外聘律师库的建设和管理。

六是推行线上公司律师平台,建立公司律师平台,将公司律师的准入、会员登记、考核、调配使用、退出等工作统一纳入平台,方便公司管理和维护。

七是增加重大涉法事项会商功能,建立重大涉法事项会商的线上流程。由需求单位在线发起会商申请,公司批准后,及时组织调配系统内的公司律师、法务骨干人员及必要的外聘律师共同分析解决需求单位的法律问题。

八是实现移动办公和即时通信功能。法务系统实现移动办公对接公司即将上线的移动门户;基于公司的即时通信系统,根据工作需要,在即时通信系统中建立相应的工作群组,发布信息、互动交流,实现即时通信内容导出至法务系统相关信息库的功能。

(三)“一支队伍”

“一支队伍”指北京国资公司建立一支统筹管理、“内外结合、以内为主”的高素质法律顾问队伍。

1. 建立以内部企业法律顾问为核心的法务队伍工作机制

北京国资公司及各子企业综合考虑本单位机构设置、人员情况和工作需要,设立法律工作机构并配备相应数量的企业法律顾问:对于集团公司或规模较大、业务复杂、法律需求旺盛的企业,需设置独立的法律工作机构并实行总法律顾问制度。对于资产规模较大、法律需求较多的企业,结合实际设置独立或相对独立的法律工作机构并配备专职企业法律顾问。对于资产规模不大、日常业务中法律关系相对简单的企业,应当在本单位内部设置法律工作管理岗位并至少配备一名企业法律顾问。

公司对于内部企业法律顾问的统筹管理,具体有以下几个做法:

第一,严格聘用与管理。公司于 2019 年 1 月发布并实施了《企业法律顾问聘用管理办法》,通过申请、审核、备案、评议等方式对企业法律顾问的任免、履职、调配等进行管理,加强法务人才队伍建设和提高全系统法务人才调度、统筹能力。

具体而言,首先,公司要求各子企业选聘企业法律顾问时严格审查其任职资格、专业能力和职业素质,新聘用的法务人员应具备国家承认的全日制大学法律相关专业本科及以上学历并取得《法律职业资格证书》或《律师资格证书》。截至 2019 年年末,北京国资公司全系统专职法务人员共 114 人,其中 106 人持有《法律职业资格证书》、《律师资格证书》或《企业法律顾问资格证书》,具备有关法律职业资格的人员占全系统专职法务人员的

93%，其中，总部持证率为100%。其次，为了强化对总法律顾问、法律工作机构负责人的管理与职业保护，公司要求各子企业选聘或更换总法律顾问、法律工作机构负责人的，应事前征得母公司总法律顾问或法律工作机构负责人同意。各子企业在完成企业法律顾问聘用、解聘后应将聘用、解聘的相关资料，逐级备案至北京国资公司。

第二，建立法律人才培养制度。公司制订了法律人才队伍培养发展规划，将企业法律顾问纳入人才培养体系，以全面提升企业法律顾问实际工作能力为目标，加大法律专业培训工作力度，提升企业法律顾问队伍专职化、专业化水平。并健全了企业法律顾问轮岗制度，采取多岗位交流、挂职锻炼等措施，培养高素质的复合型法律人才，逐步完善法律人才队伍结构。

对于企业法律顾问专业人才，公司逐渐建立、完善法律职业岗位等级评审制度，促进企业法律顾问履职能力的提升，实行与职级和专业技术等级相匹配的薪酬奖励机制，完善收入分配制度，使有用之才能够扎根企业。通过改革用人体制和用人导向，使优秀法律人才能够进而有为、进而有位，从而提升对优秀法务人才的吸引力，实现事业留人、待遇留人，努力打造一支综合素质高、专业能力强、勇于担当负责的专门工作队伍。

第三，积极推行公司律师制度。北京国资公司依据北京市司法局与北京市国资委相关文件设立了公司律师管理办公室（与北京国资公司法律合规部合署办公），组织公司律师的选聘、管理、考核。2018年11月，公司发布并实施了《公司律师管理办法》，建立了适合公司特点的公司律师体制和选用、管理、培训、考核等制度规定以及规范的运行机制。截至目前，北京国资公司共有公司律师23人，整合了系统内优秀法律人才。

为了更好地利用公司律师平台，发挥其在法律风险防控体系建设、重大经济活动法律支持等方面的作用，公司建立了重大事项会商机制，即由企业总法律顾问统筹、公司律师主要参与，为公司及子企业的经营管理活动提供法律指导和帮助，协同处理法律事务，协助解决具体法律问题的重大法律问题的集体研讨、论证工作机制。通过重大事项会商机制的运行，在公司律师平台上形成联系更加紧密、配合更加默契、作用更加突出的专业法律队伍。

2. 建立统一外聘律师管理库，完善外聘律师管理

2018年7月，公司发布并实施《外聘律师管理办法》，通过对外聘律师的综合考察，选择专业水平优良、服务价格合理、业务领域契合、沟通合作顺畅的外聘律师团队，建立了统一的外聘律师信息库供全系统各企业使用，目前入库28家律所、35支团队，覆盖北京国资公司全系统主要业务领域。各子企业可根据实际工作需要，通过比选方式，从北京国资公司外聘律师信息库中择优选聘律师提供法律服务。北京国资公司法律合规部收集、汇总各子企业对外聘律师的评价意见，定期对入库律师的法律服务通过服务质量、响应速度、协作程度、服务态度四个方面进行评价，有差评的外聘律师将不再进入外聘律师信息库。

四、采取措施保障"三个一"工程质量

为了落实"三个一"工程建设,公司针对各子企业的总法律顾问、法律工作机构负责人建立了考核评价机制:

(一)对各子企业的法治建设考核评价

北京国资公司对各子企业,各企业对其各部门及其下属企业的法律事务活动进行监督、检查和指导,并负有考核监督职责,但法律事务机构的监督、检查和指导不得超越权限,亦不得妨碍和干涉各企业的独立、正常经营管理活动。法治建设考核评价,指公司通过对法治建设指标量化打分的方式,对子企业法治建设情况进行考核评价,并对考评结果进行运用,以此推动系统内企业提升法治建设能力和水平的工作机制。

2018 年,北京国资公司制定《北京国资公司二级子企业法治建设考评办法》,考评指标依据北京市国资委、北京国资公司对企业法治建设的要求设置,主要包括企业法治建设第一责任人职责落实情况、总法律顾问制度建设情况、企业法律事务机构及法律顾问队伍建设情况、合规经营情况、案件管理情况、落实国资公司法务管理要求情况等内容。考评指标根据考评特点及要求分为日常考评指标和年度考评指标,法治建设考评结果将纳入被考评企业的年度经营业绩,与企业管理层奖惩、绩效挂钩,并将考评结果作为企业主要负责人、分管负责人综合评价结果的重要参考依据,被考评企业以党委会、董事会的方式通报法治建设考评结果,对整改意见进行落实,完善企业管理。

(二)总法律顾问述职、法律工作机构负责人述职评议

2018 年,北京国资公司制定《北京国资公司二级企业总法律顾问、法律工作机构负责人述职评议办法》,全面规范企业总法律顾问、法律工作机构负责人的述职评议工作,北京国资公司组织述职评议小组通过书面或现场述职评议的方式,将评议结果作为履职能力评价、评优评先和岗位等级资格评定的重要参考依据,指导、监督各子企业总法律顾问更好地履行企业法治建设职责。自总法律顾问述职、法律工作机构负责人述职评议机制建立以来,2019 年、2020 年,北京国资公司均组织了相关工作,要求二级子企业总法律顾问、法律工作机构负责人在上一工作年度结束后 2 个月内将年度述职报告报送至北京国资公司,再由北京国资公司召开专题会议,选取部分二级子企业总法律顾问、法律工作机构负责人现场述职。

(三)对各子企业的巡察与专项检查

公司巡察、纪检、法律、审计和相关业务部门联动配合,对子公司重大决策、合同管理、法律纠纷案件管理以及集团管控等方面进行检查,对违规行为严格督促整改。

2018 年以来,公司组织了覆盖全部子企业的党委巡察工作,对进驻巡察的子企业法治建设情况进行全面检查,梳理了依法治企方面共性问题及典型问题清单,严格督促整改。此外,公司法律与纪检部门联合进行了专项检查,对公司本部及全部所属企业进行了依法

治企的全面摸底检查，针对检查中发现的相关制度缺失和执行制度不到位、管理流程有漏洞、风险防范体系建设不完善的情况，当场指出并给出改进建议，将存在的普遍性问题，通过制定相关制度加以规范。

五、复盘与思考

（一）复盘找不足

一是规章制度体系建设有待完善，例如，部分重要制度缺失。部分二级子企业在公司治理、投资管理、安全管理、内部审计、业务外包、招标管理、采购管理、无形资产管理、品牌管理等重要领域尚未建立明确的规章制度。

二是已建立的制度及权责分配有待进一步梳理和明晰。部分企业内部的制度对于权责分配不够明确，且制度之间未有效衔接，如“三重一大”事项的标准不清晰、未明确大额资金使用的上会审批权限、未与“三会”议事规则进行衔接等。

三是制度中设置的关键环节缺乏刚性约束。部分二级企业未将制度中设置的关键环节落入信息系统，因此导致制度不能得到有效落地。如部分企业工程管理制度执行中存在未按规定对工程监督检查、未对工程中标单位履行审查和评价、未对招标代理公司进行有效监督、未按规定履行项目变更程序等情况。

四是系统建设有待完善。虽然法务信息化管理系统已经开通上线，但与财务、审计条线信息化管理系统之间缺乏互联互通，还没有实现数据共享和协同应用。

五是法务队伍建设有待加强。从全系统来看，法务人员的流动性较大，部分发展迅速的二级企业没有同步匹配相应的法务团队力量。

（二）在思考中进步

首先，平衡好集团管控与企业管理效能之间的关系。要厘清总部与二级企业间的权责关系，充分调动母子公司两个层面的积极性：既要防止“越俎代庖”，管得过多、管得过死，导致子企业无法高效开展业务或遇到风险和责任“向上甩锅”；又要杜绝对子企业管理“失之于宽、失之于软”，甚至“听之任之”的情况，也即应优化决策权限设置，加强重大决策管理，对于新增法人企业、创新型投资、高风险投资等事项，必须事先严格按规定报北京国资公司决策，各二级企业也要担当作为，完善治理体系，在权限范围内提升决策质量和效率，提升市场响应速度。

其次，完善垂直管控的“最后一公里”，具体措施为：

一是要抓好制度的执行和监督，实现依规治企从文字层面向执行层面的递进，特别是对三级及以下子企业议事规则等公司治理基本制度建设情况、制度执行情况进行延伸检查监督，确保制度效力贯通到每一经营层级的企业，贯彻到经营管理一线岗位。

二是做好基层企业的管控工作，杜绝法治建设的“死角”和“盲区”。各级子企业是公司经营业务的主阵地，也是纠纷案件的主要发生地，“三个一”的管控要求要落实并向三级及以下企业延伸,避免法律事务管控“上热、中温、下冷”的问题。各二级企业主要负责人要担负起对所属三级、四级企业的管控责任,要定期听取所属企业法治工作报告和纠纷案件情况汇报,全面了解所属企业法治建设考评成绩和整改要求,全面把握所属企业合规经营等法治建设情况,对于纠纷案件多发或重大案件久拖不决的子企业,更要认真查找剖析是否存在管控效果层层递减的深层次问题,采用信息化手段、利用专项检查监督等方式落实好各项管控要求;对在检查中发现规章制度不完善、专职法务人员不到位、法务管理系统未连接使用的所属企业要加大督导整改力度,完善垂直管控的“最后一公里”,确保垂直管控的实际效果落地。

最后,实现法律事务管理体系与内控管理体系、合规管理体系的融合发展。2015 年,国务院印发《关于深化国有企业改革的指导意见》,提出“全面推进依法治企”“推进企业依法经营、合规管理”,要求加强合规建设。2018 年北京市国资委发布了《关于印发〈市管企业合规管理工作实施方案〉的通知》,提出在市管企业探索合规管理体系建设。

2020 年 5 月,北京市国资委发布了《关于进一步加强市管企业法务和内控工作,提高重大风险防控能力的若干意见》的通知(以下简称《若干意见》),提出以合规管理试点工作为契机,统筹推进企业法务和内控工作,鼓励企业结合自身实际探索建立法务管理、内部控制等管理体系有机融合、协调运转、相互促进、共同推进的工作格局。

为了有效落实上述文件要求,北京国资公司结合目前所处行业、监管环境,梳理了法律事务管控体系、内控管理体系与合规管理体系的主要内容。就风险防控而言,法务工作是合规工作的一部分,法律事务管控体系、内控管理体系、合规管理体系均以防范企业风险为目的,基于体系、制度、流程建设,与经营活动相融合,为公司战略服务,并持续开展建评改的闭环管理。三个体系的工作内容高度重合,若三个体系分开独立建设,则会存在多套制度体系、多套人员配置,造成工作重复、效率低下的问题。积极推进法律事务管控与合规、内控工作融合,有利于公司内部资源整合,形成合力,避免相互扯皮和精力分散,更好地提升企业依法治企水平。

基于大数据的智能法务合规实践

——中国航天科工集团

谭春玲　张文来　邸　帅　张　蕾　路　晶

作者简介

谭春玲　中国航天科工集团有限公司副总审计师、审计与风险管理部部长

张文来　中国航天科工集团有限公司审计与风险管理部副部长

邸　帅　中国航天科工集团有限公司审计与风险管理部法律办公室主任

张　蕾　路　晶　航天科工网络信息发展有限公司

企业简介

中国航天科工集团有限公司(以下简称航天科工)是中央直接管理的战略性、高科技、国家级创新型企业。企业总部位于北京,22 家二级单位,控股 9 家上市公司,企事业单位近 500 户,分布于中国内地 30 个省市自治区及境外地区。在职职工近 15 万人。航天科工深入贯彻新发展理念,肩负着“科技强军、航天报国”的历史使命。持续推动企业健康快速发展。多年来在中央企业负责人经营业绩考核中位列 A 级,荣获“业绩优秀企业奖”“科技创新优秀企业奖”,荣获 5 项国家科学技术进步奖特等奖及多项国防科学技术进步奖。2020 年位列《财富》杂志“世界企业 500 强”第 332 位、“中国企业 500 强”第 85 位。

内容摘要

在国际政治经济局势紧张，国内合规监管趋严的后疫情时代，天价罚单层出不穷。驱动大数据引擎，构建智能法务合规体系，通过事前提高“内规”设计的合规性，事中加强法律风险、财报风险、合同风险等在线监管，事后案件管理与比对，反哺管理，筑牢合规防线，在依法治企的同时，为建设世界一流企业奠定坚实的合规基础。

关键词

智能法务　法律风险指数　合规　在线监管

引　言

2020年10月25日，第十三届中国上市公司法律风险与合规管理高峰论坛在北京成功举办，主题为《解局与重启：后疫情时代企业新治理、新增长》。与会发布了《2019年度中国上市公司法律合规风险指数报告》（以下简称《风险报告》）。

《风险报告》中披露在监管方面，证监会依法查处各类违法行为，净化资本市场生态。全年共作出行政处罚决定296件，罚没款金额达41.83亿元，市场禁入66人。全年对上市公司、非上市公众公司分别采取行政监管措施247家次、115家次。加大对中介服务机构监管力度，全年对2家律所及12名律师采取行政监管措施，对1家会计师事务所及6名注册会计师采取行政监管措施。

市场监管趋严，加之疫情影响，疫情过后，企业更加重视对于法律、合规、风控的监管。航天科工携企业风控在线监管平台首次亮相，在国家“防风险、强内控、促合规”的引领下，运用先进的信息化技术，深度整合与挖掘企业内外部大数据，发挥大数据这个核心生产要素，通过沉淀多元化业务模型建立专业的风控生态圈，帮助企业构筑风险防线，让法律、合规、风控融为一体。

一、探索构建智能法务合规监管体系

航天科工积极迎接数字化的浪潮，探索与构建了基于大数据的智能法务合规体系（如图1所示）。

（一）“智能立规”

智能立规，提高制度设计的合规性。在航天科工起草规章制度时，可通过“智能立规”功能，实现规章制度与法律法规数据库的智能比对，自动匹配上位法、相关法律法规依据、最接近的条款、重点法条、法律法规时效性等内容，为规章制度起草部门提供合规条款的参考与跟踪。同时，支持对新发布的法律法规、监管要求等与现有的规章制度体系进行智能比对，对于出现待落实的上级新法律法规或管理规定，自动向航天科工规章制度归口管理部门发送立规更新提醒，以提高航天科工“内规”设计的合规性及时效性，极大地缩短政策落地的周期，降低合规风险的发生概率。

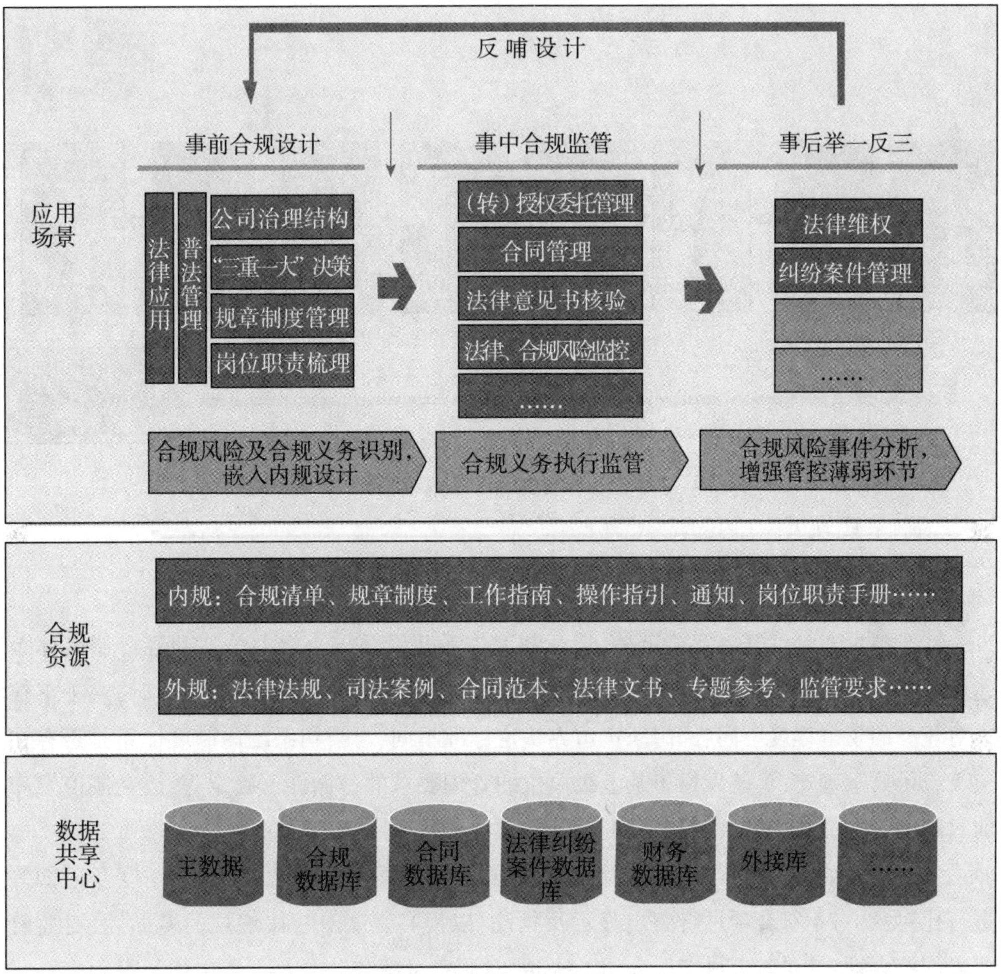

图1　智能法务合规全景

资料来源:航天科工内部资料整理。

(二)智能监管模块

以制度管理基本流程为纲,以制度管理常见风险为重点监管环节,以先进技术应用提高管理效率及效果为优化点,构建覆盖制度管理体系、制度起草、征求意见、制度调整、制度审核、制度发布、制度执行监督、制度归档以及制度废止全流程的制度管理智能监管模块(如图2所示)。

1. 智能起草

在制度起草时,支持关键词检索,可根据关键词推送相关的法律、法条、政策文件、航天科工及上级单位规章制度等,支持根据法律同义词库等进行同义词及敏感词的查找及比对等,供制度起草时参考。未来,条件成熟时,可支持自动生成同主题通用的制度文本、制式表格,支持制度修订完毕后的自动公文格式调整等,辅助制度起草。

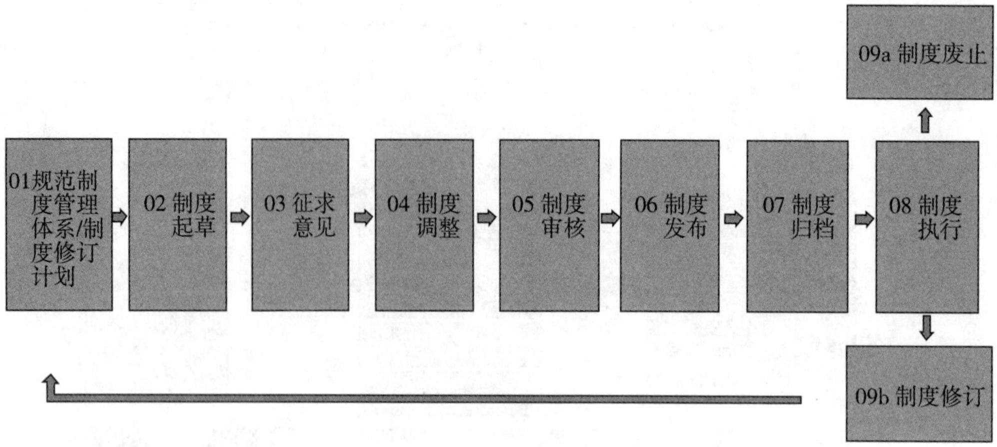

图2 制度管理基本流程

资料来源:航天科工内部资料整理。

2. 智能审核

针对拟发布制度开展智能审核:规章制度体系建设领导小组办公室和规章制度体系建设领导小组在自动化办公系统(以下简称OA系统)中会签规章制度草案时,鉴于审核人对业务的了解程度不同、部门职责边界认定标准不同、与公司系统内制度体系是否存在交叉或矛盾不确定、对航天科工及上级单位的管理要求的遵循性不确定等,故在制度发布前对制度进行智能审核,以提高制度设计的合规性及适用性,尤为必要。

主要审核如下:一是与上位法及上级单位、监管机构等法律法规、规章制度及通知等进行比对,针对不符合项进行突出显示及批注,以提高制度对法律法规的遵循性、对监管要求的符合性;针对航天科工子公司,还需要对制度草案与公司及上级单位相关制度进行比对,以提高对航天科工及上级单位制度的遵循性;二是与本单位已发布的规章制度体系进行比对,针对与现有制度体系交叉、矛盾等地方进行突出显示及批注;三是对下级单位的制度进行监管比对,针对未如实落实航天科工管理要求的地方,进行突出显示及批注;四是针对已发布制度及其修订版本进行比对,支持自动生成修订内容一览表。

现有制度文本与新监管要求的合规性校验:当新颁布了法律法规、国家政策、产业政策等监管要求时,需对原有制度体系的合规性同步进行比对与校验,针对不合规处,及时向制度归口管理部门推送制度修订提醒及不合规条款。

3. 制度发布

与OA系统对接,制度发布时,在生成有效的制度发布文号的同时,自动将发布的规章制度纳入规章制度库,并自动推动至热点窗口。

(三)智能法务合规体系的构建

智能法务合规体系是航天科工大数据智能合规风控体系框架下的核心组成部分。航天科工大数据智能合规风控体系的构建，秉持协同管理理念，旨在将纵向的业务群管理与横向的监管相结合，通过数据资源共享服务平台，实现航天科工内部经营数据以及外部公开数据的汇聚、互联互通以及共享，打破“系统墙”“部门墙”“组织间壁垒”等，重塑企业边界，重构企业风控价值，构建涵盖企业全产业链的风控管理信息高速路，为公司各类管理决策提供实时的、有效的信息支撑，实现基于风险导向的、数据驱动的管理决策，提高航天科工组织内、外部协同效率。

航天科工从顶层规划了22个重点任务的三年行动方案（如图3所示），实现风险融入业务，从事前风险预警、事中业务执行、事后监督审计三个维度对规章制度、风险管理、内控管理、审计管理、案件管理等工作活动进行了系统规划，搭建业务流程和智能管控协同框架，对合同、信用、资金等重点业务经营活动进行集中监控，通过强化“三重一大”事项决策合规性监管、合规管理、评价和考核等手段完善监督闭环机制，切实提升制度执行力和内控有效性。

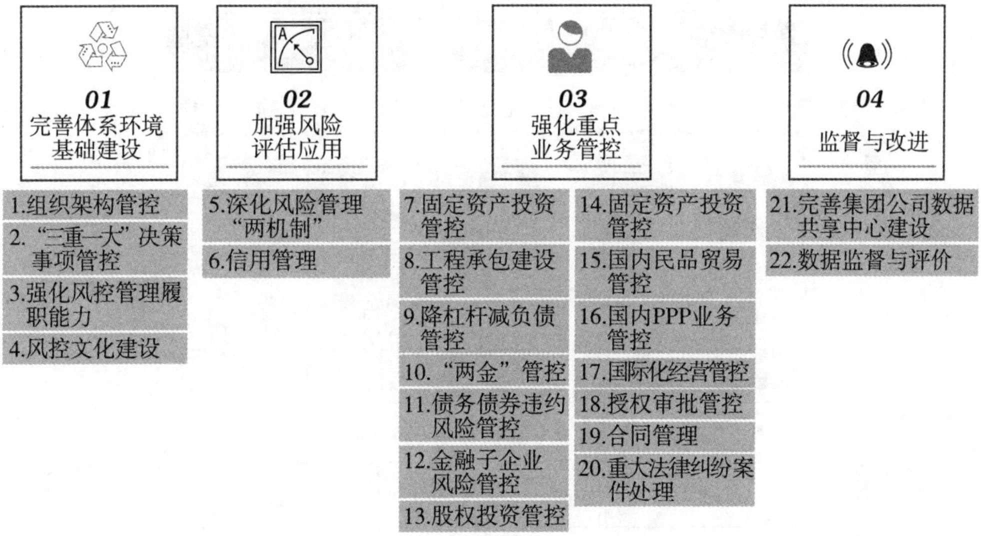

图3　风控体系数字化转型建设22项重点任务

资料来源：航天科工内部资料整理。

（四）“事前、事中、事后”三阶段的具体设计

大数据智能合规风控体系的“事前、事中、事后”三阶段具体设计如下：

“事前”阶段：以风险为导向，以合规管理为重点，通过风险识别、风险评估、风险预警等活动量化和防范风险，同时以风险管理牵引、支持和促进合规管理，提高“内规”设计的合理性、科学性。

“事中”阶段：将风险管理和合规管理要求嵌入业务流程，通过内控管理和内控评价等手段，建立严格、规范、全面、有效的内控体系，以信用管理、合同管理、资金管理等关键业务流程的管控为抓手，提升内控体系有效性，促进企业依法合规开展各项经营活动。

“事后”阶段:通过内外部审计机构规范化、标准化的评价,发现和分析在经营活动和内控体系中存在的缺陷和不足。通过法律案件管理机制处理发现的违法违规问题,同时起到风险预警信号的作用。秉持“问题归零”的原则,传导至“事前”“内规”设计阶段,循环提高“内规”设计的适用性、有效性。

综合监管层面:聚焦管理痛点,围绕管理及监管需求,通过合同、信用、资金、“三重一大”合规监管、合规等重点领域的监管场景,构建业务风险指标(KRI)监控预警机制,借助大数据智能合规风控平台实时智能分析及可视化展示,进行风险监控与预警,呈现单位立体风控画像以及各业务领域全级次单位立体风控画像,提高公司系统内协同管理的效率及效果,实现航天科工全要素、全周期经营风险实时在线“看得见、摸得着、管得住”(如图4所示)。

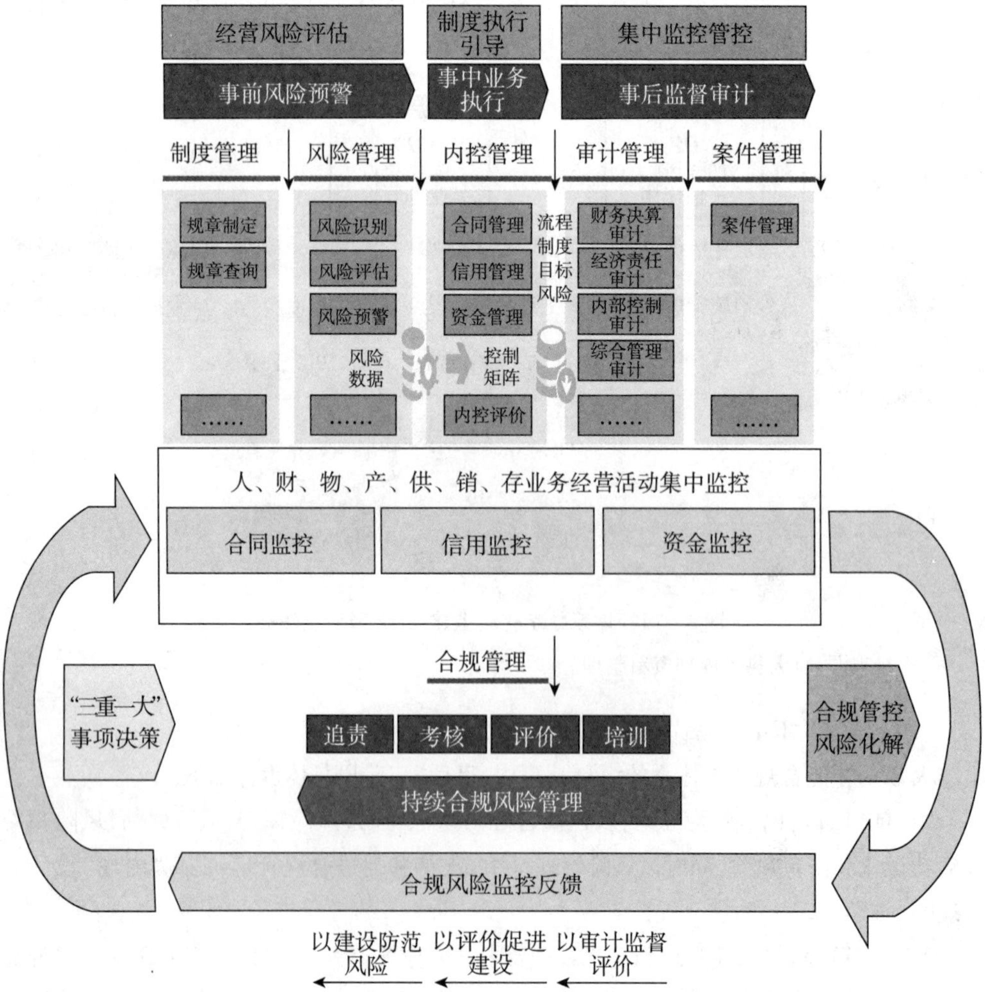

图4 大数据智能合规风控体系

资料来源:航天科工内部资料整理。

二、设计全周期风险监管系统

采用法律风险测评服务、合同监管服务等全周期管理工具进行事前、事中、事后全周期监管。

(一)测评法律风险

企业的发展和进步，离不开企业对自身风险和经营活动风险的识别和监控，法律风险指数测评在公司风险管控中具有重要的应用(如图5所示)，可为公司整体及内外部企业的法律风险进行监控、预警，以及在企业经营活动决策过程中提供科学的辅助依据，促进企业的合规管理。

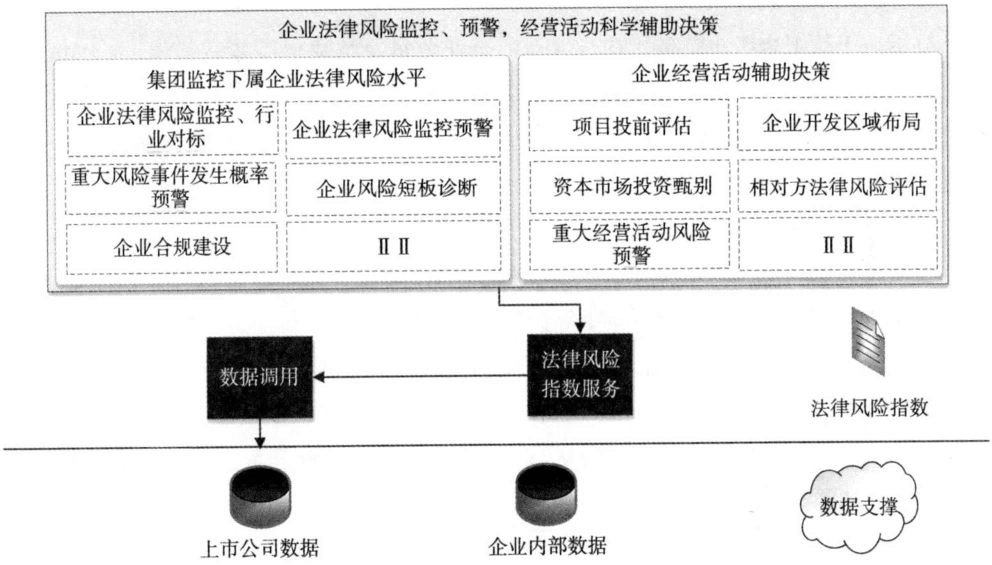

图5 法律风险管理应用场景

资料来源：航天科工内部资料整理。

1.法律风险测评对标

企业法律风险指数通过业务模型将6个领域的16个指标计算后实现企业法律风险的测评。企业法律风险指数可将航天科工所属全级次单位的法律风险指数整体情况分别与上市公司法律风险指数均值、各领域均值、各指标均值进行对标监控，通过所处航天科工、上市公司整体分位数全方位准确判断航天科工内各企业法律风险情况，并对航天科工内企业法律高风险企业进行分析并预警，针对航天科工自动生成企业法律风险分析报告，针对公司内部各单位自动生成企业法律尽调报告，以便公司或各企业领导可以及时对企业进行管理决策。

2. 风险短板诊断

针对航天科工及全级次单位所属单位的全领域、全指标与上市公司全领域各个指标进行对标，得出航天科工及各单位的各指标测评结果与航天科工、上市公司对应指标的相对倍数，分析和判断各单位的短板指标，帮助各单位对本单位短板方面的管理提升。

3. 法律风险行业对标

分析航天科工所属全级次单位所在各行业的企业数量及法律风险指数均值，与上市公司对应各行业法律风险指数均值对标，针对高出上市公司均值行业及对应的企业进行实时监控，有效掌握航天科工各行业单位的法律相对水平，针对法律风险较高行业的企业进行及时干预，远离高法律风险，及时避免企业的经济损失。

4. 法律风险区域对标

分析航天科工全级次单位所在各区域的企业数量及法律风险指数均值，与上市公司对应各区域法律风险指数均值对标，针对高出上市公司均值区域及对应的企业进行实时监控，有效掌握航天科工各区域单位的法律相对水平，针对法律风险较高区域的企业进行及时干预，远离高法律风险，及时避免企业的经济损失。

5. 辅助经营决策

在航天科工经营活动中，对供应商、潜在合作伙伴、竞争对手等法律风险进行测评，依据对供应商、潜在合作伙伴、竞争对手等的法律风险指数、所处行业、区域、航天科工、上市公司分位数，为企业经营相关活动提供综合评估结果，同时结合合同数据、外部案件数据、外部征信数据等，对经营活动存在的风险进行自动识别，并自动生成各企业的法律风险尽调报告，为企业项目投标前评估、开发区域布局、资本市场投资等重大经营活动及相关决策提供有力的科学依据。

6. 企业法律风险预警

基于与上市公司、航天科工总体分布情况，对集团企业或单户企业进行法律风险预警，包括次年发生重大风险事件概率预警、法律风险稳定性预警、集团企业分布区域法律风险预警、行业风险分布及预警、经营决策预警等。

(二)测评财报风险

企业要做到有效监管，必须"抓两头、带中间、重审计、强穿透"。这就要求企业监管者必须运用数据驱动、智能工具等，借助信息化手段，有效地将管控工作渗透至下级企业的管理中去。

财务风险监管结合数据处理和模型构建的工作，结合专家经验和机器学习等技术手段涉及八个监管场景：①财务趋势风险监管，②行业对标风险监管，③财报勾稽失真风险监管，④财报智能风险监管，⑤操作风险监管，⑥企业对标分析，⑦内外部查询服务，⑧财报风险报告。(见图6)

图 6　财报风险测评

资料来源：航天科工内部资料整理。

1. 财务趋势风险监管

在日常经营管理中，通过对财务报表时间趋势变化，来发现企业是否存在经营异常，并给予正确的经营指引。企业在进行内部审计时，可快速准确地发现企业经营问题所在，降低审计和财务人员基础工作量。（见图 7）

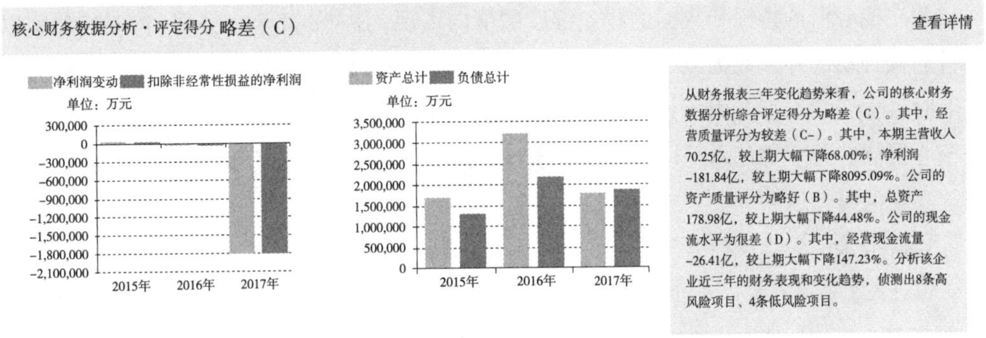

图 7　财报风险分析

资料来源：航天科工内部资料整理。

从核心财务指标和数据的时间维度的纵向表现，以近三期财务数据的比较分析来展现公司的经营发展情况，对经营业绩、资产结构和现金流状况的当前情况和变化趋势进行刻画，提示监控经营风险。

经营业绩方面主要关注营业利润变动，净利润变动，主营业务情况变动，期间费用变动。资产结构方面关注企业的负债结构和结构变化，资产构成比例分析和商誉净额、货币资金、应收账款净额、长期股权投资净额变化，负债构成比例分析和应付账款、短期借款、应付票据、其他应付款的变化。现金流状况方面需要关注现金的流入流程，现金及现金等价物的变化，经营活动、投资活动、筹资活动产生的净流量的变化。通过分析近三期的趋势，根据变化监控企业运营质量。关注对近三期指标的变动情况，对连续增长、连续下降、大幅增加、大幅减少等异常指标变动进行分析并预警。

2. 行业对标风险监管

在日常经营管理中，通过对行业间的比较，来发现企业是否存在经营风险，并进行实时在线监督预警（如图 8 所示）。同样，在进行企业内部审计时，可快速准确地发现企业经营可能存在的问题，在一定程度上降低审计和财务人员工作量。

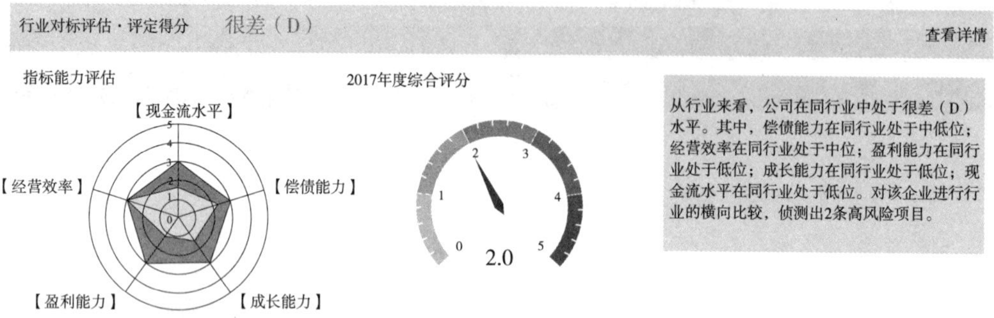

图 8　行业对标

资料来源：航空科工内部资料整理。

关注核心财务指标和数据的行业维度的横向表现，引入外部上市公司、新三板公司以及科创板公司的外部数据，从盈利能力、成长能力、经营效率、偿债能力、现金流水平五个维度对目标企业在行业中所处的相对位置进行评估。通过正态分布的假设，识别企业多个核心指标在行业中的水平以及存在的异常风险的可能性，通过分析行业财务数据来看公司存在的经营风险。

3. 财报勾稽失真风险监管

审计人员通过专家规则里报表之间的勾稽关系，快速发现企业财务报表中可能存在的失真风险，提醒企业增加真实的经营。在审计过程中，可以对于专项进行审计，降低人力成本。

通过资产负债表、利润表和现金流量表间的勾稽关系，评估财务数据和财务报表的真实度和健康性，有效识别财务失真与造假的环节（如图 9 所示）。

财务特征是企业经营的结果，任意商业模式都会形成与之相对应的财务特征。即便公司发生了主营业务变更与转型，财务报表中都会留下对应的影响与印记。

从商业模式到财务特征，再从财务特征对应检查其商业模式，从正常经营的逻辑思考出发，企业不会做主动损害自身运行效率的经营举措，那么冗余的库存，高企的应收账款等都将成为与正常财务特征的背离，即经营异常。通过销售收入、净利润、净现金余额这三个核心节点，可以派生出数百条业务检查逻辑，这些逻辑基于销售周期、库存周转周期、资金周期、企业财务勾稽关系，形成了一个多方位立体纵深的公司财务运行状况的深度检查。

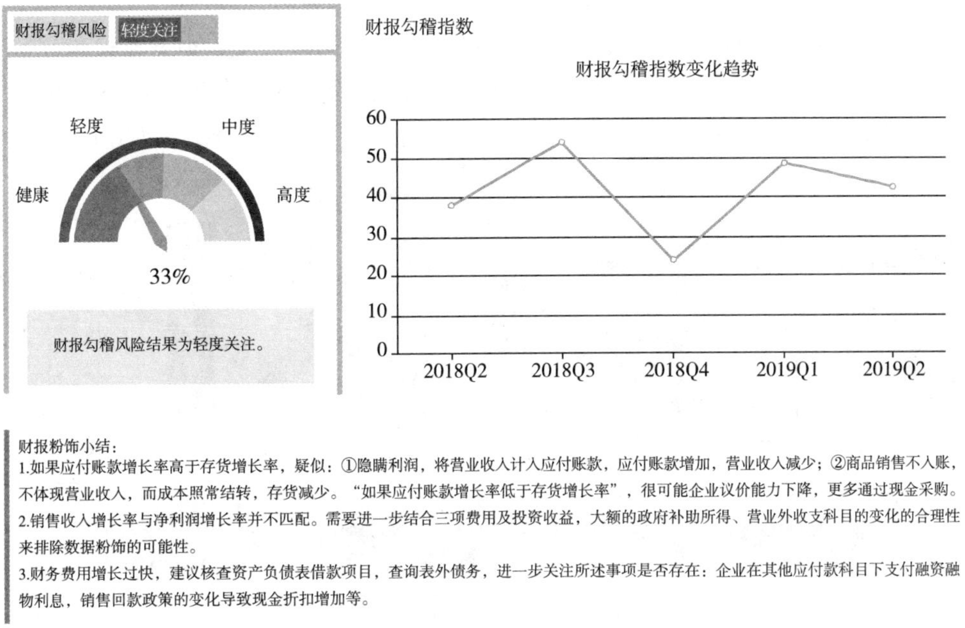

图9　财报勾稽

资料来源:航天科工内部资料整理。

以销售收入、成本、存货、应收账款为例,以下四者的变动情况体现了不同财务异常的预警情况(如图10所示)。

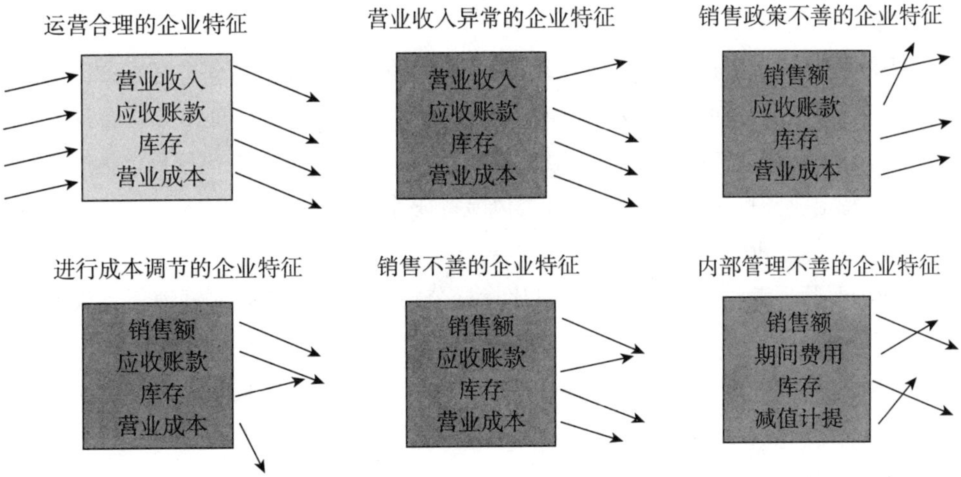

图10　不同财务异常的预警情况

资料来源:航天科工内部资料整理。

4. 财报智能风险监管

通过大数据的机器学习，分析企业报表数据，识别企业风险，提示财务指标和财务科目中可能存在的风险点。此外，也可以通过历史财务数据进行财务危机预测，通过机器学习的方式动态对企业未来发生现金流风险和财务危机的可能性进行预测（如图11所示）。

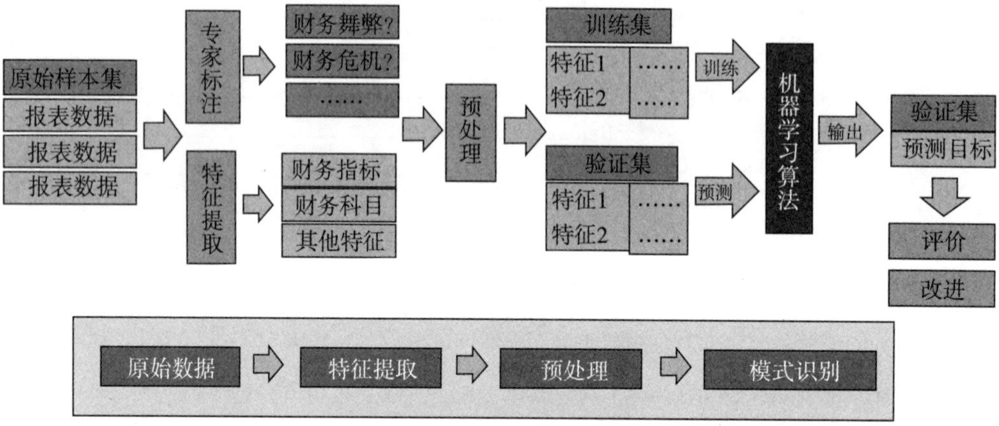

图11 财务建模中的一般流程

资料来源：航天科工内部资料整理。

我们通过机器学习的方式，引入对财务异常的分析，利用历史数据与行业内的历史数据，通过好、坏样本的学习，对财务异常财务情况的特征值，最终能够泛化至新样本的风险甄别与预警，其监管逻辑如图11所示。

5. 操作风险监管

审计风控人员可以通过发现序时账中存在的问题，快速发现管理中存在的问题。通过对异常财务凭证特点的提炼以及对异常会计科目特征的刻画，整理出异常会计凭证和科目的专家规则，从而自动透视财务明细，快速甄别高风险记录。这些分析包括财务分录舞弊特征、特定业务科目舞弊特征、统计类风险特征等。

6. 企业对标分析

企业经营管理者和财务人员通过对比标杆公司指标发现缺失的管理环节或弱项指标，进行有计划、有意识的补充、完善或调整。通过对比竞争公司指标找到企业的长短板，细化对竞争对手的分析，深化对竞争环境的分析，从而不断调整业务战略定位和战略目标，建立起企业战略规划框架。

7. 内外部查询

企业经营管理者和审计人员通过查询内部企业情况快速掌握企业的经营状况，并对企业经营状况的好坏进行直观的评判。企业在收并购过程中，需要了解收购企业财务情况，通过查询企业情况快速判断收购企业风险情况，并加以判断。通过查询了解合作伙伴、上下游企业、竞争对手等经营情况和潜在风险，为经营管理提供数据支持。

系统数据主要分内部数据和外部数据，内部数据为公司自身财务数据；外部数据包括上市公司、新三板、科创板等公开数据和公司从外部导入的其他公司的报表数据。对内外部数据进行查询和分析，了解企业经营情况，掌握企业风险。

8. 财报风险报告

通过报告了解企业经营情况概览，了解企业存在的总体经营风险。通过前期的实施，将梳理确认的财务风险分析报告模板内置进经营风险监控系统中，针对每次的财务风险分析，能够自动生成需要的财务分析报告和风险提示报告。

（三）“1 + N”组合的合同监管

新的管理思路源于企业经营管控的需要，合同数据是企业经营最真实的反映，企业经营活动中的人财物产供销存都离不开合同。合同贯穿了企业经营活动的全过程，是企业经营活动的先导、经营计划安排的依据、企业发展的生命。

针对合同新的管理思路，我们设计了“1 + N”组合的合同监管服务，即从合同立项监管、合同选商监管、合同签订监管、合同履行监管、合同结算监管、合同终结 6 个阶段，构建合同签订依据检查、黑白灰名单检查、客户信用检查、非合格供方评估、同类标的比较、业务单据校验、交易事项校验、超龄应收检查、法律手段压降逾期应收等“N”个合同监管场景，监管场景可以根据需要进行扩展（如图 12 所示）。

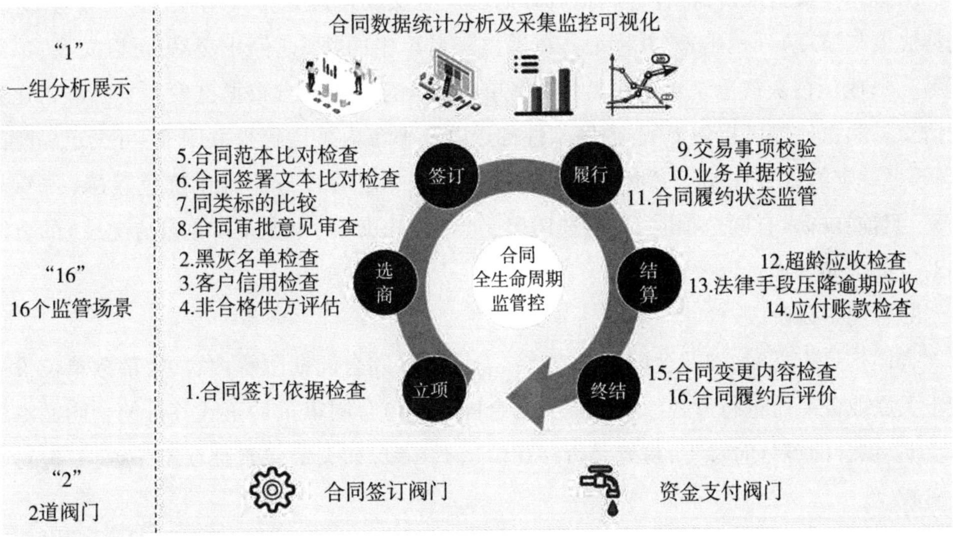

图 12　合同全生命周期风险监管控框架

资料来源：航天科工内部资料整理。

设计“1”组分析展示目的，是为了从全局看企业经营情况，通过对重点关注类的合同进行统计分析，发现合同签订和执行的规范化问题，降低合同签订和履行的风险。通过数据采集监控，实时展示合同数据采集、治理及对外提供数据服务的情况，支持按单位查看数据采集、数据治理明细，解决没有统一的合同数据资产管理前，很难看到汇总情况的问题，支持为公司决策层提供支撑。

设计"N"个监管场景，每个场景都是基于防范风险设计，通过预警展示，识别分析及应对，让管理形成闭环。例如，信用风险贯穿合同始终，立项要核查相对方信用情况，如果合同头两年信用状态不错，后面发生变化了，都属于监管范畴。

1. 合同立项阶段

合同签订依据检查场景，解决在没有签约依据（符合"三重一大"决策的项目是否经过"三重一大"评审、支出合同的其他项目是否有预算批复、立项批复、安评环评委托书、财务预算、请示报告、会议纪要等）的情况下去洽谈合约的问题。

国有企业立项有个特点，须进行相对方核查、信用检查。工程招标是风险高发区，招标前，需要评估投标单位的投标资质、交付风险、资信风险，对于围标串标情况要重点关注。因此，合同签订依据检查成为比较迫切的需求。

2. 合同选商阶段

在合同选商环节，为了从源头严控合作的客商资质，降低供应商违约风险，构建了黑白灰名单检查监管场景，旨在列示合同相对方的黑白灰名单及其已发生交易额和未清交易额（纳入黑名单时，支持决策与清算），供合同选商时参考，辅助决策。

从具体实践上来讲，将各合同相对方的已发生交易额和未清交易额（纳入黑名单时，支持决策与清算）列示出来，并标记其在黑白灰名单中的状态（停止交易、可以交易、冻结交易），形成黑白灰清单。对于在黑白灰名单中的各合同相对方根据已发生交易额占比和未清交易额占比提供报告提醒、内网邮件推送以及平台内推送等提醒服务，可设定提醒阈值，超过一定的百分比给予黄色提醒（超额），超过一定的百分比给予红色提醒（严重超额）。目前在探索合同选项时，不得选用黑名单（停止交易）和灰名单（冻结交易）的合同相对方的合同管理系统控制方案。

3. 合同签订阶段

合同签订审批时，涉及合同数量、单位、合同价款和合同期限等内容，大部分单位没有线上关联业务系统进行管控。需对提交的合同文本与合同审批后正式签订的合同文本进行比对，供合同签订时参考，检查是否存在信息不一致，如关键要素存在不一致，要进行刚性管控。

4. 合同履行阶段

合同履行阶段关注履约进度与收支节点没有关联，合同状态与履约执行进度没有关联，收付款金额、收付款时点与收付款合同条件、验收条件、问题没有关联。我们重点关心的是逾期和超额，对于公司来讲最关注合同执行了没有，到期后钱是否回来，是否付出去，这两个的差提供了公司现金流情况，给财务预算提供依据。

5. 合同结算阶段

公司用户可以查看全级次超龄合同情况，其他单位用户可以查看本级及下级超龄合同情况，包括超龄合同数量，超龄金额，超龄时间的汇总情况。

关联文本，联合占比分析，报告报送，预警提醒。

6. 合同终止阶段

合同的变更是合同监管的一个重点内容。需根据变更的性质判断是修改原合同还是关闭、起新合同（新准则），前后合同需关联；某些特殊情况，如非单项履约义务的保修保证类；交易价格是可变对价，含融资成分，非现金对价，或有事项等相应特殊监管；合同终止时，对执行完的合同、违约的合同、变更的合同等进行事后评价与分析。因此，合同变更评估、合同变更内容检查、合同未尽义务检查、合同履约后评价等成为比较迫切的需求。

合同监管通过事前控制、事中跟踪、事后评价对合同全生命周期监管形成闭环。每个场景都根据业务模型设置检查点，每个检查点都有通行规则，就像筛子一样，符合规则可通过，不满足要求的进行提示、警告，严重的进行业务暂停。

三、重点改进领域

（一）合规数据库

构建强大合规数据库，为合规管理奠定基础：为“事前合规性审查”构建强大的“内规”“外规”数据库，并定期更新，结合自然语言处理和深度学习等人工智能技术，提供对法律法规的语义理解、智能信息过滤和智能推送等功能，支持多维度法律法规及内部规章制度智能检索，使法律数据检索结果更精、更快、更全，协助各层级人员用好“事前法律”管控手段。

1. 构建航天科工内部规章制度库

构建公司全级次单位目前适用的规章制度库，具备实时更新、智能检索、智能比对、推荐阅读、用量分析等基本功能，可按照发文单位、发文部门、发文号、制度类别、审批层级（部门会签、主管领导、总经理办公会、党组会、董事会、国务院国资委等）、发布年度、状态（适用、废止、修订）等进行分类查询及汇总统计分析，可按照单位看制度体系全貌和按照业务条线查看集团全级次单位制度全貌，实现按照查看单位、查看部门、查看岗位、查看人员等多维度的用量分析及分析报告的导出。

2. 构建航天科工外部法律法规库

建立外部法律法规库，包括法律法规、司法案例、法学期刊、律所实务、专题参考、法考系统、检查文书、行政处罚、英文译本、法宝视频、监管要求等，支持全库检索、高级检索、定位检索、标题检索、全文检索、智能检索、结果中检索、页面内检索、法条检索等，支持用量分析。

建立知识产权、劳动与社会保障、疫情防控、党内法规、混合所有制改革等八个专题库，支持全库检索、高级检索、定位检索、标题检索、全文检索、智能检索、结果中检索、页面内检索、法条检索等，支持用量分析。

可根据关键词等快速搜索并构建、测试及上线新专题库的敏捷能力，便于根据当下的热点等快速构建专题库。

3. 建立个人专题库用户界面

在个人用户界面，增加内外规收藏功能模块，支持内外规的收藏，支持新颁布法律法规、新发布制度等与用户收藏内容的比对，并可根据比对的结果，自动提示用户已收藏法律法规、规章制度的更新，提示用户自动或手动更新。

可根据用户自身偏好，灵活设置外部法律法规及内部规章制度的热点推送，支持针对社会关注度较高的、热点的、前沿的法律法规的推送，支持对新发布的规章制度进行自动推送，支持自动生成年头条、月头条、周头条、天头条等。

（二）数据共享中心

建设数据资源共享服务平台，构建涵盖企业全产业链的风控信息高速路，为公司全级次单位各类管理决策提供准确、实时、有效的数据服务，支撑公司全级次单位基于大数据驱动的风险信息的自动识别、分析、评价、预警及刻画风控立体画像，为风险及时应对赢得大量宝贵的时间。按照"五统一，七试点"的思路进行建设（见图13），"五统一"即：

"统一基础平台"：基于航天智云平台，打造信息化"通用底盘"；

"统一数据基础设施"：依托智云平台构建数据资源共享服务平台，提供统一的数据采集、存储、加工、分析、交换能力；

"统一数据入口"：多渠道数据接入，全面的数据采集，保证数据一致性；

"统一服务出口"：沉淀通用数据模型和服务，支撑业务快速定制与协同；

"统一标准规范"：数据管理和数据确权标准规范。

"七试点"：开展人力、财务、风控、科技保障、科研生产5个领域的7类数据应用试点。

四、企业大数据风控合规平台的实施成效

大数据风控合规平台于2019年正式在航天科工商密网智慧企业平台上线，目前面向总部全体人员、二级单位审计、风控、法律人员等开放，平台用户共1000余人，实施效果非常显著，后续将根据开发及部署进度，成熟一批，推广一批，直至实现全级次覆盖。

（一）从手工化到数字化、从经验主义到人工智能，实现风控体系转型

以大数据为风险管理的根基，在现有的风险内控体系框架中嵌入数据驱动机制，改革了初始风险信息收集的方式方法，为风险评估提供定性和定量的数据信息支撑，将风险偏好纳入业务模型，从专家经验判断向模型分析转化，变革现有流程。打破风险信息和业务流程壁垒，全面覆盖各项业务和各级机构，构建"全面、量化、融入流程"的风控管理体系，主动将风险偏好及风险管控措施融入制度和业务流程，固化至业务系统或通过大数据智能合规风控平台进行监管，优化了"以目标为导向、以组织为保障、以制度为基础、以流程为脉络、以岗责为主体、以表单为载体、以标准为前提、以风险评估为手段"的风险内控体

系框架,风险管理从效果和效率上有了很大提升。

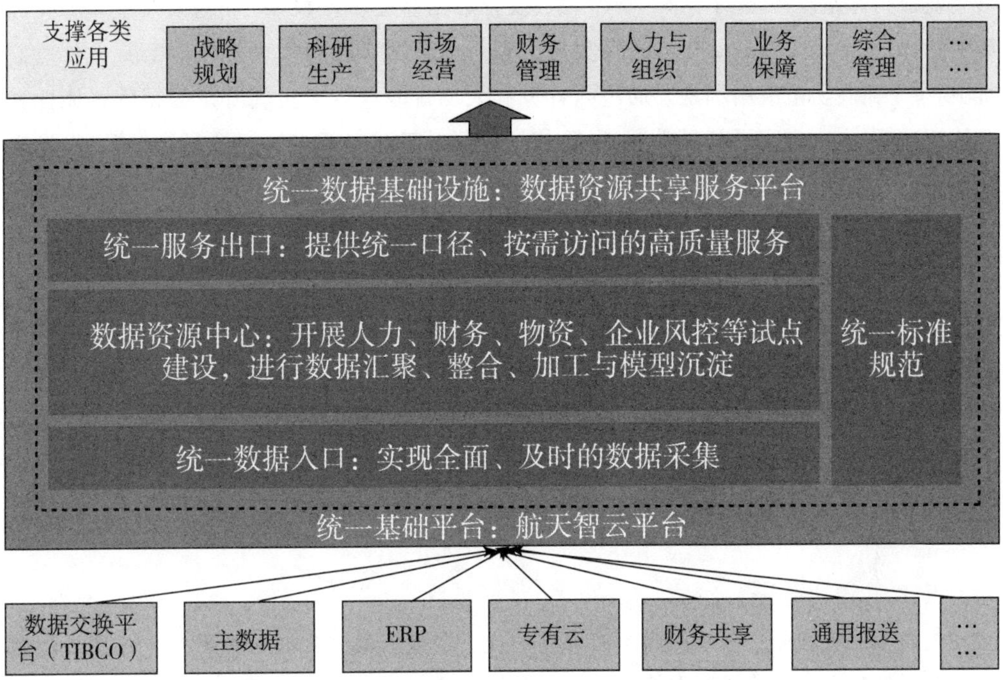

图13 “五统一,七试点”的建设思路

资料来源:航天科工内部资料整理。

对照转型前风控体系框架和转型后大数据智能合规风控平台整体架构,航天科工风控管理工作从手工的、数据静态的、定期的、基于专家经验的传统状态向信息化的、动态的、实时的、可视化的、基于数据驱动的数字化道路迈进,其协同高效、赋能的价值,逐步凸显。

(二)有效地降低了风控管理的总成本,极大地减少了风控管理人员的工作量

云平台共收集航天科工内部数据800万条,涉及税务、信用、工商、预警、司法与发票等6个领域的相关外部管理数据909万条,通过构建风控数据主题库,实现数据资源的多维展示,使用户能够快速直观地了解指定监控单位或重点业务的全貌,极大降低了业务人员进行数据收集与管理的工作量;通过大数据智能合规风控平台自动风险预警,每年减少约400份风险、审计相关文件的上报;2019年内控评价抽查覆盖26家单位,2020年预计覆盖不低于100家,通过线上数据分析替代人工现场抽查。根据管理需要,自动生成各类风险分析报告,每年减少报告类公文约200份。

此外,风控管理人员低级、烦琐、重复性基础工作量的减轻,为风控管理人员节约了大量的时间与精力,有助于风控管理工作向高质量、向价值方面深度挖掘,赋能业务,赋能管理。

(三)助力管理人员第一时间发现风险信号,为风险处置和应对打下良好基础

构建风控常用分析模型和规则库,以揭示问题为导向,以数据为基础,进行预警提示、

趋势预测、风险态势感知等。开展信用风险、法律风险、风控评价、税票分析、财务审计等五类监控指标建设,构建了法律风险指数、发票数据监控、“两机制”等基础模型库和关键风险指标(Key Risk Indicator,KRI),实现了信用预警、发票监控、“两机制”跟踪、案件监控等10余个风险防范应用场景。通过云计算和人工智能等技术实现海量数据的智能计算和快速响应,大大提高了分析效率,风险信号发现时间缩短了50%。通过自动预警,发现发票、合同、法律方面等疑点事项50余个,累计减少损失超1亿元。

(四)在国有企业中的影响力进一步提升,发挥行业示范效应

开拓央企内控样板体系,以此核心理念构建了中央企业内控体系工作系统,现已在国资委投入使用,为国资委完成高效的企业内控工作提供了工具技术支撑手段,促进了中央企业内控管理工作,具备向各类型、各行业企业推广先进的风控管理经验的条件,在风控数字化领域,体现了中央企业示范带头作用。中国融通、中海油、航发集团、东风汽车等10多家央企、地方国企就大数据智能合规风控平台赴航天科工进行交流,对大数据风控模式给予充分肯定,充分发挥示范作用。

五、结　语

企业风险管理业务框架由传统的独立的业务系统信息化管控向基于各业务系统数据互联互通的数字化时代风控在线监管转型升级。建立企业经营数据资产是大数据智能风控实现的基础,基于企业经营数据资源服务,构建全面风险管理,融合制度、风险、内控、审计、法务、信用、合同等业务需要,通过分析战略、财税、市场、运营、法律信用多个维度的各项业务规则,识别数据中的企业经营风险。

在数字经济时代,国际、国内经济环境日趋复杂以及各类不确定性频发的当下,国家深化“放管服”改革,加快形成以管资本为主的国有资产监管体系,构建国资监管大格局、形成国资监管一盘棋,坚守合规底线,建立负面清单,强化风险意识,建立提示及通报规则,严肃追责机制,进一步提升企业管控水平和抗风险能力,促进高质量发展。

图书在版编目(CIP)数据

中国企业法务观察. 第六辑 : 合规、混改、创新 / 叶小忠主编. -- 北京 : 法律出版社, 2021
ISBN 978-7-5197-5694-9

Ⅰ. ①中… Ⅱ. ①叶… Ⅲ. ①企业法-中国-文集
Ⅳ. ①D922.291.914-53

中国版本图书馆 CIP 数据核字(2021)第 114797 号

中国企业法务观察:合规、混改、创新(第六辑)
ZHONGGUO QIYE FAWU GUANCHA:HEGUI,
HUNGAI,CHUANGXIN(DI-LIU JI)

叶小忠 主编

策划编辑 肖 越
责任编辑 肖 越
装帧设计 汪奇峰

出版发行 法律出版社
编辑统筹 法商出版分社
责任校对 王 丰 李景美
责任印制 胡晓雅
经　　销 新华书店

开本 850 毫米×1168 毫米 1/16
印张 17　**字数** 339 千
版本 2021 年 7 月第 1 版
印次 2021 年 7 月第 1 次印刷
印刷 永清县金鑫印刷有限公司

地址:北京市丰台区莲花池西里 7 号(100073)
网址:www.lawpress.com.cn
投稿邮箱:info@lawpress.com.cn
举报盗版邮箱:jbwq@lawpress.com.cn
销售电话:010-83938349
客服电话:010-83938350
咨询电话:010-63939796

书号:ISBN 978-7-5197-5694-9
定价:78.00 元